칭의와 성화

칭의란 무엇이고, 성화란 무엇인가

칭의와 성화

칭의란 무엇이고, 성화란 무엇인가

지은이 | 김세윤
초판 발행 | 2013. 8. 19.
19쇄 발행 | 2023. 6. 2.
등록번호 | 제3-203호
등록된 곳 | 서울시 용산구 서빙고동 95번지
발행처 | 사단법인 두란노서원
영업부 | 2078-3333　FAX 080-749-3705
출판부 | 2078-3477

▌책 값은 뒤표지에 있습니다.
 ISBN 978-89-531-1962-8　03230

▌독자의 의견을 기다립니다.
tpress@duranno.com　www.duranno.com

두란노서원은 바울 사도가 3차 전도여행 때 에베소에서 성령 받은 제자들을 따로 세워 하나님의 말씀으로 양육하던 장소입니다. 사도행전 19장 8-20절의 정신에 따라 첫째 목회자를 돕는 사역과 평신도를 훈련시키는 사역, 둘째 세계선교(TIM)와 문서선교(단행본 · 잡지) 사역, 셋째 예수문화 및 경배와 찬양 사역, 그리고 가정 · 상담 사역 등을 감당하고 있습니다. 1980년 12월 22일에 창립된 두란노서원은 주님 오실 때까지 이 사역들을 계속할 것입니다.

예수의 하나님 나라 복음을 구원론적으로 표현한 바울의 칭의론

칭의와 성화

칭의란 무엇이고, 성화란 무엇인가

두란노

CHAPTER 02 칭의론의 법정적 의미와 관계적 의미

CHAPTER 04 은혜/믿음으로 받는 칭의와 행위대로의 심판

서문

    필자는 2012년 10월 29~30일 이틀 동안 서울에 있는 두란노 바이블칼
리지에서 주최한 종교개혁 기념 강의를 했습니다. 이 책은 그때 녹취된 것
을 글로 옮기고, 조금 다듬어 보완한 것입니다.

    오늘날 한국 교회는 여러 가지 심각한 문제들을 안고 있어 많은 진지한
성도들에게 큰 위기의식을 주고 있습니다. 그 원인은 여러 가지가 있겠으
나, 가장 근본적인 것은 종교개혁의 중심 구호인 '은혜로만, 믿음으로만 의
인 됨'으로 표현되는 '칭의론'의 복음이 많이 오해되고, 오해를 넘어서 심
각하게 왜곡되고 변질된 것 때문이 아닐까 생각합니다. 두란노 측에서도
아마 같은 생각을 가지고 이 강좌를 기획하면서, 저에게 '성화란 무엇인
가?'라는 제목으로 강의를 하도록 부탁하였습니다.

    그런데 앞으로의 내용을 통해 잘 드러나기를 바랍니다만, '성화'를 '칭
의'와 분리해서 사고하는 데서부터 '칭의론'이 왜곡되기 시작됩니다. 따라
서 '성화론'을 제대로 이해하기 위해서는 먼저 '칭의론'의 구조부터 올바
로 이해해야 합니다. 그래서 제가 이 강의의 제목을 '칭의와 성화'(칭의란 무
엇이고, 성화란 무엇인가)라고 바꾸게 된 것입니다.

    이러한 주제는 여러 수준에서 다루어 볼 수 있습니다. 조금 피상적으로
다룰 수도 있겠고, 혹은 학문적으로 깊이 있게 다룰 수도 있겠으며, 그 중
간 어디쯤의 수준으로 다룰 수도 있을 것입니다. 그런데 강의를 듣는 청중
이 신학도들이나 목회자들뿐만 아니라 지성인 평신도들, 평신도 지도자

들, 또는 복음에 대해 좀 더 포괄적이고 깊은 이해를 가지고 복음에 합당한 삶을 살기 원하는 사람들도 포함하므로 가능한 한 쉽게 강의해 달라는 요청을 받고, 그렇게 하려고 노력했습니다.

그러나 이 중요한 주제는 상당한 성경 해석과 신학적 사유를 요구하는 것이기에 피상적으로 다룰 수는 없는 것입니다. 그래서 어떤 분들에게는, 특별히 전문적인 신학 훈련을 받지 않은 분들에게는 '조금 어렵다'는 생각이 들지 않을까 걱정되기도 합니다. 그러나 내용을 읽어 가다 보면 신학적 언어와 사고에 익숙해질 것이라 믿습니다. 또 제가 사용하는 언어에도 익숙해질 것입니다. 그러니 너무 걱정하지 마시고 인내하며 이 주제에 대해 함께 생각해 볼 수 있기를 바랍니다. 아무쪼록 이 작은 책이 한국 교회의 신학과 신앙의 갱신 및 성숙에 조금이라도 이바지할 수 있기를 빕니다.

이 강좌를 위해 장소를 제공해 주신 남서울교회, 이 집중 강좌가 편안하게 이루어지도록 수고하신 두란노의 여러 동역자들, 특히 금경연 이사님, 남희경 부장님과 박소연 간사님, 박용범 목사님, 그리고 풀러신학대학원 한인 목회학 박사 과정의 김태석 목사님과 최승근 박사님, 그리고 이석환 목사님 등에게 감사합니다. 또 녹취된 강의를 글로 옮기는 어려운 작업을 감당하신 두란노의 동역자들과 그것을 다듬은 김아영 박사님에게, 그리고 이 책의 편집을 담당한 장덕은 부장님, 디자인을 담당한 유수연 부팀장님에게도 사의를 표하는 바입니다.

김세윤 Pasadena, 2013. 8.

CHAPTER 01

칭의론에 대한 신학적 논쟁

브레데 Wrede / 슈바이처 Schweitzer 부터
던 Dunn / 라이트 Wright 까지

1. 전통적인 종교개혁적 관점

우리가 잘 아는 바와 같이 종교개혁은 16세기 초에 마르틴 루터가 사도 바울의 칭의의 복음을 재발견함으로써 이루어진 것입니다. 루터와 그의 영향을 받은 사람들이 새롭게 이해하게 된 사도 바울의 칭의의 복음을 통해서 중세 가톨릭교회의 스콜라 신학 방식에 의한 복음의 왜곡, 공로 사상의 지나친 강조가 가져온 신앙의 왜곡, 그리고 교회의 타락 등을 바로잡음으로써 종교개혁이 이루어졌고, 그 결과 지난 500년 동안 칭의의 복음이 우리 개신교 신앙의 정수로 존중되어 왔습니다.

종교개혁 이래 개신교가 전통적으로 이해해 온 칭의론은 우리가 이미 잘 알고 있는 대로 한두 마디로 이렇게 요약할 수 있습니다. 그것은 "그리스도 예수의 죽음은 죄인들인 우리 모두를 대신하여 하나님의 징벌을 받은 것이요, 그리하여 우리의 죄에 대한 하나님의 진노를 풀어 버린 대속의 제사였다"라고 이해하는 데 근거합니다. 하나님의 은혜로 이루어진 이 그리스도 사건, 구원의 사건을 선포하는 것이 '복음'인데, 이 복음을 믿으면 그리스도의 대속의 제사가 우리에게 효력을 발생해서 우리가 무죄 선언을 받고 의인이라 칭함을 받는다는 것입니다.

그러니까 전통적인 칭의론은 그리스도의 죽음을 형법적(penal) 범주로 이해하며, 대신적(substitutionary) 속죄 행위(atonement)로 해석한 것입니다(the penal substitutionary theory of atonement). 또 우리가 믿음으로 얻는 그 구원 사건의 열매도 마찬가지로 법정적 범주로 이해하여 하나님의 심판석에서 '의인이라 칭해짐, 선언됨, 인정됨'으로 해석하고, 그것을 부정적으로 말하면 '무죄 선언'(acquittal, 사면, 죄 용서)이고, 긍정적으로 말하면 하나님 앞에서 '의인이라는 신분을 얻게 됨'을 뜻하는 것으로 부연 설명했습니다.

> "우리 죄인들이 율법을 지켜 스스로 의로움을 이루지 못한 가운데 오로지 그리스도의 대속의 제사(은혜)로 이루어진 구원을 선포하는 복음을 믿음으로 의인이라 칭함 받음을 얻으니, '칭의'는 '하나님/그리스도의 은혜에 의해서' 이루어지는 것이며(by the grace of God/Christ), 우리의 '믿음을 수단으로 하여' 덕 입는 것이다(through our faith). 우리가 복음을 믿으면 지금 벌써 우리는 의인이라 칭함을 받는데, 그것은 종말에 그리스도의 재림 때에 하나님의 심판대 앞에서 확인되어 우리가 구원의 완성에 들어가게 되는 것이다."

이것이 종교개혁 이래 개신교가 믿고 가르쳐 온 칭의론인데, 개신교는 이를 바울신학을 비롯한 신약 전체 복음의 핵심으로 여기며, 중세 가톨릭교회나 다른 종교들의 선행/공로 사상을 배격하기 위해 '율법의 행위 없이, 오직 은혜로만/믿음으로만'이라는 수식어구를 강조하며 가르쳐 온 것입니다.

2. 전통적 견해에 대한 도전

1) 기독교 내에서의 도전

그런데 19세기 말과 20세기 초에 브레데(W. Wrede), 슈바이처(A. Schweitzer) 등이 이러한 전통적 칭의론에 대해서 심각한 비판을 가합니다. 그들은 대략 두세 가지의 신학적 근거를 가지고 문제 제기를 했습니다.

첫째, 칭의론으로 복음을 설명하는 경우가 바울의 서신들에만 나오는데, 그것도 로마서와 갈라디아서, 그리고 빌립보서 3장에서만 나온다는 것입니다. 그것이 데살로니가전·후서에는 나오지 않고, 고린도전·후서에는 칭의론의 언어가 두어 번 나오기는 하지만 전개되지 않은 것을 보면, 칭의론은 바울 복음의 제한된 표현 양식에 불과하다는 것입니다.

둘째, 그보다 더 심각한 것은, 루터 이래 전통적으로 개신교에서 이해하고 있는 칭의론으로 바울 복음을 이해할 경우, 바울의 윤리적인 가르침과 연결이 안 된다는 것입니다. 다시 말하면 바울의 칭의론에서는 윤리가 나올 수가 없다는 것입니다. 이미 그리스도가 우리를 대신해서 우리 죄에 대해 하나님의 징벌을 받으심으로써 우리가 행위와 관계없이, 율법의 행위 없이 의인이라 칭함을 받고 종말에 최후의 심판에서 그것이 확인될 것이라면 의인으로 사는 것이 무슨 필요가 있겠느냐는 것입니다. 이렇게 바울의 윤리적 가르침을 낳지 못하는 칭의론이 바울 복음의 중심일 수는 없지 않느냐는 것입니다.

로마서 3:5~8과 6:1은 바울의 '율법의 행위 없이, 오직 은혜로만/믿음으로만' 칭의 됨의 복음이 의로운 삶, 곧 윤리적인 삶을 장려하지 않고 도리어 훼방한다는 비판이 이미 바울 당시에 제기되었음을 암시합니다. "우리가 오직 은혜로만/믿음으로만 의인이 되고 구원받는 것이라면 죄를 더 짓자. 그러면 하나님의 은혜가 우리에게 더 크게 드러날 것이 아니냐?"라는 식의 비아냥거림에 대해 바울은 로마서 6장에서 '믿음으로 의인 됨'의 진정한 의미가 무엇인가를 설명함으로써 답합니다.

　그 답을 요약하면 "칭의 된 자는 믿는 자 될 때(곧 세례 때) 그리스도 안에 내포되어(in Christ) 그리스도와 함께(with Christ) 죄인(옛 아담적 사람)으로서 죽어 장사되고, 의인(새 아담적 존재)의 새로운 삶으로 부활한 자라는 것, 그러므로 칭의 된 자는 이제 자기 몸을 더 이상 죄의 노예로 바칠 것이 아니고(즉, 사탄의 죄의 통치에 순종해서 살 것이 아니고), 의의 노예로 바쳐서(즉, 하나님의 의의 통치에 순종해서 삶으로써) 성화를 이루어야 된다"라는 것입니다.

　로마서 6장의 이러한 내용에서 영감을 얻은 개신교 신학자들은 "바울이 로마서 3~5장에서 '칭의'를 가르치고는, 이어서 로마서 6~8장에서는 '칭의' 다음에 오는 '성화'에 대해서 가르친다. '칭의' 된 자는 '성화'의 단계를 신실히 거쳐야 8:31~39에서 말하는 대로 최후의 심판 때 '칭의'의 완성을 얻어 하나님의 형상을 회복하고 그의 영광에 이르게 된다('영화')"라는 이른바 '구원의 서정'(order of salvation)론을 발전시켜 '칭의' 자체가 윤리와 분리되어 있는 구조에 대해서 큰 문제의식을 갖지 않았습니다.

그러나 19세기 말 많은 신약학자들은 종교사학파의 관점에서, 로마서 6장이 그리스도의 구원을 법정적 범주로 설명하는 칭의론과는 본질적으로 다른 또 하나의 범주, 즉 그리스도와의 연합이라는 신비주의적 범주로 설명하는 것이라고 이해하게 되었습니다. 그들은 바울이 윤리적 관점에서 칭의론에 대해 문제를 제기받자, 로마서 6장에서 구원을 그리스도 안에 내포되어 그리스도와 함께 죽고 부활한다는 신비주의적 범주로 설명하면서 답하고 있다고 보고, 이 신비주의적 범주가 바울의 구원론을 설명함에 있어 더 중심적이고 포괄적인 범주라고 생각하게 되었습니다.

그러니까 바울의 구원론을 설명하는 데는 두 개의 체계들이 있는데, 하나는 '법정적 체계'(juridical system) 곧 칭의론이고, 다른 하나는 '신비주의 체계'(mystical system) 곧 '그리스도−신비주의'(Christ-Mysticism, 그리스도 안에 내포되어 그리스도와 함께 죽고 부활함)라는 것이며, 그들 중 후자가 더 포괄적인 것으로써 바울의 윤리적 가르침도 그것에 기반하고 있다는 것입니다.

슈바이처(Schweitzer)는 이러한 이해를 이렇게 표현했습니다. "바울 복음의 주된 분화구는 '그리스도−신비주의'이고, 칭의론은 그 분화구 안에 부차적으로 형성된 2차적 분화구이다." 그리고 그는 "칭의론은 바울이 자기의 이방 선교를 방해하는 유대 율법주의자들과 싸우기 위해서, 즉 그들이 이방 그리스도인들에게 율법을 지키라고 요구하는 것을 배격하기 위해 고안한 논쟁용 교리이다. 그래서 그것은 이방 선교 문제를 다루는 갈라디아서, 로마서, 빌립보서 3장에만 나타나는 것이다. 그러므로 칭의론은 바울신학의 중심이 아니고 바울신학의 곁가지에 불과하다. 바울신학의 중심은 '그리스도-신비주의'이다"라고 주장했습니다.

2) 유대교의 도전

19세기 말 20세기 초에 오면 유대인들 가운데서 신약성경도 읽고, 예수도 연구하고, 바울도 연구하는 사람들이 생겨났는데, 이들은 유대인들 중에서 이른바 자유주의 경향을 띤 학자들입니다. 그중에 몬테피오레(C. Montefiore)와 쇼엡스(H. J. Schoeps) 같은 학자들은 "바울이 헬라파 유대인으로서 팔레스타인의 유대교를 잘 몰랐던 것 같다. 그래서 유대교에서 죄인들의 회개와 하나님의 자비가 죄 용서와 구원에 있어 아주 중요한 개념들인데, 바울은 그것들을 거의 언급하지 않는다"라고 생각했습니다.

특히 쇼엡스(Schoeps)는 바울이 '토라'를 유대교의 가르침 전반으로 이해하지 못하고, 그것을 헬라말 번역인 '노모스', 즉 '법'으로 좁혀 이해하며, 유대교를 단순히 '율법들을 다 지켜서 벌을 받지 않고 그 공로에 대한 대가로 의인이라 칭함 받는' 아주 차디찬 율법주의적 종교로 왜곡했고, 그러한 왜곡된 유대교에 반하여 자신의 칭의론 중심의 기독교 구원론을 전개했다고 함으로써, 바울의 칭의론의 정당성에 대해 문제 제기를 한 것입니다.

브레데(Wrede), 슈바이처(Schweitzer) 등 일부 기독교 학자와 몬테피오레(Montefiore), 쇼엡스(Schoeps) 등 일부 유대 학자들의 칭의론에 대한 비판은 많은 신학자들로 하여금 칭의론을 절대적인 또는 중심적인 구원론으로 받아들이는 것을 꺼리게 했습니다.

이런 경향에 대항해서 다른 한편 다수의 독일 신약학자들, 특히 불트만(R. Bultmann)의 영향을 받은 학자들은 전통적인 루터식 칭의론을 변호하고 더 심화시켰습니다. 불트만(Bultmann)은 루터의 십자가, 말씀, 칭의의 신학을 실존주의적으로 심화하여 가장 예리하게 표현한 학자입니다. 케제만(E. Käsemann)은 그의 스승인 불트만(Bultmann)의 인간론 중심적, 개인주의적 해석에 대항하여, '하나님의 의'를 '뒤틀린 온 세상을 바로잡는 하나님의 힘'으로 해석하며, 칭의론을 하나님의 구원의 통치의 관점에서 해석하여 칭의론에 대한 이해의 지평을 넓혔습니다.

3. 새 관점 학파의 도전

1) 샌더스(Sanders), "바울과 팔레스타인 유대교"(Paul and Palestinian Judaism, 1977)

그런데 1977년에 미국의 샌더스(E. P. Sanders)라는 학자가 "바울과 팔레스타인 유대교"라는 방대한 책을 썼습니다. 그 책이 결국 바울 신학, 특히 칭의론에 대한 이해에 일대 혁명을 가져오게 되었습니다. 샌더스는 이 책에서 제2성전 시대의 유대교, 그러니까 BC 200년에서 AD 200년까지 팔레스타인에서의 유대교가 과연 어떤 모습을 가진 종교였는가를 탐구했습니다.

샌더스는 당시의 유대교가 전통적으로 개신교 신학자들이 생각했던 대로 율법을 철저히 지켜서 그것을 공로로 인정받아 의인이라 칭함 받고 구원받는다고 가르친 종교가 아니라, 하나님이 이스라엘을 은혜로 선택하여 언약을 주시고 이스라엘로 하여금 그 언약의 법을 지키게 하신 '언약적 율법주의'(Covenantal Nomism)의 종교였다고 주장합니다.

샌더스에 의하면 당시의 유대교는 다음 8가지의 명제들로 요약되는 가르침을 가진 종교였습니다.

첫째, "하나님이 이스라엘을 선택하셔서 그들과 언약을 세우셨다." 이것은 하나님의 일방적인 은혜의 행위이니 '은혜의 선택과 언약'이 유대교의 기본 신앙이라는 것입니다.

둘째, "하나님은 이스라엘에게 율법을 주셨다." 율법은 언약의 법으로서 그 언약 관계의 파트너들인 하나님과 이스라엘이 서로에게 해야 할 의무를 규정하고 있다는 것입니다.

셋째, 그래서 "율법은 하나님이 그들의 선택을 지탱하시겠다는 약속을 담고 있다." 즉, 율법은 하나님이 이스라엘에게 하나님 노릇을 해 주시겠다는, 곧 그들을 자기 백성으로 지켜 주시겠다는 약속을 담고 있다는 것입니다.

넷째, 그리고 "율법은 이스라엘이 지켜야 하는 의무들을 담고 있다." 즉, 그들이 하나님의 백성으로서 하나님께 의지하고 순종해야 할 의무들을 규정하고 있다는 것입니다.

다섯째, "하나님은 그들의 순종은 상(복) 주시고 불순종은 벌 주신다." 이것을 가장 분명한 언어로 표현하는 곳이 신명기 28~30장 아닙니까? 그러나 율법에 대한 불순종으로 벌을 받을 상황에서도,

여섯째, "율법은 속죄의 수단들을 제공한다." 율법은 회개, 기도, 여러 가지 성전의 제사들, 그리고 죄에 대한 형벌을 받고 죽음 등으로 지은 죄를 씻고 용서받을 수 있는 규정들을 담고 있습니다.

일곱째, "속죄는 언약의 관계를 지탱하거나 회복시켜 준다." 속죄는 죄로 말미암아 훼손된 하나님과의 언약의 관계를 회복시킨다는 말입니다.

여덟째, 그러므로 "율법에 대한 순종, 속죄, 또는 하나님의 자비로 언약의 관계 속에 지탱된 자들은 종국에 구원받게 된다." 그래서 온 이스라엘은 결국 구원을 받는다고 생각했고, 다만 하나님과의 언약

의 관계 자체를 부인하고 우상숭배에 빠진 자들, 그러니까 근본적인 배교자들만이 구원에서 제외되리라 생각했다는 것입니다.

위의 8가지 명제들을 요약하면, 유대교는 이스라엘이 하나님의 은혜의 선택에 의해서 하나님과의 언약의 관계에 *진입*하고, 율법을 지킴으로써 그 관계 속에 *머무는* 그런 종교였다는 것입니다. 그러니까 유대교가 율법을 지켜서 하나님과 올바른 관계를 얻어 내는, 또는 그런 관계로 진입하는 종교가 아니고, 하나님의 은혜에 의해 언약(구원)의 관계에 '진입'(getting in)하고 율법을 지킴으로써 그 관계 속에 '머무름'(staying in) 하는 종교였다는 것입니다.

그러니까 무엇이 우선합니까? '은혜의 언약(Covenant)'입니다. 그런데 그 언약의 관계 속에서 요구되는 것이 무엇입니까? '율법을 지킴'(Nomism)입니다. 그래서 샌더스는 신약시대의 유대교를 '언약적 율법주의'(Covenantal Nomism)라고 부른 것입니다.

2) 바울의 유대교 비판에 대한 네 가지 해석

'유대교가 이런 종교였다면 바울이 유대교에 대해서 왜 비판하는가?'에 대해 네 가지 견해들이 제시되었습니다.

(1) 샌더스 Sanders

샌더스(Sanders)에 의하면 바울은 유대교가 율법을 지켜 그 공로로 의인이라 칭함 받음을 얻는 종교로 비난한 것이 아니라고 합니다. 유대교가 그런 종교가 아니었으니까, 바울이 그렇게 비난할 이유가 없다는 것입니다. 그런데 그가 다메섹 도상에서 그리스도가 유일한 구원자라는 것, 그러므로 그리스도를 믿음으로만 구원을 얻는다는 것을 깨닫게 되자, 예수를 그리스도로 인정하지 않는 유대교에는 구원이 있을 수 없다고 생각하게 되었다는 것입니다.

그러니까 그리스도로만 구원을 얻는다는 구원론적 배타주의를 갖게 된 바울은 "유대교가 기독교가 아니라는 이유로 비방하였다"라는 것입니다. 샌더스(Sanders)는 후에 출판한 책들에서 "바울은 유대주의자들이 자신의 이방 선교를 방해하므로 칭의론을 전개하면서 유대교를 비방했다"라고 덧붙이기도 했습니다. 그러나 샌더스(Sanders)가 그의 바울신학에 있어 혁명을 가져온 원래 책에서 "바울은 유대교가 기독교가 아니라는 이유로 비방했다"라는 주장을 여러 번 되풀이하였는데, 그 주장은 많은 학자들에게 황당하게 들린 것입니다. 그래서 샌더스(Sanders)가 유대교를 언약적 율법주의로 해석하는 것은 학계에서 큰 호응을 얻었으나, 그의 바울신학은 그렇지 못했습니다.

(2) 레이제넨 Räisänen

레이제넨(H. Räisänen)은 유대교에 대한 샌더스(Sanders)의 그림은 정확하다고 봅니다. 그런데 그는 바울이 그의 서신들에서 유대교를 실제로 전통적인 개신교 신학자들이 이해한 대로 '율법-공로-칭의의 종교'로 그리고 있다고 보고, 이것은 바울이 '언약적 율법주의'의 종교였던 유대교를 율법주의적 공로의 종교로 의도적으로 왜곡한 결과라고 주장합니다.

그렇다면 레이제넨(Räisänen)은 원래 유대교의 신학도였다가 그리스도의 사도가 된 바울이 1세기 중반에 당대의 유대교에 대해 그린 것보다 20세기 후반에 미국 학자 샌더스(Sanders)가 2천 년 전의 유대교를 그려 낸 것이 더 정확하다고 믿는 것 아니겠습니까? 더 나아가 바울이 유대주의자들과의 논쟁의 상황에서, 그들이 믿지도 않는 사상을 그들이 믿는다고 비판하면서 그들을 이기려 했다고 상상할 수 있습니까? 바울이 그런 바보였을까요?

(3) 던Dunn과 라이트 Wright

던(J. D. G. Dunn)과 라이트(N. T. Wright)는 거의 같은 시점에, 거의 같은 해석을 했습니다. 그들은 샌더스(Sanders)의 유대교 해석을 받아들이면서, 동시에 바울도 샌더스(Sanders)가 밝힌 대로 '언약적 율법주의'였던 유대교에 대항해 논쟁을 벌인 것이라고 주장합니다. 이 점을 제대로 이해하기 위해서는 바울이 유대교에 대항해 논쟁을 벌일 때 쓰는 두 문구들, '율법의 행위들'과 '나의(또는 그들의) 의'의 의미만 새롭게 깨달으면 된다는 것입니다.

전통적으로 전자는 유대인들이(또는 우리가) 율법의 세세한 계명들을 다 지켜 공로로 내세울 수 있는 행위들로 이해되었고, 후자는 개인들이 그러한 '율법 지킴'으로 인정받는 의를 의미하는 것으로 이해되었습니다. 그런데 샌더스(Sanders)가 밝힌 대로 당시 유대교가 율법을 세세히 지켜 의인으로 인정받기를 요구하는 종교가 아니었으므로 그렇게 이해해서는 안 되고, 사도 바울의 이방 선교 상황과 관계되는 사회학적 개념들로 이해해야 한다는 것입니다.

구체적으로 말하면, "율법의 행위들로는 의인으로 칭함 받지 못한다"라고 할 때, 바울은 율법의 모든 계명을 염두에 두고 말한 것이 아니라 '이스라엘의 하나님의 선택된 언약 백성 됨'을 표징하는 할례, 안식일 지킴, 그리고 정결의 법들에 초점을 맞추어 생각하였다는 것입니다. 이 세 가지 법들은 '이스라엘의 하나님의 언약 백성 됨'의 현저한 표징들(identity-markers)로서 그들을 이방인들로부터 분리시켜 그들을 '거룩하고 의로운 하나님의 백성 됨'의 신분을 유지하는 울타리 표지판(boundary-markers) 기능을 했다는 것입니다.

그러니까 바울이 "율법의 행위들 없이 오로지 하나님의 은혜로만, 그리고 우리의 믿음으로만 의인이라 칭함 받는다"라고 가르칠 때, 그가 말하는 바는 '이방인들도 할례, 안식일 법, 정결법 등을 지켜 유대교로 개종할 필요 없이 오로지 하나님의 은혜에 힘입어, 믿음으로 하나님의 백성이 된다는 의미'였다는 것입니다.

던(Dunn)과 라이트(Wright)는 또 샌더스(Sanders)에 의하면 유대교가 율법을 세세히 지켜 개개 유대인들이 자신들의 의를 이루어야 한다고 가르친 종교가 아니므로, 바울의 '(그들) 자신의 의'와 '나의 의'라는 언어도 새롭게 해석해야 한다고 주장합니다.

그래서 바울이 로마서 10:3에서 유대인들이 '자신의 의'를 세우려 한다고 비난할 때, 그것은 그들이 모든 율법을 철저히 지켜 의인으로 인정받으려 한다고 비난하는 것이 아니라 유대인들이 자기 민족만이 의롭다고 주장하는 것, 즉 개인적 의가 아니라 '민족적 의'를 주장하는 것을 비난하는 것이고, 빌립보서 3:9에서 '나의 의'가 아니라 '하나님의 의'를 얻으려 한다 할 때도, 바울 자신이 율법을 철저히 지켜 얻은 개인적 의를 두고 하는 말이 아니라 자신이 한 사람의 유대인으로서 유대 민족의 '민족적 의'에 참여함을 두고 말하는 것이라고 이해해야 한다는 것입니다.

이렇게 바울의 두 개념들 '율법의 행위들'과 '나(또는 그들) 자신의 의'를 새롭게 해석하면, 바울이 그의 칭의론으로 샌더스(Sanders)가 규명한 당시의 유대교에 적절히 대응하는 것이라고 볼 수 있다는 것입니다. 당시 유대인들은 할례, 안식일 지킴, 정결의 법들을 내세우며 그런 법들을 지키는 자신들만 하나님의 언약 백성으로서 의롭고 결국 구원을 받는다는 민족적 우월감을 가지고서 이방인들을 배격했다는 것입니다. 그러면서 이방인들이 하나님의 거룩하고 의로운 백성의 공동체에 포함되기를 원하면 할례를 받고 개종하여 자신들과 같이 안식일과 정결의 규례들을 철저히 지켜야 한다고 주장했다는 것입니다.

예수 그리스도를 믿는 유대인들, 즉 유대 그리스도인들도 이방인들이 모세 언약의 성취로 오신 메시아 예수의 구원을 덕 입으려면 먼저 할례를 받아 그 모세의 언약 체계에 들어와야 한다, 곧 이스라엘 백성의 공동체에 합류해야 한다고 생각했다는 것입니다. 그런데 바울이 그러한 사상을 배격하고 이방인들에게 그리스도 안에서 이루어진 하나님의 구원의 복음을 믿음으로써만 의인으로 칭함 받고 구원을 얻는다고 가르치자, 유대주의 그리스도인들이 갈라디아, 빌립보 등의 바울 교회들에 찾아가서 이방 그리스도인들에게 할례를 받고 모세의 율법을 지킬 것을 요구하게 되었다는 것입니다.

이러한 맥락에서 바울은 이런 유대주의자들에게 대항하여 자신의 복음을 칭의론적으로 전개하면서, "이방인들도 할례를 받지 않고 안식일이나 정결의 규례들을 지키지 않아도, 다시 말해 모세의 언약 체계에 들어가 유대인이 될 필요 없이, 오로지 그리스도를 믿음으로만 의인으로 칭함 받는다"라고 주장하면서, 이방인들에게 '율법의 행위들'을 요구하는 유대주의자들을 신랄히 비판했다는 것입니다.

던(Dunn)과 라이트(Wright)는 바울의 칭의론의 복음을 이방 선교의 맥락에서 이방인들의 믿음을 정당화하기 위해 전개한 구원론으로 보고, '의인으로 칭함 받는다' 또는 '의인의 신분을 얻는다'(justification)라는 말도 선교적, 사회학적인 관점에서 주로 하나님의 백성의 범주로 이해해야 한다고 주장했습니다. 바울의 칭의론의 요체는 '이방인들이 어떻게 하나님의 백성 또는 아브라함의 자손이 되느냐'의 문제에 대한 답으로서, 그들이 '율법의 행위들'을 하여 유대교로 개종하고 유대인들이 될 필요 없이, 오로지 그리스도의 은혜의 복음을 믿음으로만 하나님의 백성(자녀) 또는 아브라함의 자손이 된다는 것입니다.

이렇게 던(Dunn)과 라이트(Wright)는 한편으로 바울의 칭의론에 대해 그가 유대주의자들에 맞서 이방 선교를 촉진하기 위해 고안한 특수 구원론이라고 보았던 슈바이처(Schweitzer)의 견해를 이어받으면서,

다른 한편으로 바울의 칭의론은 유대인들만이 하나님의 백성이라고 고집하는 유대교의 민족주의에 대한 싸움 교리이지 율법-공로주의에 대한 싸움 교리가 아니라고 강조했습니다.

(4) 두 언약 이론 The Two-Covenant Theory : 개스튼 Gaston 등

네 번째 이론을 제시하는 학자들도 더러 있습니다. 그것이 소위 '두 언약 이론'입니다. 샌더스(Sanders)가 밝힌 바에 의하면 유대교도 하나님의 은혜를 강조하는 종교입니다. 그리고 율법 안에 속죄의 수단들이 다 제공되어 있습니다. 그러니까 "유대교도 회개하고, 성전에 가서 지은 죄에 대해 제사하면 하나님의 자비로 용서받고 구원받는다고 가르쳤다. 그러므로 유대인들은 모세의 시내 언약에 의해서 구원받고, 이방인들은 그리스도의 골고다 언덕에서의 새 언약으로 구원받는다고 하자. 그렇다면 유대인들과 그리스도인들이 함께 하나님의 백성이 되고 서로에게 형제가 되는 것이다. 이런 인식으로 유대교와 기독교의 해묵은 갈등을 해소하자"라는 것이 '두 언약 이론'입니다.

샌더스(Sanders)의 유대교 연구에 근거하여 바울신학을 새롭게 보자는 운동을 던(Dunn)과 라이트(Wright)가 '바울신학에 대한 새 관점/조망'(The New Perspective on Paul)이라고 명명했는데, 크게는 위의 네 가지 견해가 다 그 이름 속에 포함됩니다만, 던(Dunn)과 라이트(Wright)의 견해 이외에 다른 세 가지 견해들은 거의 지지를 받지 못하고 있기 때문에 '바울신학에 대한 새 관점/조망'이라는 이름은 사실상 던(Dunn)과 라이트(Wright)의 관점을 지칭한다고 볼 수 있습니다. 다시 말하면, 던(Dunn)과 라이트(Wright)가 '새 관점'의 가장 영향력 있는 주창자들이고, 그들의 바울 해석이 학계의 큰 호응을 얻었다는 것입니다.

3) 새 관점의 시대정신Zeitgeist

그런데 그것이 일어나게 된 그 시대의 시대정신을 우리가 이해해야 합니다. '새 관점'은 제2차 세계대전 중 저질러진 유대인 대학살(Holocaust)에 대한 깊은 반성을 담고 있는 20세기 후반의 시대정신을 반영하는 것입니다.

사실 히틀러의 유대인 대학살은 실제로 교회나 기독교인들이 자행한 것은 아닙니다. 히틀러는 올빼미형이었습니다. 그래서 밤 두세 시까지 자지 않고 일하다가 오전 10시쯤 일어나서 11시 경에나 아침 겸 점심을 먹었습니다. 그러면서 자기 참모들을 데리고 식탁에서 이런저런 이야기를 나누었습니다. 그것을 독일말로 '티쉬레덴'(Tischreden)이라고 합니다. 그 자리에서 히틀러는 "먼저 유대인 문제(Juden-Frage)를 끝장내고, 그다음에는 교회 문제(Kirchen-Frage)를 끝장내겠다"라고 말하곤 했습니다. 히틀러는 교회도 유대교의 산물로 보아 차례로 끝장내겠다고 장담한 것입니다. 히틀러는 아리안, 게르만 정신을 부활하려면 유대교의 뿌리를 완전히 뽑아야 한다고 보았습니다. 그래서 사실은 교회에도 적대적인 나치가 유대인들을 학살했습니다.

그러나 그 대학살이 긴 안목에서 보면 그 이전 1,500년간 기독교 유럽의 유대인들에 대한 핍박의 절정으로 이루어진 것이고, 게다가 다수 독일 교회가 히틀러의 나치 이데올로기에 부역하면서 유대인들의 학살에 침묵하고 심지어 일부는 동조하기까지 했다는 것은 부인할 수 없는 사실입니다. 그래서 서양의 기독교 세계와 지성 사회가 큰 수치감과 죄책감을 가지게 된 것입니다.

그래서 될 수 있으면 유대교를 긍정적으로 보고, 유대인들에게 친절하게 대하자는 것이 오늘날 시대정신의 한 면입니다. 그것이 유대인 대학살(Holocaust) 이후의 신학 전반에 걸쳐 반영되는데, 바울신학에 대한 '새 관점'에도 그러합니다. 그래서 이러한 친 이스라엘, 친 유대교 정신을 반영하여 과거에 종교개혁 이후 개신교가 유대교를 율법주의적 공로 종교로 지나치게 비하했으므로 이제는 그것이 은혜의 종교라는 것을 강조하기에 이르렀고 심지어 '두 언약 이론'까지 대두된 것입니다.

그런데 불행히도 주종을 이루는 라이트(Wright)나 던(Dunn)의 '새 관점'에서는 역설이 벌어지게 되었습니다. 그들의 이론에 따르면, 바울이 유대교에 대해 '율법주의적 공로주의의 종교'라는 점 때문에 비방한 것이 아니라, 이스라엘만 하나님의 백성이라고 주장하는 '배타적인 민족주의', 요즘 말로 하면 '인종주의적인 종교'라는 점을 비방한 것이라고 결론지을 수밖에 없기 때문입니다. 유대교를 율법주의적 종교에서 구출한답시고 그것을 완전히 인종차별적 종교로 만들어 버린 셈이 아닙니까?

4) 새 관점 학파의 공통점들

(1) 기본 전제로서 '언약적 율법주의'

새 관점 학파의 공통점으로 첫 번째는 샌더스(Sanders)의 유대교 기술, 즉 그것이 '언약적 율법주의'(Covenantal Nomism)의 종교라는 점을 전제로 한다는 것입니다.

(2) 사회학적 접근 방법

두 번째는 사회학적 접근 방법으로, 하나님의 백성(아브라함의 자손)과 이방 선교라는 두 개념이 바울신학에 결정적 동력을 제공했다고 보는 것입니다. 즉, "어떻게 이방인들이 할례 등 '율법의 행위' 없이 그리스도를 믿음으로만 하나님의 언약 백성(아브라함의 자손)의 공동체에 편입될 수 있는가의 문제, 즉 교회론의 문제가 바울신학의 중심이다"라는 것입니다. 이러한 견해는 "바울신학의 중심 문제는 우리가 어떻게 하나님의 심판대 앞에 서는가, 거기서 어떻게 의인으로 인정되는가 하는 것이고, 칭의론은 그것을 설명하는 구원론이다"라고 보았던 루터 이래의 전통적인 개신교의 견해와는 거리가 큽니다.

(3) 바울의 칭의 교리의 의미 축소

세 번째, 그러다 보니까 바울의 칭의 교리의 의미가 축소된 것입니다. 칭의론이 이방인들을 하나님의 백성에 포함시키기 위해서, 즉 이방 선교를 촉진하기 위해서 고안된 교리라고 강조하다 보니, 그것이 바울의 구원론의 본질적 표현이라거나 중심이라기보다는 임시 방편적 표현이고 부차적인 것이라는 인상을 주게 되었습니다.

슈바이처(Schweitzer)가 그리스도 안에 내포되어 그와 함께 죽고 부활함, 즉 '그리스도-신비주의'를 바울 구원론의 중심으로 보고 칭의론은 이방 선교를 위한 부차적 논쟁용 교리였다고 보았듯이, 근래에 신약학자들 가운데 바울의 구원론의 중심은 칭의론이 근거하는 '법정적 속죄론'(the penal theory of atonement)이 아니고 '그리스도(의 죽음과 부활)에 참여함'을 내용으로 하는 '참여 속죄론'(the participation theory of atonement)이라는 주장이 큰 호응을 얻고 있는데, 이것은 이 점을 강조한 샌더스(Sanders)와 여타 '새 관점' 학파 학자들의 영향을 반영하는 것으로 볼 수 있습니다.

(4) 바울의 율법/유대교 비판

네 번째, 바울은 율법 자체가 아니라 유대인들이 율법을 '자신들의 민족적 특권을 보장하는 것'이라고 잘못 이해하고 사용하는 점을 비판했다고 보는 것입니다. 유대인들이 율법을 '자신들만이 하나님의 백성임을 보호하기 위한 방호벽'으로 여기면서, 이방인들은 하나님의 백성이 될 수 없게 하는, 즉 이방인들을 하나님의 은혜에 접근하지 못하게 하는 장벽으로 만든 것을 비판했다고 주장합니다.

(5) 칭의 교리의 후기 개발론

다섯 번째, 칭의의 교리가 바울신학의 중심도 아니지만, 이것이 바울신학에 원래부터 있던 것도 아니라는 것입니다. 후기에 AD 48(49)년쯤 안디옥에서 유대주의자들이 시내 언약의 표징인 할례를 받지 않고 정결의 법(특히 음식법)을 지키지 않는 이방 그리스도인들은 유대 그리스도인들과 함께 식사를 할 수 없다고 하며 이방 그리스도인들의 하나님의 백성 됨에 대한 근본적 문제 제기를 합니다. 이 안디옥 논쟁을 전후하여 갈라디아의 교회에서 유대주의자들이 이방 그리스도인들에게 할례를 받도록 요구하자, 비로소 바울은 이방인들도 '율법의 행위들'(시내 언약의 표징들을 행함)이 없이 하나님의 은혜에 의해, 그리고 그들의 믿음으로 하나님의 정당한 백성이 된다고 논증하는 칭의론을 개발하게 되었다고 주장하는 것입니다. 이와 같은 칭의론의 후기 개발론은 그 교리가 바울신학에서 부차적이라는 주장을 뒷받침하는 데 자주 사용됩니다.

5) 새 관점에 대한 비판

이러한 새 관점 신학이 바울신학에 엄청난 충격을 주었고 많은 호응을 얻기도 했지만, 그에 대한 신학적 반격도 등장하게 되었습니다. 그 반격은 두 갈래로 이루어졌습니다.

(1) 바울 해석에 대한 비판

첫째, 새 관점 학파의 바울 해석이 과연 옳은 것인가에 초점을 맞추어 비판을 제기한 학자들이 많이 있는데, 특히 여러 복음주의 신학자들이 그중에 속합니다. 이들은 앞에서 소개한 새 관점 학파의 '바울의 율법과 유대교 비판에 대한 네 가지 해석' 모두에 문제가 있다고 봅니다. 새 관점 학파의 주종을 이루는 던(Dunn)과 라이트(Wright)의 이론에서도 특히 그들의 '율법의 행위들'과 '나의 의, (그들) 자신의 의'라는 바울의 숙어들에 대한 해석에 심각한 오류가 있다는 것입니다.

저도 제 책「바울신학과 새 관점」(두란노)의 1장에서 이 숙어들에 대한 던(Dunn)과 라이트(Wright)의 해석이 옳지 않음을 논증했습니다. 던(Dunn)은 제가 제 첫 책「바울 복음의 기원」(엠마오)에서 바울의 기독론과 구원론을 그가 체험한 다메섹 도상에서의 그리스도의 계시로부터 도출하려 한 것에 대해 누차 신랄히 비판했습니다. 그는 제가 바울의 칭의론도 그 계시의 체험에서 기원했다고 하는 것을 비판하면서, 다메섹 사건을 '복음의 계시'라는 측면은 무시한 채 오로지 '사도적 소명'의 사건으로만 해석하여 자신의 새 관점에 맞추느라 애를 많이 썼습니다.

물론 그것은 갈라디아서 1:11~17에 나오는 바울의 증언에 완전히 반한 것입니다. 그럼에도 불구하고 그는 자신의 다메섹 사건의 해석을 자신의 새 관점의 한 'test case'(시험 케이스)라고 내세웠습니다. 그는 또 바울의 칭의론을 이해함에 있어 열쇠 구절들 중 하나인 갈라디아서 3:10~14 또한 자신의 새 관점에 대한 또 하나의 'test case'라고 내세웠습니다.

그러면서 그 구절들에 대한 전통적인 해석, 즉 "누구도 율법을 온전히 지켜 의인이 될 수 없다. 그런데 그리스도가 십자가에서 우리 대신 우리의 죄들에 대한 하나님의 저주를 받아 우리를 하나님의 저주로부터 구속하셨다. 그러므로 율법의 행위들로가 아니고 오로지 이 복음을 믿음으로만 의인이 된다"라는 해석을 부정하고, 그 구절들을 "그리스도가 유대인들이 민족주의적인 관점에서 율법을 자기들만 의인 됨을 보장하는 것으로 오해하고 이방인들을 배격하기 위해 오용한 죄를 대속하였다. 그리하여 이제 이방인들도 믿음으로만 유대인들과 마찬가지로 하나님의 백성/아브라함의 자손이 됨이 가능해졌다"라는 식으로 납득하기 어렵게 해석하였는데, 이 해석은 심지어 새 관점의 동료 주창자인 라이트(Wright)에 의해서도 '억지 해석'이라고 비판받았습니다.

그래서 던(Dunn)의 두 'test cases'를 다시 점검해 보고자 한 것이 저의 저서 「바울신학과 새 관점」의 1장과 4장입니다. 그렇게 다시 점검해 보니 던(Dunn)이 옳지 않다는 결론에 이르렀고, 그래서 그 문제를 두고 던(Dunn)과 심각한 논쟁을 벌였던 것입니다. 저의 「바울신학과 새 관점」을 서평한 사람들 중 여럿은 제가 던(Dunn)을 너무 심하게 비판했다고 평했습니다. 되돌아보면 그런 비판이 일부 타당하다는 것을 받아들이면서, 다른 한편으로 그런 서평자들이 한두 사람을 제외하고는 이전에 던(Dunn)이 저를 수차례 얼마나 신랄하게 비판했는지에 대해서는 감안하지 않아 아쉬움을 느끼는 것도 사실입니다.

하여간 여러 비판적인 학자들과 함께 저도 제 책 「바울신학과 새 관점」 1장에서 던(Dunn)과 라이트(Wright)가 바울의 숙어들인 '율법의 행위들'과 '나의 의, (그들) 자신의 의', 그리고 바울의 율법에 대한 비판을 잘못 해석했다는 것을 논증하였는데, 그런 것을 여기서 자세히 쓸 수는 없습니다. 그러므로 여기서는 특히 던(Dunn)과 라이트(Wright)가 바울이 지적하는 율법의 근본적인 한계와 문제성을 경시하였음만을 간단히 지적하려 합니다.

가령 갈라디아서 3:15~22에 보면 율법은 하나님이 아브라함에게 약속을 주신 지 430년 후에나 주신 것인데, 율법은 근본적으로 영생을 줄 능력이 없으므로 그것으로는 의 또는 그 약속의 성취를 얻을 수 없고, 오로지 그리스도를 믿음으로만 의 또는 약속의 성취를 얻게 되어 있다는 것입니다. 많은 학자들은 바울의 율법에 대한 비판이 유대주의자들과 논쟁하는 로마서, 갈라디아서에서만 나온다고 하는데, 그것은 아주 피상적인 관찰에 근거한 주장입니다. 갈라디아서 3:15~21에서 율법의 본질적인 한계성을 이렇게 지적하는 바울은 고린도전서 15:54~57에서 뭐라고 합니까?

"죽음이 (그리스도의 부활의) 승리에 의해 삼켜졌다. 죽음아, 너의 승리가 어디에 있느냐? 죽음아, 너의 쏘는 것(독침)이 어디에 있느냐? 죽음의 쏘는 것(독침)은 죄이고, 죄의 권능은 율법이다. 그러나 우리 주 예수 그리스도를 통하여 우리에게 승리를 주시는 하나님께 감사할지어다."

율법이 죄로 하여금 권능을 갖게 하고, 죄가 우리 몸속에 죽음을 쏘아 넣는 독침 노릇을 하여 우리가 죽음을 얻게 된다는 말입니다. 이와 같이 바울은 율법, 죄, 죽음이 서로 연합하여 인간들을 멸망의 길로 인도하는 것으로 보고 있습니다.

고린도전서 15:54~56에서 간단히 이 세 마디로 요약한 말을 우리의 '육신'이 율법으로 하여금 죄에게 권능을 갖게 한다는 사실을 덧붙여 전개한 것이 로마서 7~8장입니다. 로마서 7장에서는 율법이 육신, 죄, 죽음과 연대하여 우리 아담적 인간들로 하여금 "오호라! 나는 곤고한 자로다. 누가 나를 이 사망의 몸에서 구원하리요" 하고 부르짖게 하는 힘으로 작용한다고 설명되어 있습니다. 이렇게 율법의 근본적인 한계성과 문제성을 지적하는 바울이 "율법의 행위들로는 우리가 의인 되지 못한다"라고 할 때 겨우 유대인들을 이방인들로부터 분리시키는 할례, 안식일, 정결의 법들의 기능에만 초점을 맞추어 그렇게 말했겠습니까?

여기서 제가 존경하는 스코틀랜드의 학자 마셜(I. H. Marshall)이 살핀 바, 즉 에베소서 2:8~10, 디모데후서 1:9, 디도서 3:4~7에 바울의 칭의론이 전통적인 종교개혁적 의미로 해석되어 나온다는 사실에 주목할 필요가 있습니다. 대다수의 학자들은 이 서신들에 대해 바울의 제자들이 바울의 신학 유산을 자신들 시대의 교회의 필요에 맞추어 해석하며 쓴 '후기 바울 서신들'이라고 봅니다. 덧붙여 사도행전에서 누가가 보고하는 바울의 루스드라에서의 설교(13:39), 예루살렘 사도 회의에서의 연설(15:10~11)도 참조해야 합니다. 누가도 바울의 제자라면 디모데나 디도와 마찬가지로 바울의 칭의론을 가장 잘 이해했을 것 아닙니까? 바울에게 직접 들은 사람들이기 때문입니다. 바울의 제자들이 칭의를 어떻게 해석합니까? 위의 구절들을 보면, 바울의 가르침을 직접 받았거나 시대적으로 기껏해야 한 세대 정도 뒤에 그의 가르침을 해석하는 그들은 칭의론을 전통적인 종교개혁 신학적인 관점으로 해석합니다.

이러한 관찰은 '새 관점'에 대한 굉장히 중요한 도전입니다. 앞에서 우리는 레이제넨(Räisänen)의 비판에 대해서 20세기의 샌더스(Sanders)가 1세기의 유대교를 바울보다 더 잘 알았다고 주장하려는 것이냐고 물었는데, 여기서 우리는 비슷하게 20세기의 던(Dunn)과 라이트(Wright)가 바울의 칭의론에 대해서 그의 직계 제자들인 디모데, 디도 등보다 더 잘 알았다고 주장하는 것이냐고 묻지 않을 수 없습니다.

(2) 유대교에 대한 전제 비판

둘째로, 새 관점 학파의 유대교에 대한 전제에 대한 비판입니다. 새 관점 학파가 전제하는 샌더스(Sanders)의 유대교 해석이 과연 옳은 것인가? 이것이 새 관점 학파에 대한 비판의 또 하나의 노선입니다. 엘리엇(M. A. Elliot)의 *"The Survivors of Israel"*(Eerdmans, 2000)은 유대교가 "유대인들, 아브라함과 이삭과 야곱의 자손들은 언약 백성으로서 하나님의 자비로 다 구원받는데, 설령 죄를 지어도 율법에 이미 마련되어 있는 회개, 성전 제사 등 속죄 수단들을 사용하여 언약의 관계에 지탱되어서 결국 모두 구원받는다"라고 믿었다는 샌더스(Sanders)의 견해를 점검합니다.

특히 포로 이후에 선지서들부터 유대교에 무엇이 발달합니까? 개인주의가 발달합니다. 그래서 아브라함의 육신적 자손들이라고 다 구원받는 게 아닙니다. 율법에 신실한 자들만 구원받습니다. 그것을 이사야서에는 '남은 자들'만, 즉 진정으로 언약에 신실한 자들만 구원받는다고 기록되어 있습니다. 잠언 등 지혜 문서에서는 이들만이 '의인들'이고, 유대인들이라도 실제로 율법을 지키지 않아 언약에 신실하지 못한 자들은 '악인들'입니다. 다니엘서에 보면 종말에 끝까지 언약에 신실한 자들만 '지극히 높으신 이의 성도들'로서 구원을 받는다고 나옵니다. 포로기 이후에 율법을 철저히 지켜 언약에 신실하고자 하는 자들을 '하시딤'이라고 불렀고, 그들의 후예들이 바리새인들이요 '엣센파'입니다.

마찬가지로 세이프리드(M. A. Seifrid) 등도 예전에 바리새파 신학을 반영하고 있는 책으로 봤던 "솔로몬의 *시*들"이라는 신약과 거의 동시대 책이나 엣센파의 쿰란 문서들에서, 율법을 철저히 지키려 한 바리새인들이나 엣센파 사람들이 율법을 제대로 지키지 않는 사두개인들이나 유대교 내의 이른바 '죄인들'을 어떻게 보았는가를 살펴보았습니다. 그리고 "그들도 아브라함과 이삭과 야곱의 자손들이니까 그 조상들에게 주어진 언약에 힘입어, 또는 대 구속의 날 민족 전체의 죄를 속죄하는 성전 제사 등에 힘입어 모두 구원을 받으리라 생각했는가? 그렇지 않았다. 바리새인들이나 엣센파 사람들은 율법을 철저히 지키는 자신들만 의인들로서 구원을 받게 된다"라고 믿었다는 것을 밝혀냈습니다.

이렇게 유대 민족 가운데 율법을 신실히 지키려는 자들이 있는가 하면 그렇지 않은 자들도 있는 상황에서는 이스라엘 민족에 대한 하나님의 은혜의 언약은 전제되어도, 실제로 최후의 심판에서 결정적으로 중요한 것은 '개개인이 얼마나 언약에 신실하기 위해 율법을 철저히 지켰는가'가 될 것임은 자명한 일입니다.

그래서 라토(Laato), 에스콜라(Eskola), 다스(Das) 등 여러 학자들은 "유대교의 원래 틀은 '언약적 율법주의'였는데, 제2성전 시대에 종말론적 심판과 구원에 대한 기대와 개인주의의 발달로 인해 점차 '개인적 율법 지킴-공로주의'가 두드러지게 되었다. 그러니까 유대교는 하나님의 언약의 은혜와 개개인이 율법을 지켜 이루는 의가 함께 작용하여 구원을 가져온다는 '신인 협동설'(synergism)을 가르치는 종교였다. 그런데 샌더스(Sanders)가 후자는 무시하고, 언약의 은혜만을 일방적으로 강조한 것은 옳지 않다"라고 비판한 것입니다.

6) 제2성전 시대의 유대교에 대한 바울의 증언

우리가 바울 서신들을 읽을 때에 늘 잊지 말아야 할 것이, 바울은 바로 얼마 전까지만 해도 유대 신학자였다는 사실입니다. 그것도 보통 신학자가 아닙니다. 상당한 경지에 이른 열성 신학자였습니다. 빌립보서 3장에 보면, 그는 자기 말로 "율법의 의로는 흠이 없는 자였고, 열성을 가진 바리새인으로서 이단자들을 폭력으로 처단하기까지 하는 철저한 유대 신학자였다"라고 고백합니다.

사실 1세기의 유대교 모습에 대해 바울보다 더 신빙성 있는 증거자가 없습니다. 랍비 문서들은 다 후대 문서들입니다. 바울은 1세기 유대교에 대한 직접적인 목격자이자 증인입니다. 이러한 사람이 당시 유대교에 대해 뭐라고 증언하는지가 중요하지 않겠습니까? 물론 바울은 유대주의자들과의 논쟁의 상황에서 유대교를 비하하니까, 그가 유대교에 대해서 하는 모든 말들을 다 문자 그대로, 액면 그대로 받아들일 수는 없습니다. 그럼 어떻게 해야 합니까? 학자들이 헤아리는 방법이 있습니다. 그런 것을 '비평한다'라고 합니다. 역사 비평, 문서 비평을 하는 이유가 그런 것입니다. 바울의 유대교에 대한 언명들을 그런 비평의 과정을 거쳐 음미하면, 그들로부터 당시의 유대교에 대한 상당히 신빙성 있는 그림을 얻어 낼 수 있다고 보고 그것을 존중해야 한다고 제 책에서 주장했습니다.

제 책보다 조금 후에 던(Dunn)의 제자인 개더콜(S. Gathercole)이 *"Where is Boasting?"* 이라는 책을 펴냈습니다. 거기서 그는 당시 유대 문서들의 일부와 마찬가지로, 그리고 탕자의 비유(눅 15:11~32), 일꾼들의 비유(마 20:1~16), 부자 관원의 이야기(막 10:17~22) 등 공관복음서들의 증언들과 마찬가지로, 바울도 로마서 2:1~3:7에서 유대인들이 단지 자신들의 선택된 언약 백성으로서의 '민족적 의'만을 자랑한 것이 아니라, 자신들 개개인의 율법에 대한 실제적 순종으로 얻는 개인적 의를 자랑했음을 보여 준다고 해석합니다.

우리는 레이제넨(Räisänen)이 그러듯이 샌더스(Sanders)가 규정한 1세기의 유대교의 성격에 근거하여 바울의 유대교에 대한 이러한 묘사는 유대교를 율법주의적 종교로 왜곡한 것이라고 비판해야 합니까? 아니면, 바울을 당시 유대교에 대한 한 중요한 증인으로, 또는 20세기의 샌더스(Sanders)보다 훨씬 더 신뢰할 만한 유대교의 해석자로 인정하고, 그의 유대교에 대한 이러한 묘사를 올바른 것으로 받아들여야 합니까? 후자가 더 옳은 것 아닙니까? 그렇다면 1세기의 유대교에 율법을 철저히 지켜 '자기의 의'를 얻으려는 경향이 있었음을 인정해야 하는 것입니다.

7) 새 관점에 대한 평가: 문제점들과 공헌

(1) 문제점들

앞서 살펴본 대로 바울의 유대교에 대한 비판을 설명하는 새 관점 학파의 네 방법들이 있었습니다. 그중에 다른 것들은 거의 잊혔고 던(Dunn)과 라이트(Wright)의 방법만 영향을 발휘합니다. 그런데 그 학파에 속한 이들이 가진 다섯 가지 공통점을 모두 수용하기가 어렵습니다. 그러므로 그 학파의 기본 전제인 유대교에 대한 이해가 조정되어야 합니다. 두 번째 문제점은 바울의 칭의론의 축소주의입니다. 그것을 근본적으로 구원론적 개념으로 보기보다는 선교적 또는 교회론적 개념으로만 인식하는 축소주의는 명백히 옳지 않습니다.

(2) 공헌

그럼에도 불구하고 새 관점이 공헌한 점들도 있습니다. 그것은 우선 신약 시대의 유대교에 대해 우리로 하여금 더 정확히 이해하게 한 것입니다. 그것이 단순히 '율법-공로 종교'였던 것이 아니라, 언약적 은혜도 함께 강조했던 '언약적 율법주의'의 큰 틀을 가지고 있던 종교였다고 이해하는 것이 옳습니다. 지금 새 관점 학파를 비판하는 학자들도 대부분 그것은 인정합니다. 그들은 다만 그 틀 안에 개인주의적 율법 공로주의의 경향도 있었다는 것을 인정하자고 주장하는 것입니다.

더 나아가서 새 관점 학파는 우리들을 도와서 바울의
① 칭의론이 명백히 전개되는 역사적, 사회학적, 선교적 맥락을 더 잘 이해하게 했습니다.
② 칭의론의 언약적 구조와 공동체적 평면, 즉 하나님의 백성됨의 평면에 대한 이해를 증진했습니다.
③ 결국 바울의 칭의론도 기본적으로는 '언약적 율법주의'와 비슷한 구조를 가지고 있음을 이해하게 하였습니다. 케임브리지 대학의 여자 교수 후커(M. D. Hooker)가 이 점을 처음 관찰했는데, 그 후로 많이 인정되는 것입니다.

우리가 그리스도의 복음을 믿을 때 우리는 의인이라고 선언(칭함)받지만, 그것을 신약 구원론의 종말론적 유보(구원이 '벌써 이루어짐 –그러나 아직 완성되지 않음')의 구조 속에서 이해해야 하는 것입니다. 그것은 최후의 심판 때 받을 선언을 지레 받는 것으로서 주 예수 그리스도의 재림 때 있을 최후의 심판 때 온전히 받는 것입니다. 믿는 자 될 때 우리가 얻는 의인의 신분은 우리가 하나님과의 올바른 관계에로 회복됨을 의미하는데, 그것은 '언약적 율법주의' 유대교에서 하나님의 선택으로 이스라엘이 하나님과의 언약의 관계에 '진입'한 것에 해당합니다. 믿음으로 칭의 되고(죄 용서받고) 의인의 신분을 얻은 사람은 이제 최후의 심판 때 칭의의 완성을 받을 때까지 자신이 '진입'한 하나님과의 올바른 관계에 '서 있어야' 합니다. 그러기 위해서는, 이제 곧 설명하겠지만, 그 사람은 이중 사랑의 계명을 지키며 살라는 요구로 오는 하나님의 통치를 계속 받아야 합니다. 이것은 하나님의 선택과 언약의 은혜로 하나님의 백성이 된(하나님과의 올바른 관계에 '진입'한) 이스라엘이 언약의 법들을 지킴으로써 그 관계에 '머무름' 하는 것과 같은 구조입니다.

이런 구조적 유사점에도 불구하고, 바울의 칭의론의 구조는 그의 은혜론과 성령론에 의하여 변형되어서 유대교의 '언약적 율법주의'의 구조와 조금 다르게 나타납니다.

바울은 믿음으로 의인이라 칭함 받은 자들, 즉 하나님과의 올바른 관계에로 회복된 자들이 '율법을 지킴으로써 그 관계 안에 서 있게 된다'고 가르치지 않고, 도리어 '성령의 인도와 힘 주심을 받아' 그렇게 한다고 가르칩니다. 바울은 로마서 7~8장과 갈라디아서 5~6장에서 율법과 육신을 하나로 묶어 성령과 대조하면서, 유대인들이 율법을 지킴으로 하나님과의 올바른 관계 안에 서 있으려는 것은 결국 의를 이루지 못하고 도리어 죄를 지으며(또는 '육신의 열매'를 맺으며) 죽음으로 나아가는 길이지만, 그리스도인들이 성령의 인도와 힘 주심을 받아 살 때 율법의 진정한 요구 (그리스도의 법)를 성취하며 '의의 열매'(성령의 열매)를 맺어 생명으로 나아가는 길이라고 강조합니다.

이와 같이 바울의 칭의론은 구원이 '벌써 이루어짐―그러나 아직 완성되지 않음'의 구조 속에서 유대교와 같이 하나님과의 올바른 관계에 '진입'하고 종말의 완성 때까지 그 관계 속에 '머무름'의 구조를 가지고 있는데, 그 '진입'과 '머무름'이 모두 성령(하나님의 은혜)에 힘입어 이루어진다고 강조하는 데서 유대교의 '율법주의'와 다른 모습을 갖게 됩니다. 바울의 이러한 칭의론의 구조를 우리는 새 관점 학파와 토론하는 가운데 더 잘 이해하게 된 것입니다. 가끔씩 우리가 믿는 진리도 그것을 비판하는 자들과 논쟁하면서 더 정확히 이해하게 됩니다.

④ 칭의론의 구조에 대한 이러한 이해는 우리로 하여금 칭의와 윤리 사이의 일치를 더 잘 이해하게 했습니다. 이것은 뒤에 자세히 설명하겠습니다.

8) 새로운 해결책의 모색

최근 10여 년 사이에 새 관점의 주창자들과 비판자들 간의 상호 접근이 많이 이루어져 왔습니다. 한편 반대자들도 앞서 본 대로 새 관점의 공헌들을 대체로 인정하게 되었고, 다른 한편 새 관점의 주창자들도 자신들의 주장들이 너무 일방적이었음을 인정하게 된 것입니다.

던(Dunn)은 *"The New Perspective on Paul"*(revised ed.; Grand Rapids: Eerdmans, 2008) 제1장에서 비판자들과 토론하면서 새 관점의 유래와 성격과 전망을 기술합니다. 그는 자신과 같은 새 관점의 주창자들이 오해를 줄 소지를 많이 제공한 것이 사실이라는 점을 인정합니다. 가령, 칭의론의 법정적 측면을 강조하지 않고, 이방인들이 어떻게 율법의 행위들 없이 하나님의 백성이 되는가의 뜻만 강조한 것이 오해를 줄 수 있었다고 인정합니다. 그러나 자기들이 전통적인 칭의론의 통찰들을 무시한 게 아니라고 항변합니다. 다만 자기들이 새로 발견한 것, 즉 칭의론의 선교적, 교회론적 의미를 강조하니 비판자들이 그런 오해를 하게 되었다는 것입니다. 이런 식으로 자기변명을 하면서, 비판자들이 자신들의 진의를 몰라주고, 또 자신들이 발견한 칭의론의 새로운 측면을 무시하거나 경시한다고 역공하는 자세를 취합니다.

라이트(Wright)는 그의 책, *"Paul: In Fresh Perspective"*(Minneapolis: Fortress, 2006)에서 던(Dunn)보다 조금 더 진솔하게 새 관점의 오류를 인정합니다. 이 학자가 지금 4권 분량의 방대한 신약신학 책을 저술 중이라고 합니다. *"신약과 하나님의 백성"*(The New Testament and the People of God), *"예수와 하나님의 승리"*(Jesus and the Victory of God), 그리고 *"하나님 아들의 부활"*(The Resurrection of the Son of God)에 이어 이제 바울신학에 대한 대작을 출판할 계획인데, 그것에 대한 하나의 예시서로 *"Paul: In Fresh Perspective"*라는 책을 출판했습니다.

이 책에서 그는 새 관점(New Perspective)의 한계를 지적하고, 그것을 넘어선 '신선한 관점'(Fresh Perspective)을 갖자고 제안합니다. 라이트(Wright)는 새 관점(New Perspective)이 바울의 칭의론에서 죄 용서의 평면을 무시한 점은 오류였음을 깨끗이 인정하면서, 이제 전통적인 칭의론의 이 통찰과 새 관점이 발견한 칭의론의 교회론적, 선교적 의미를 통합해야 한다고 주장합니다. 더 나아가 바울의 복음을 예수의 하나님 나라 복음과 연결시켜 우주적 관점에서 보고, 로마제국에 대항한 반제국주의적 의미도 드러내는 '신선한 관점'(Fresh Perspective)을 갖자고 제안하는 것입니다.

제가 미국 성서학회(Society of Biblical Literature)가 발행하는 온라인 서평지 'Review of Biblical Literature'의 위탁을 받아 2006년에 라이트(Wright)의 이 책을 서평했습니다. 저는 라이트(Wright)의 새 제안을 대체로 긍정적으로 평가하면서, 특히 칭의론의 옛 관점과 새 관점의 통찰들을 에베소서 2장의 모델대로 통합하자는 그의 제안을 환영했습니다. 다만 그가 그러면서도 새 관점의 칭의론의 선교적, 교회론적 의미(엡 2:11~22)가 우선한다고 계속 주장하면서 칭의론의 개인적 죄 용서의 의미(엡 2:1~10)를 그것에 어떻게든 끼워 넣으려 시도하는 것에 대해서 비판하면서, 칭의론의 옛 관점과 새 관점의 통찰들의 통합은 에베소서 2장의 순서대로 해야 한다고 주장했습니다.

에베소서 2장을 보면 1~10절까지는 옛 관점의 칭의론이 요약되어 있습니다. 즉, 우리가(모든 인간이) 우리의 율법 지킴 등의 선행에 의하지 아니하고 다만 그리스도 안에 나타난 하나님의 은혜를 입어, 그것을 믿음으로만 죄를 용서받고 구원받는다는 것입니다. 그러고는

11~22절에서 그리스도가 그의 죽음으로 하나님과 인간 사이에, 그리고 유대인들과 이방인들 사이에 있었던 율법의 장벽을 허물어, 그리스도의 이 은혜를 믿는 유대인들과 이방인들이 함께 하나님께 화해되었고 서로에게 화해되었으며, 그리스도의 몸, 교회 안에서 하나님의 한 백성, 한 가족으로 통합되었다고 새 관점이 강조하는 칭의론의 선교적, 교회론적 의미가 설명되어 나옵니다.

율법의 행위 없이 하나님의 은혜에 대한 믿음으로만 의인 됨의 복음은 필연적으로 이방 선교를 촉구하게 합니다. 왜냐하면 하나님의 은혜로만 의인되니까 인간들이 출생이나 성취로 내세울 수 있는 어떤 '공로'나 '이점'도 무의미한 것입니다(갈 3:28). 그러니까 칭의론에서 뭐가 더 우선합니까? 모든 인간이 그리스도의 은혜를 믿음으로써 의인이 된다는 보편적 진리를 강조함(옛 관점의 통찰)이 기본이고(롬 1:16b: "복음은 어떤 믿는 자나 구원에 이르게 하는 하나님의 힘이다"), 거기서 이방 선교가 나올 수 있으며, 그 결과로 믿는 이방인들도 믿는 유대인들과 함께 하나님의 백성이 된다는 진리가 나오는 것 아닙니까?(롬 1:16c: "첫째 유대인에게, 그리고 헬라인에게도")

그러한 로마서 1:16의 명제를 따르는 것이 에베소서 2장의 논리 전개 순서가 아닙니까? 그래서 저는 제 서평에서 라이트(Wright)가 옛 관점의 통찰과 새 관점의 통찰을 통합하려는 방식에 대항하여, 옛 관점의 통찰(모든 인간이 그리스도의 은혜로만, 그것을 믿음으로만 죄를 용서받고 의인이 된다는 보편적 진리, 2:1~10)이 우선하고, 새 관점의 통찰(그리스도를 믿는 이방인들이 그리스도를 믿는 유대인들과 함께 하나님의 백성이 되어 그리스도의 몸에서 통합됨, 2:11~22)을 그 귀결로 함축함을 인정해야 한다고 주장했습니다. 그리고 2008년에는 「그리스도와 가이사」(한국에서는 2009년에 출간함)라는 책을 출판해 바울이 그의 복음을 당시 로마제국의 황제숭배와 강압 통치에 의식적으로 대항하는 식으로 형성했다는 라이트(Wright)와 리처드 호슬리(Richard Horsely) 등의 주장이 과연 옳은가를 점검하기도 했습니다.

9) 결론

새 관점의 주창자들이 칭의론의 선교적, 교회론적 의미에 집착하면서, 그것의 법정적 의미를 무시/경시한 것이 많은 비판을 받았는데, 이제 그들도 그 점을 자신들의 오류로 인정하게 되었습니다. 반면에 전통적인 칭의론의 옹호자들은 후자에 집착하면서 전자를 무시한 것을 인정하게 되었습니다. 또 새 관점에 대한 토론은 우리로 하여금 종말론적 유보의 구조를 가지고 있는 바울 구원론의 한 범주인 칭의론이 새 관점의 주창자들이 그린 유대교의 '언약적 율법주의'와 구조적으로는 유사한, 그러나 신약의 새 요소인 성령론에 의거해 조정된 형태를 가지고 있는 것을 더 잘 이해하게 했습니다. 최근에는 새 관점의 주창자들과 옛 관점의 옹호자들 간에 상호 접근이 일어나고 있으며, 두 관점의 통합이 필요하다는 인식도 공유하게 되었습니다. 라이트(Wright)가 그것들을 통합하는 한 방식을 제시했는데, 저는 예수의 하나님 나라 복음의 관점에서 그들을 통합하는 것이 가장 바람직하다는 것을 주장합니다. 그것을 제2장부터 살펴보겠습니다.

CHAPTER 02

칭의론의 법정적 의미와 관계적 의미

1. 예수의 죽음에 대한 바울의 해석

여기서 먼저 다루어야 할 것이 예수의 죽음에 대한 바울의 해석입니다. 바울이 스스로 다메섹 도상에서 그리스도를 만남으로써, 즉 그리스도의 계시로 복음을 받고, 사도직의 소명을 받았다고 주장하니까(갈 1:11~17), 바울신학에 대한 고찰은 다메섹의 계시와 사도적 소명에서 출발하는 게 좋습니다.

바울이 과거 유대 신학자일 때는 예수가 거짓 메시아로서 율법이 선언하는 하나님의 저주를 받고 죽은 것으로 이해를 했습니다. 그러나 다메섹 도상에서 십자가에 달려 죽고 부활한 예수를 만남으로써 하나님이 그를 부활시켜 자기 우편에 앉히시고 하나님의 아들로, 즉 만유의 주로 계시하시므로, 그의 죽음은 자신의 죄를 인해서가 아니라 우리의 죄를 인하여 우리 대신 하나님의 저주를 받음이요, 우리 죄를 해결하는 종말론적 대속의 제사였다는 깨달음을 얻게 된 것입니다. 즉, 자기가 핍박하고 있던 그리스도인들이 예수의 죽음을 예수의 메시아/그리스도(종말의 구원자)적 행위, 곧 하나님의 구원의 사건으로 해석한 것을 받아들이고, 그들의 신앙고백 양식들을 이어받았습니다.

그래서 그의 편지들 여러 곳에서 바울은 그들이 이미 형성한 신앙고백 양식들, 또는 복음 선포의 양식들을 인용하고 해석하는 것을 볼 수가 있습니다(예를 들어, 롬 3:24~25; 4:25; 고전 11:23~26; 15:3~5 등). 이들 외에도 그리스도의 죽음의 의미를 압축해서 표현하는 말들이 로마서 8:3~4, 고린도후서 5:21, 갈라디아서 1:4, 갈라디아서 3:13, 갈라디아서 4:4~5, 데살로니가전서 4:14; 5:9~10 등에도 나오는데, 어떤 학자들은 이들 중 일부도 바울의 이전 교회에서 이미 형성된 것을 바울이 인용하고 있다고 봅니다. 그런데 저는 이 말들은 바울 스스로 만들었다고 봅니다. 하여간 중요한 것은 바울이 다메섹 계시에 의해서 그리스도의 죽음에 대한 이전 교회의 해석을 이어받았다는 사실입니다.

그리스도의 죽음은 우리를 위한 '속죄 제사'였습니다. 영어로는 'sacrifice of atonement'라고 합니다. 영어의 신학 언어들 중 대개가 라틴어 어원을 가지고 있고, 일부가 그리스어 어원을 가지고 있는데, 이 'atonement'만은 순수한 영어 기원이라고 합니다. 그래서 어떤 사람들은 이것을 'at-one-ment'에서 기인한다고 보고, 그것은 '죄로 말미암아 하나님과 틀어진 관계를 갖게 된 인간을 그들의 죄 문제를 해결하여 하나님과 하나 되게 하는 사건'이라는 뜻으로 해석합니다. 그리스도의 죽음이 우리를 하나님과 올바른 관계에로 회복시키는 사건이라는 것입니다. 그리스도의 죽음은 그러한 'atonement'의 사건이었다는 것입니다. 독일어로는 'Sühne'라고 합니다. 그런데 그 속죄 (atonement/Sühne) 사건이 어떻게 일어났는가 하면 그리스도가 자신을 (또는 하나님이 그리스도를) 우리 죄에 대한 속죄 제사로 바치심으로써 이루어진 것입니다. 그래서 그리스도의 죽음이 우리의 죄 문제를 해결해서 우리를 하나님과 올바른 관계에로 회복시킨 사건입니다.

바울은 그리스도의 속죄 행위를 통해 우리가 하나님과의 올바른 관계에로 회복됨을 표현하기 위해 여러 그림 언어들(imageries, metaphors)을 씁니다. 바로 칭의(의인, 즉 무죄 선언을 받고 하나님과 올바른 관계를 갖는 사람 되기), 화해(하나님과 화평하고 친밀한 관계를 갖기), 입양(하나님의 자녀 되기) 등입니다.

'성화'도 그것들 중 하나입니다. 우리는 보통 그것을 칭의 다음에 오는 구원의 한 단계로 알고 있는데, 바울은 그것을 하나님의 거룩한 백성으로 살아가는 것을 지칭해서 쓰기도 하지만, 더 자주 그리고 더 근본적으로 우리가 세례 때 성령을 받고 하나님의 거룩한 백성으로 바쳐지는 것, 즉 '성도'('거룩한 이들')가 되는 것을 지칭하여 씁니다. 바울은 그리스도의 속죄 행위로 하나님과의 올바른 관계에로 회복된 자들은 더 이상 옛 아담적 인간이 아니고, 완전히 새 인간이라는 것을 강조하기 위해서 '새 창조'라는 용어도 씁니다. 그리스도의 십자가에서의 속죄 행위에 힘입어 얻게 된 구원을 바울은 이렇게 다양한 그림 언어들로 표현합니다. 그것들을 '그리스도의 구원을 해석하는 범주들(category)'이라고도 합니다.

이렇게 다양한 그림 언어들로 표현하고자 하는 구원의 궁극적인 뜻은 똑같습니다. 하나입니다. '창조주 하나님과의 올바른 관계에로 회복되어 하나님의 무한, 충만에 참여하게 됨'을 뜻합니다. 창조주 하나님의 무한한 자원에 참여하게 되어서, 그 무한한 신적 자원으로 이루어지는 삶을 얻게 되었음을 말합니다. 하나님의 무한한 신적 자원으로 이루어지는 삶이 어떤 삶입니까? 신적 삶, 하나님적인 삶이지요. 그것을 성경 숙어로 말하면 '영생'이라고 합니다.

영생이라는 말은 원래 '오는 세대의 삶'이라는 말인데, '오는 세대' 는 사탄의 죄와 죽음의 통치의 세대를 마감하고 하나님이 통치하는 세대이니, '오는 세대의 삶'은 곧 우리가 하나님의 통치를 받음으로 써(즉, 하나님과의 올바른 관계에 서 있음으로써) 얻는 삶입니다. 그러니까 '영 생'은 형식적으로는 '하나님 나라의 생명'이요, 내용적으로는 '신적 생명'(하나님의 무한, 충만으로 이루어진 생명)입니다. 이런 생명을 얻는 것을 바울은 하나님의 '영광'을 얻는다고도 하고 '하나님의 형상을 회복 함'이라고도 표현합니다.

하나님적(신적) 생명을 얻는다는 것은 '하나님과 같이 됨'을 의미하 는데, 그것을 '하나님의 형상을 회복함' 또는 하나님의 '영광'을 얻 음('영화', glorification)으로 표현하는 것입니다. 이것을 고대 교회나 그 전통을 이어 받은 동방정교회는 '[아포]데오시스'([apo]theosis)라고 하 는데, 이것이 구원입니다. 인간들이 피조물적 한계성, 거기서 기원해 서 그들에게 죽음을 가져다주는 결핍성을 극복하고 초월자 하나님 의 무한, 곧 충만에 참여하게 됨, 그리하여 온전한 신적 생명을 얻게 됨, 그리하여 '하나님과 같이 됨'– 이것이 구원의 궁극적 의미입니다.

그런데 바울은 아담과 아담적 인간이 '하나님과 같이 됨'을 자신 의 자원(지혜와 능력)으로 얻으려 하여 역설적으로 사탄의 죄와 죽음 의 통치 아래로 떨어졌으나, 예수 그리스도가 그의 죽음과 부활로 그 러한 인간의 죄의 문제를 해결하였으니(즉, 속죄하였으니), 이제 그 은혜 를 믿음으로 덕 입으면 하나님과 올바른 관계에로 회복되어(즉, 하나님 의 나라에로 이전되어, 하나님의 통치를 받는 사람들이 되어) 하나님 나라의 생명('영생', 신적 생명)을 얻고 '하나님과 같이 됨'에 이르게 된다고 가르칩니다. 그러니까 '영생' 또는 '하나님같이 됨'을 얻는 길은 옛 아담과 같이 하나님에 대해 자기주장을 하는 것이 아니라(이것을 현대 철학에서는 인본주의, 'Humanism'이라 함), 그 반대로 창조주 하나님을 인정하고 그가 그리스도를 통해 이룬 속죄의 은혜를 믿음으로 덕 입어 하나님과 올바른 관계에 회복되는 것이라고 가르치면서, 하나님과 올바른 관계에 회복됨을 칭의, 화해, 성화, 입양 등 다양한 그림 언어들로 풍부하게 설명하는 것입니다.

2. 그리스도의 대속의 제사 (롬 3:24~26)

그러면 그리스도의 죽음이 어떻게 작용을 하기에(*modus operandi*) 그것이 우리의 죄 문제를 해결하여 우리를 하나님과의 올바른 관계에로 회복시키는가? 앞에서 본 대로 바울은 로마서 3:24~26, 로마서 4:25, 로마서 5:6~10, 로마서 8:3~4, 고린도전서 11:23~26, 고린도전서 15:3~5, 고린도후서 5:21, 갈라디아서 3:13, 갈라디아서 4:4~5, 데살로니가전서 5:9~10 등에서 그리스도의 죽음이 그런 속죄(atonement)의 사건이었다는 것을 누차 천명하는데, 그것을 극도로 축약된 언어로 표현하고 있어서 이를 풀어 위의 문제에 대한 답을 얻는 것이 쉽지 않습니다. 로마서 3:24~26이 그들 중 제일 자세한 설명을 담고 있습니다. 그러기에 신학자들은 특히 이 본문 해석에 많은 노력을 쏟는데, 이 본문도 풀어내기가 쉽지 않아 오랫동안 학계에서 여러 가지 설들이 제기되었습니다. 그래도 학계의 해석들은 크게 두 유형으로 정리할 수 있습니다.

1973년 같은 해에 나온 아주 훌륭한 두 개의 로마서 주석들이 두 개의 유형들을 각각 표방해서 그들을 비교하는 데 큰 도움을 제공하고 있습니다. 하나는 영국의 개혁 신학 계열에 속한 크랜필드(C. E. B. Cranfield)의 ICC 주석이고, 또 다른 하나는 전형적인 독일 루터파 신학을 이어받은 케제만(E. Käsemann)의 주석입니다. (이것은 원래 독일어로 되어 있는 것이나, 독일어를 읽을 수 있는 독자들보다는 영어를 읽을 수 있는 독자들이 더 많을 것 같아, 여기 그 영역판을 인용합니다.)

Cranfield, *Romans*	Käsemann, *Romans*
'··· 23 for all have sinned and lack the glory of God,	23 All have sinned and (therefore) lack the glory of God,
24 being justified freely by his grace through the redemption *accomplished* in Christ Jesus;	24 (So) all are justified freely by his grace by the redemption in Christ Jesus.
25 whom God purposed to be by the shedding of his blood a propitiatory sacrifice, *the benefit to be appropriated* by faith, in order to prove his righteousness (*this was necessary* on account of the overlooking of past sins 26 in God's forbearance), in order, *I say*, to prove his righteousness in the present time, so that he might be righteous even in justifying the man who believes in Jesus.'	25 Him God publicly set forth as an expiation, (*which is appropriate*) through faith in virtue of his blood. (*This took place*) to show his righteousness in such a way that in divine forbearance former sins were remitted: 26 to show his righteousness in the present hour of destiny, that he might be righteous and might justify him who lives by faith in Jesus.

"이제는 율법 외에 하나님의 한 의가 나타났으니 율법과 선지자들에게 증거를 받은 것이라 곧 예수 그리스도를 믿음으로 말미암아 모든 믿는 자에게 미치는 하나님의 의니 차별이 없느니라 모든 사람이 죄를 범하였으매 하나님의 영광에 이르지 못하더니 그리스도 예수 안에 있는 속량으로 말미암아 하

나님의 은혜로 값없이 의롭다 하심을 얻은 자 되었느니라 이 예수를 하나님이 그의 피로써 믿음으로 말미암는 화목제물로 세우셨으니 이는 하나님께서 길이 참으시는 중에 전에 지은 죄를 간과하심으로 자기의 의로우심을 나타내려 하심이니 곧 이때에 자기의 의로우심을 나타내사 자기도 의로우시며 또한 예수 믿는 자를 의롭다 하려 하심이라"(롬 3:21~26).

크랜필드(Cranfield)의 해석은 전통적인 것으로서 우리에게 익숙한 것입니다. 이 해석의 요점은 하나님의 의를 '죄를 벌주고 의를 상 주는 법정적 개념'으로 이해하고, 그리스도의 죽음을 '우리 죄에 대해 우리를 대신해서 하나님의 진노를 받으심으로써 그 진노를 풀어 버리는 제사(propitiatory sacrifice)'로 해석하는 것입니다.

"하나님께서 죄인들이 회개하도록 기다리면서 오랫동안 그들의 죄를 간과하심으로써 '그분은 과연 죄를 벌주고 의를 상 주는 의로운 분인가?' 하는 회의를 일으키는 지경에 이르렀는데, 하나님께서 그리스도를 우리 죄에 대한 하나님의 진노를 풀어 버리는 제사로 바쳐지게 하셨다. 그것은 하나님의 의를 증명하면서 동시에 우리를 용서할 수 있는 근거를 마련하기 위한 것이었다. 그러니까 죄를 벌주는 하나님의 의와 우리를 용서하고자 하는 하나님의 사랑이 만난 것이 십자가이다. 하나님이 그리스도로 하여금 우리 죄에 대해서 우리를 대신하여 벌 받게 하심으로써 자기 의를 증명하면서, 동시에 죄인들인 우리를 용서하고 의인이라 칭할 수도 있게 하신 것이다."

그리스도의 속죄를 이렇게 법정적 범주로 해석하는 것을 '형법적 대신주의'(penal substitutionary theory of atonement)라고 하는데, 그렇게 해석하는 것이 크랜필드(Cranfield)의 해석입니다.

케제만(Käsemann)의 해석은 하나님의 의를 '하나님이 그의 언약에 신실하심'으로 이해하고, 그리스도의 죽음을 '하나님의 징벌을 받음'이 아니라 '우리 죄를 씻어 버리고 덮어 버리는 제사(expiation)'로 해석하는 것입니다.

"하나님이 그리스도를 죄 씻는 제사로 희생되게 해서 우리 죄를 씻어 버리게 하셨다. 그것은 하나님께서 자기의 의(즉, 이스라엘에 대한 자신의 약속을 신실히 지키심)을 보여 주시고, 오랫동안 참아 온 죄인들의 죄를 용서하시기 위함이었다."

이렇게 해석하는 것이 케제만(Käsemann)의 해석입니다.

전통적으로 로마서 3:24~26을 해석함에 있어 주된 이슈는 거기 나오는 헬라어 '힐라스테리온'(hilasterion)을 어떻게 이해하느냐 하는 것이었습니다. 그것을 '진노를 풀어 버리는 제사'(propitiation, propitiatory sacrifice)로 이해해야 하는가? 아니면 '죄를 씻어 버리는, 또는 덮어 버리는 제사'(expiation, expiatory sacrifice)로 이해해야 하느냐? 아니면 이 '힐라스테리온'(hilasterion)이 70인경(구약성경의 헬라어 번역판)에서는 성전 지성소의 언약궤의 뚜껑을 지칭하는 전문어이니 그 뜻으로 해석해야 하는가? 성전 지성소의 언약궤의 뚜껑은 하나님의 어좌입니다. 레위기 16장에는 일 년에 한 번씩 대 구속의 날에 대제사장이 백성의 죄를 다 안고 지성소에 들어가서 그 언약궤의 뚜껑에 제물의 피를 뿌림으로써 지난 일 년 동안에 이스라엘 백성이 지은 모든 죄를 씻어 버려서 하나님의 용서의 은혜를 얻어 내는 대 구속의 날의 제사가 그려져 있습니다. 그러니까 로마서 3:25에 나오는 '힐라스테리온'(hilasterion)을 그 70인경에 따른 '힐라스테리온'(hilasterion)의 사용이라고 본다면, 로마서 3:24~26은 그리스도의 죽음을 레위기 16장에 제정된 대 구속의 날에 성전에서 이루어지는 속죄 제사를 종말론적으로 성취한 사건이라고 말한다고 이해해야 합니다.

이렇듯 '힐라스테리온'(hilasterion)에 대한 해석의 문제를 가지고 전통적으로 토론이 많았습니다. 그런데 근래에는 거기에 덧붙여서 새로운 이슈들이 제기되었습니다.

첫째, 가장 기본적으로 여기서 '하나님의 의'라는 말이 죄를 벌주고 의를 상 주는 법정적 개념인가(전통적 해석), 아니면 하나님이 그의 언약에 신실하심을 말하는 관계적 개념인가(새 해석)?

둘째, 3:25에 나오는 헬라어 '엔데이크시스'(endeixis)를 하나님이 자신의 의를 '증명'했다고 해석해야 하나(전통적 해석), 아니면 '보여 주었다, 시위하였다'라고 해석해야 하나(새 해석)?

셋째, 3:25에 나오는 헬라어 '파레시스'(paresis)를 하나님이 죄를 오랫동안 '간과하심'이라고 해석해야 하나(전통적 해석), 아니면 '용서하심'이라고 해석해야 하나(새 해석)?

'힐라스테리온'(hilasterion)에 대한 해석과 함께 이 세 가지 이슈들에 대해 어떤 입장을 취하는가에 따라 앞에 제시한 두 해석의 유형들이 결정됩니다.

3. 하나님의 의(롬 3:21~26)

이 이슈들 중 가장 기본적인 것이 로마서 3:24~26이 기술하는 그리스도의 속죄 사건에서 계시된 '하나님의 의'(롬 3:21)를 어떻게 이해해야 하느냐 하는 것입니다.

1) 법정적 의미

첫째, 법정적 의미입니다. "인간이 하나님의 법을 준행하여 한 행동이 의로운 것이고, 그것을 거슬러 한 행동이 불의한 것이다. 즉, 이것이 죄이며, 하나님의 의는 의로운 행동은 상 주시고 불의한 행동은 벌하시는 하나님의 속성이다." 하나님의 의를 이렇게 이해하는 것이 법정적 의미입니다. 이 의미에 대해서는 익숙할 것입니다. 이 의미에 따라 로마서 3:24~26을 해석한 것이 앞서 크랜필드(Cranfield)의 주석의 예로 소개한 전통적인 해석입니다.

2) 관계적 의미

구약에서 '의'는 법정적 의미도 갖지만, 보다 근본적으로 관계적의미를 갖고 있습니다. 즉, '의'는 근본적으로 '관계에서 나오는 의무를 다함, 관계에 신실함'의 뜻을 가지고 있습니다. 모든 관계(부모-자식, 목사-회중, 의사-환자, 고용주-노동자, 통치자-피통치자 등)는 그 관계의 두 참여자들에게 의무를 지웁니다. 예를 들어, 부자 관계는 아비에게는 자식을 잘 양육할 의무를 지우고, 자식에게는 아비를 공경하고 순종할 의무를 지웁니다. 이때 부자가 함께 그 관계에서 나오는 자기 쪽의 의무를 다하면, 즉 그 관계에 신실하면, 그들은 의롭고, 그 관계는 원만한 상태를 갖습니다. 이것이 '샬롬'입니다. 그러니까 '의'(관계에 신실함)가 '샬롬'을 낳습니다(그것을 헬라어로 '에이레네'<평화>라고 번역하는데, 그것은 갈등 또는 전쟁이 없는 상태를 말합니다. 그래서 헬라어 '에이레네'<평화>는 '샬롬'을 부정적으로 정의하면서 그것의 의미를 축소시킵니다. 우리말의 화평이나 평화도 그렇습니다. 그런데 원래 '샬롬'은 그것보다 좀 더 포괄적인 개념으로서 모든 것이 두루 원만한 상태를 뜻합니다). 반면에 그 관계의 당사자들이 그 관계에서 나오는 상대에 대한 의무를 다하지 못하면 그들은 '불의'하며, 그 관계는 갈등, 불화를 겪게 됩니다.

하나님은 이스라엘을 선택해 그들에게 하나님 노릇 해 주시겠다고 약속하셨습니다. 즉, 언약을 세웠습니다("내가 너희의 하나님이고, 너희가 나의 백성이라" – 언약의 형식). 하나님과 이스라엘의 이 언약의 관계를 아버지와 아들, 왕과 백성, 목자와 양 떼, 신랑과 신부, 농부와 포도원의 관계 등으로 그리는데, 이 언약을 통해 하나님은 이스라엘에게 복 주시고, 그들을 보호하시고, 구원하시는 의무를 스스로 지신 것이고, 이스라엘은 하나님을 예배하고 순종하는 의무를 지게 된 것입니다.

하나님과 이스라엘의 관계는 하나님과 온 인류의 관계의 한 특수판입니다. 하나님의 창조에는 언약이 내포되어 있었습니다. 즉, 하나님이 온 인류와 세상을 창조하실 때 그 피조물들을 보살피시겠다는 약속을 하신 것입니다. 그런데 이방인들은 물론 심지어 하나님의 특별한 백성인 이스라엘도 하나님을 예배하고 순종해야 하는 의무를 다하지 못하여, 즉 하나님과의 관계에 신실하지 못하여 '불의'하게 된 것입니다. 이것이 이스라엘의 죄요, 인류의 죄로서 하나님과의 관계를 단절시킴으로써 그들로 하여금 사탄의 죄와 죽음의 통치 아래 떨어지게 한 것입니다.

인간의 아비는 자식 도리를 못하는('불의'한) 자식을 내치기도 합니다. 그리하여 자신도 아비 노릇 해 주어야 하는 도리를 다하지 못하여 '불의'하게 됩니다. 하나님이 자신을 배신한('불의'한) 자신의 피조물인 우리를 인간의 아비와 같이 내치시면 인간에게는 무슨 소망이 있겠습니까? 또 만약 하나님이 그렇게 하신다면 하나님 역시 그와 피조물(또는 이스라엘) 간의 관계에서 나오는 자기 쪽의 의무를 다하지 않으신 것이니, 하나님도 '불의'한 것 아닙니까?

그런데 예수님이 하나님 나라의 복음을 선포하시면서 하나님은 어떤 분이라고 계시하셨습니까? 인간이 자신을 배신하고 죄에 빠졌어도(인간은 '불의'해도) 하나님은 그들의 죄를 용서하여 주시고 끝까지 아빠 노릇 해 주시는 분이라고(하나님은 '의'로우시다) 하지 않습니까? 예수의 하나님 나라의 복음은 하나님의 하나님 노릇 해 주심이 있어 구원이 왔다는 기쁜 소식 아닙니까? 창세기의 아담 이야기를 통해 인간의 근본 문제와 하나님의 구원을 설명한 '탕자의 비유'(눅 15:11~32)를 생각해 보십시오.

"바울도 이러한 의미로 그리스도의 사건을 해석하면서 복음을 선포한 것이 로마서 3:24~26이다"라는 관점이 앞서 케제만(Käsemann)의 주석을 예로 들어 제시한 새 해석입니다.

"하나님께서 우리 죄인들을 내치지 않으시고 도리어 그리스도를 통하여 우리에 대한 자신 쪽의 의무를 다하셨다, 즉 자신의 '의'를 보여 주셨다. 하나님께서 그리스도를 우리 죄인들의 죄를 씻어 버리는 제사로 드려지게 하여 우리가 용서되고 하나님과의 올바른 관계에로 회복되게 하셨으니, 자신의 '의'를 드러내셨다. 그리하여 우리가 의인(하나님과 올바른 관계를 가진 자)이 되게 하셨다."

그러기에 그리스도 사건은 하나님의 의를 계시하는 사건이고(롬 3:21), 그것의 선포 또는 이야기(복음)에는 하나님의 의가 계시된다(롬 1:17)는 것입니다.

로마서 3:24~26에 대한 이 두 해석들 중에 어떤 것을 택해야 하는가? 결정하기가 참 어려운 문제입니다. 바울신학 체계 전체를 보면 로마서 3:24~26을 법정적 범주로 해석한 전통적인 해석을 무시할 수 없습니다. 왜냐하면 그것을 지지하는 문구들이 많습니다. 앞에서 가령, 갈라디아서 3:13에 나타난 "그리스도가 우리를 위해서 저주를 받으심으로써 우리를 율법의 저주로부터 구속하셨다"라는 구절은 그리스도의 십자가의 죽음을 명백한 법정적 범주로 해석한 것입니다. 또한 로마서 8:3을 보면 "하나님이 그의 아들을 보내사 그의 아들의 몸에서 죄를 정죄하셨다(condemned)"라고 하는데, 이것 역시 법정적 해석입니다. 그래서 그리스도의 속죄에 대한 법정적 해석을 무시할 수가 없습니다. 반면에 구약적 전승사의 관점에서 '의'를 근본적으로 관계적 개념으로 보고, 하나님의 의를 하나님이 우리에게 하나님 노릇 해 주시겠다는 약속을 신실히 지키심(곧 언약에 신실하심, 은혜 베푸심)으로 이해하고, 하나님이 그리스도를 속죄 제사로 바침이 바로 그러한 하나님의 의를 '불의'한 우리에게 보이신 사건이라는 해석도 바울의 신학 체계 전체와 잘 맞습니다.

그래서 바울신학 전체 체계를 보면 그리스도 사건을 법정적 범주로도 해석하고 관계적 범주로도 해석해야 하는데, 이 두 해석들이 어떻게 통합되는지에 대해서는 아직까지도 명쾌히 설명되었다고 볼 수가 없습니다. 그래서 많은 학자들은 한 해석을 택하고 다른 한 해석을 배격하기도 하는데, 그것은 옳지 않습니다. 그것들을 만족스럽게 통합을 못하여도, 그것들을 함께 견지하는 것이 성경적 요구입니다.

4. 칭의론에 대한 두 가지 해석들

'의'에 대한 두 가지 이해에 따라 칭의론에 대한 해석도 두 가지로
나타납니다.

1) 칭의의 법정적 해석

칭의의 전통적인 해석은 앞서 크랜필드(Cranfield)의 로마서 3:21~
26의 해석에서 잘 드러났듯이 하나님의 의를 법정적 개념으로 이해
하고, 칭의를 법정적 범주로 해석합니다.

"모든 인간은 죄를 지어 하나님의 영광에 이르지 못하고, 하나님의
진노 아래 있다."

그것을 로마서 1:18~3:20에서 바울이 논증했습니다.

"그런데 하나님이 은혜로 구원의 방도를 마련해 주셨다. 그리스도
로 하여금 모든 인간을 대신하고 대표하여 그들의 죄에 대한 하나님
의 진노를 받음으로써 하나님의 진노를 풀어 버리도록 하셨다. 그래
서 이제 하나님이 그리스도를 믿는 자들을 의롭다고 선언하신다." 이
것이 복된 소식입니다.

그리스도의 우리를 위한 죽음과 부활의 소식, 곧 복음을 받아들
이는 것이 믿음의 기본 의미입니다(고전 15:1~11). 이 복음을 받아들이
면/믿으면 그것이 선포하는 바, 곧 그리스도께서 우리 죄에 대하여
우리를 대신해 하나님의 벌을 받아 버리심이 우리에게 효력을 발생
하여, 하나님은 우리를 의인이라 칭하신다는 것입니다. 십자가에서

우리를 위하여 우리 대신 우리의 죄에 대한 하나님의 징벌을 받으심으로써 우리에 대한 하나님의 진노를 풀어 버리심은 그리스도의 '은혜'인데, 하나님이 그리스도로 하여금 그런 구원을 이루도록 하셨으므로 그것은 궁극적으로는 하나님의 '은혜'입니다.

그리스도 안에서 이루어진 하나님의 이 구원(은혜)을 선포하는 복음을 받아들이면(믿으면), 십자가에서 일어난 그 역사적 구원의 사건이 오늘 나에게 실존적으로 효력을 발생해서, 우리가 하나님의 진노로부터 사면된 의인으로 선언되는 것입니다. 이것이 '칭의'(무죄 선언, 의인이라 선언됨, 의인이라 칭함 받음, 의인의 신분을 얻음)입니다. 그 속에 물론 '죄 용서'가 포함되어 있습니다. '죄 용서'는 '칭의'의 부정적인 표현입니다. 우리는 최후의 심판 때 하나님의 재판정에서 무죄 선언(acquittal)을 받고 의인이라 칭함 받을 것인데, 우리는 복음을 받아들일(믿을) 때 그 판정을 지레 받는 것, 즉 선취하는 것입니다. 이것이 칭의론의 법정적 이해입니다. 이것은 이미 잘 알고 있는 해석입니다. 칭의론을 이렇게 해석하는 사람들은 "복음에는(복음이 선포될 때는) 하나님의 의가 계시된다"라는 로마서 1:17을 주로 '복음은 믿는 자에게 이렇게 의인의 신분을 가져다준다'는 뜻으로 이해합니다.

2) 칭의에 대한 관계적 해석

많은 분들에게는 이제 살펴볼 관계론적인 해석이 좀 생소한 해석일 것입니다. 그것을 한번 살펴보겠습니다.

"하나님이 그리스도로 하여금 우리 죄를 씻어 버리는 제사(expiatory

sacrifice)가 되게 하심은 창조주로서 또는 언약의 하나님으로서 우리를 돌보시겠다는 약속을 지키심이요 우리에 대해 스스로 짊어진 의무를 다하심이다(롬 3:21~26). 그러므로 그리스도의 속죄 제사에 대한 선포, 곧 복음에는 하나님의 의가 계시된다. 즉, 하나님의 언약에 신실하심, 하나님께서 우리에게 하나님 노릇 해 주심(은혜)이 드러난다(롬 1:17). 이 복음을 믿으면(받아들이면) 그것이 선포하는 그리스도의 역사적 속죄 제사가 우리에게 효력을 발생하여 우리가 하나님에 대해 우리의 의무를 다하지 못함('불의')의 죄가 씻어지고, 그 죄가 초래한 하나님과의 갈등이 해소되어, 우리가 하나님과의 올바른 관계로 회복된다. 곧 '의인'(하나님과 올바른 관계를 가진 자)이 된다. 이것이 칭의, 의인 됨, 의인의 신분을 얻음이다."

이것이 칭의의 관계적 해석입니다. 이 해석은 칭의를 근본적으로 하나님이 자신에게 등 돌린 죄인들을 자신과의 올바른 관계로 회복시킴으로 이해하는 것입니다. 그리하여 이제 우리로 하여금 하나님의 하나님 노릇 해 주심을 덕 입어 살 수 있게 하였다는 것입니다. 하나님의 하나님 노릇 해 주심의 덕을 봐서 그의 무한한 자원(신성)에 참여하여 그의 신적 생명, 곧 '영생'을 누리게 된다는 것입니다.

그러므로 칭의는 우리가 하나님의 하나님 노릇 해 주심에 의지하고 그의 주권에 순종해 사는 관계에로 회복되었음을 의미하는 것입니다. 이것은 아담적 숙명을 극복하는 것입니다. 예수님의 탕자의 비유로 말하면 다시 아버지 품에 안긴 것입니다. 자기의 자원으로 자기 멋대로 살겠다고 아버지께 등 돌리고 멀리 가 버린 아들이 곧 자신의 자원의 한계성, 결핍성에 빠져 죽음에 이르니까 아버지에게 돌아왔는데, 아버지가 어떻게 합니까? '그에게 가락지를 끼우고 예복을 입혔다'는 것입니다. 그것이 무슨 소리입니까? 자신의 상속자로 회복시킨 것입니다. 아버지의 부요함을 상속받도록 한 것입니다. 살찐 송아지를 잡고 잔치를 벌였습니다. 돼지가 먹는 쥐엄 열매도 못 먹어 죽음에 이른 아들로 하여금 아버지의 충만을 덕 입게 한 것입니다.

그 탕자의 비유가 무엇입니까? 아담 이야기입니다. 예수님은 이 아담 이야기를 누구나 알아들을 수 있게 하시면서 하나님 나라의 복음을 선포한 것입니다. "우리 인간이 지금 창조주 하나님께 등 돌리고 멀리 떠나 사탄의 죄와 죽음의 통치 아래서 죽어 가고 있다. 그러나 우리가 하나님 나라로 돌아오면 하나님이 우리를 용서하시고, 우리를 하나님의 무한한 자원을 상속받는 자신의 자녀들로 회복시키고, 그의 충만한 잔치에 참여하게 하신다"라는 것입니다. 이것이 복음입니다. 바울은 예수의 이 하나님 나라의 복음을 칭의 언어로 선포한 것입니다.

바울의 칭의의 복음이 어떻게 예수의 하나님 나라의 복음과 같은 복음인지를 뒤에 더 자세히 논증할 것입니다. 그래서 이 책의 3장 제목이 '예수의 하나님 나라 복음의 구원론적 표현으로서의 칭의론'입니다. 그것이 무슨 말인지 처음 읽었을 때는 잘 몰랐겠지만, 이제 칭의론의 관계적 의미를 설명했으므로 대략 알 수 있을 것입니다. 바울의 칭의론은 관계적으로 해석하면 하나님과의 올바른 관계에로 회복됨인데, 인간의 하나님과의 올바른 관계란 피조물인 인간이 창조주 하나님의 은혜에 힘입고 그의 통치에 순종하는 삶을 사는 것입니다. 그러므로 칭의는 우리를 하나님 나라에로 회복시키는 것입니다. 칭의론을 법정적 범주로 해석하면 '아담적 죄에 대해 용서받고 하나님의 진노로부터 해방됨'이나, 관계적 범주로 해석하면 '아담적 죄로 뒤틀린 하나님과의 관계가 바로잡히는 것'입니다. 그렇게 하여 아담적 죄와 그 죄가 가져온 죽음의 숙명을 극복하는 것입니다.

관계적으로 이해되는 칭의론이 뜻하는 바를 바울은 '성화'(sanctification: 하나님께 바쳐짐, 하나님의 소유됨, 즉 '성도' 또는 하나님의 백성이 됨; 참조. 롬 1:7; 15:21; 고전 1:2; 6:11; 16:1 등), '화해'(롬 5:1~11; 고후 5:14~21), 하나님의 '자녀 됨'(입양, 예: 롬 8:16~17), 또는 '새 창조'(고후 5:17; 갈 6:15)의 그림 언어들로 표현하기도 합니다. 칭의 된 자들, 즉 아담적 숙명을 극복하고 창조주 하나님과의 올바른 관계에로 회복된 자들은 하나님과 화해된 자들이요, 하나님의 돌보심을 받는 하나님의 자녀들이 된 자들이고, 하나님께 바쳐진 하나님의 백성, 즉 하나님 나라의 백성이 된 자들이요, 보다 더 근본적으로 말하자면 새로 지음 받은 새 아담적 존재들입니다. '성화'는 보통 칭의 다음에 오는 구원의 단계로서 '우리가 윤리적으로 날로 더욱 의로운 사람이 되어 가는 과정'을 뜻한다고 생각하는데, 사실 그것은 칭의와 동의어로서 구조도 같다는 것을 이제 곧 보게 될 것입니다.

3) 두 해석들의 통합이 중요

이러한 법정적 이해, 그리고 관계적 이해라는 두 해석의 통합이 중요합니다. 칭의를 관계론적 개념으로 해석하는 사람들 중 일부는 칭의의 법정적 의미를 간과하려는 경향을 나타내기도 합니다. 사실 요즘 신학에서 속죄론(atonement)이나 칭의론을 법정적 범주로 해석하는데 대한 저항이 많이 있습니다. 현대인들이 하나님의 진노나 징벌의 개념을 역겨워하기 때문입니다. 그러나 그리스도의 속죄나 칭의의 법정적 의미를 부정하는 것은 바울의 명백한 가르침을 무시하는 것입니다. 칭의가 하나님의 진노, 최후의 심판, 정죄 등의 맥락에서 쓰이는 언어라는 것은 앞에 인용한 압축 문형들만 봐도 확실합니다.

　바울이 강조하는 것은 우리 모두 그리스도의 재림 때에 하나님의 재판석 앞에 서야 된다는 것입니다. 이것을 그는 그의 편지들 여러 곳에서 가르치는데, 특히 로마서 14:10과 고린도후서 5:10에 엄숙히 선언합니다. 이 재판에서 '무죄 선언/의인으로 칭함 받음'은 명백히 법정적 의미입니다(롬 8:31~34). 그리스도의 복음을 믿는 자들은 그것을 지금 벌써 선취하는데, 바울이 그들에게는 "이제 정죄함이 없다"라고 선언할 때(롬 8:1), 그는 칭의를 명백히 법정적 범주로 생각한 것입니다. 그리스도가 그의 몸에 하나님의 죄에 대한 정죄를 받으심으로써(롬 8:3~4), 즉 우리 대신 우리의 죄에 대해 저주받으심으로써(갈 3:13), 그를 믿는 우리가 '무죄 선언/의인이라 칭함 받음'을 얻게 되었다는 것입니다. 이것이 다 법정적 언어이지 다른 무엇입니까?

　그러니까 칭의의 법정적 의미는 성경적일 뿐 아니라 그것이 그리스도의 구원의 은혜성을 제일 잘 드러내기 때문에 중요하기도 합니다. 그리스도께서 우리가 받을 채찍을 대신 받음, 그가 우리가 받을 형벌을 대신 받음의 형법적 언어가 그리스도가 우리의 죄를 씻었다는 제사적 언어보다 우리로 하여금 그리스도의 구원의 은혜성을 더 크게 느끼게 합니다. 우리가 받을 벌을 그리스도가 대신 받아 하나님의 재판정에서 우리가 무죄 판결을 받고 하나님의 진노로부터 해방되었다고 생각하는 것이, 그 뜻을 함축하지 않고 그냥 하나님과 올바른 관계를 갖게 되었다거나, 하나님께 화해되었다 또는 하나님의 자녀들로 입양되었다고 생각하는 것보다 우리로 하여금 그리스도의 구원의 은혜를 더 절실히 느끼게 합니다. 칭의의 법정적 의미는 이렇게 구원의 은혜성을 강하게 드러냄으로 말미암아, 항상 스스로의 연약함과 죄인 됨을 의식할 수밖에 없는 우리에게 구원의 확신을 강하게 심어 주기도 하는 것입니다. 그래서 개신교에서 이 법정적 범주를 굉장히 중요시해서 우리가 부르는 많은 찬송가들이 그 주제를 담고 있습니다.

반면에 전통적인 칭의론 이해는 근래까지 칭의의 관계적 의미를 무시해 왔습니다. 19세기에 들어와서야 소위 성경에 대한 역사 비평이 도입되면서 비로소 신구약의 의의 개념이 그리스–로마의 의의 개념과는 조금 다르게, 법정적 관점도 있지만 근본적으로는 관계론적 개념이라는 것을 신학자들이 깨닫게 된 것입니다. 따라서 관계적 의미가 중시된 것은 신학사에서 최근의 일입니다.

그러나 바울은 그리스도 안에 있는 하나님의 은혜로 말미암아, 그것을 믿음으로써 의인이라 칭함 받은 사람, 곧 의인이라는 신분 또는 지위를 얻은 사람은 하나님과 올바른 관계에로 회복되어, 그 속에서 있으면서, 그에게 나아갈 권리를 얻게 된 것을 강조합니다. 로마서 5:1~2에 그렇게 쓰여 있습니다. 로마서 5:1은 '이제 우리가 칭의 되었으니'라고 시작합니다. '의인이라 칭함 받았으니' 이제 어떻게 되었다는 것입니까? '하나님과 화평의 관계를 갖게 되었다'는 것입니다. 그것을 다시 말하면 "하나님의 은혜의 관계에 서 있게 되었고, 그래서 하나님의 은혜에 접근할 수 있게 되었다"라는 것입니다. 그러니까 칭의 된 사람은 하나님과의 올바른 관계에 서서 하나님의 은혜를 덕 입게 된 사람입니다. 이것이 칭의의 관계적 의미를 설명하는 것입니다.

칭의의 이 면을 더 잘 드러내기 위해 바울은 하나님께 '화해됨'이라는 그림을 덧붙여 쓰기도 합니다. 성경에서 바울만 구원을 하나님께 '화해됨'이라는 그림 언어로 설명하는데, 그는 그 언어를 세 곳에서만 씁니다. 로마서 5:1~11, 고린도후서 5:11~21, 골로새서 1:19~23, 에베소서 2:11~22입니다(에베소서를 바울이 직접 쓴 편지라고 보면 네 곳이 되고, 바울의 신학 유산을 그의 제자들이 해석하고 자신들의 상황에 맞게 적용하는 편지라고 보면 세 곳입니다. 그런데 이런 문제는 별로 중요하지 않습니다).

그러니까 바울은 '화해'라는 개념을 드물게 씁니다. 고린도후서 5:19에서는 그리스도의 속죄 제사(atoning sacrifice) 자체를 지칭하여 그 언어를 씁니다. 그러나 고린도후서 5:18~21의 다른 구절들과 로마서 5:1~11에서는 그리스도의 그 속죄 제사/화목 제사의 복음을 믿음으로 우리가 얻게 되는 열매를 지칭하기 위해 그 언어를 쓰는데, 그런 때는 '칭의'와 사실상 동의어로 씁니다. '칭의 됨'이나 '화해됨'이나 마찬가지로 하나님과의 올바른 관계에로 회복됨을 의미하는데,

'칭의'는 그 회복된 관계가 올바른 것임을 강하게 나타낸다면, '화해'는 그것이 화평과 사랑의 관계임을 강하게 나타내는 뉘앙스의 차이를 가지고 있을 따름입니다. 그 사실을 또 이렇게도 설명할 수 있겠지요. 바울은 '칭의'의 관계적 의미를 잘 드러내려고 할 때는 '화해'라는 개념을 덧붙여서 사용하여, "이제 '칭의 된' 자는 하나님을 거스르고 그의 징벌을 받는 관계에 서 있지 않고, 하나님과 더불어 화평과 사랑을 누리는 관계에 서 있는 자이다"라고 설명합니다.

'칭의'는 근본적으로 하나님의 심판석 앞에서 '무죄 선언됨', '의인이라 칭함 받음', 또는 '의인의 신분을 얻음'을 의미하는데, 우리는 '의'의 관계적 의미를 기억하면서 '의인이라 칭함 받음' 또는 '의인의 신분을 얻음'을 단순히 선언적 의미('너는 무죄다, 그러므로 의인이다')만으로 이해할 것이 아니라, 실제로 '의인의 신분을 갖게 됨', 즉 '하나님과의 올바른 관계를 갖게 됨'을 의미하는 것임을 깨달아서 칭의의 두 의미들을 통합해야 합니다. 그러니까 '칭의'는 무죄 선언(죄 용서)받고 하나님과 올바른 관계에로 회복되는 것입니다.

4) 종말론적으로 유보된 칭의

또 칭의론을 제대로 이해하려면 칭의가 종말론적으로 유보되었다는 사실도 염두에 두어야 합니다. 칭의론도 신약 구원론의 보편적 구조, 즉 종말론적 유보의 구조 속에서 이해해야 한다는 것입니다. 그리스도의 죽음과 부활로 구원이 이미 이루어졌습니다. 그러나 그것은 그의 재림 때 완성될 것입니다. 그러므로 우리가 그리스도를 믿음으로 구원을 벌써 받았습니다. 그러나 그것의 완성은 아직 받지 못하고, 그의 재림 때에야 받게 될 것입니다. 이것이 신약 종말론의 보편적 구도입니다. 칭의론도 그 구도 속에서 이해되어야 합니다.

"우리가 벌써 의인이라고 칭함 받고 하나님과 올바른 관계에로 회복되었다. 그러나 그 구원의 완성은 최후의 심판 때까지 유보되었다. 그리스도의 죽음과 부활로 이루어진 구원을 지금 우리가 받음은 그 구원의 '첫 열매', 곧 의인이라 지레 인정됨에 해당하고, 그리스도의 재림 때 있을 하나님의 최후의 심판에서 우리의 행위대로의 심판을 거쳐서(참조. 롬 14:10; 고후 5:10) 그 구원의 '온전한 수확'(의인으로 확인됨, 흠 없는 자로 판정됨 – 살전 3:13; 5:23; 고전 1:6~8; 빌 1:10~11)을 거두게 되어 있다. 칭의의 첫 열매를 지금 선취하지만, 그것의 완성은 종말에 최후의 심판에서 받게 된다."

그러므로 믿음으로 무죄 선언되고 하나님과의 올바른 관계에 회복된 '의인'은 이제 그 올바른 관계에서 나오는 의무, 즉 하나님께 의지하고 순종하기를 이행하며 살아야 하는 것입니다. 하나님께 의지하고 순종하는 삶이 '의로운' 삶이고, 그런 삶을 사는 사람이 '의인'이며, 그런 사람이 최후의 심판 때 '의인'으로 확인됩니다. 그것이 칭의의 완성입니다.

그런데 전통적인 칭의론 이해가 칭의의 관계론적 의미와 종말론적인 유보를 간과함으로써, 칭의 또는 의인 됨(구원)과 의인으로 살기(윤리)가 구분되는 문제를 낳게 된 것입니다. 한국 교회에서 흔히 듣는 복음은 "우리는 은혜로, 믿음으로 이미 의인이라 칭함 받았고, 그것은 최후의 심판 때 확인되게 되어 있다. 그러니 그냥 구원의 확신을 가지고 살면 된다(이것은 보통 '그러니 아무렇게나 살아도 된다'는 결론을 함축한다)"입니다. 그런데 이게 무엇입니까? 구원파적 복음 아닙니까? 구원파는 이것을 자기들의 신학적 확신으로 솔직히 말하는 모양입니다. 그런데 구원파를 이단이라고 부르는 대다수의 한국 교회도 사실상 이런 복음을 선포하고 있습니다. 암암리에 구원파적 복음을 선포하는 것입니다.

그런데 어떤 사람들은 이러한 '구원파'적 칭의론을 예정론과 성도의 견인론으로 뒷받침하기까지 하여, "우리가 의인으로 이미 칭함 받았다. 그런데 하나님이 태초부터 나를 구원으로 예정하셔서 의인이라 이미 칭하셨어. 그러니까 종말에 최후의 심판 때까지 나를 지켜 주신다(이것이 성도의 견인론입니다). 그러므로 나는 이제 아무렇게나 살아도 나의 구원은 확실하다"라고 설명합니다. 이렇게 되면 윤리가 나올 리가 없습니다. 그래서 오늘날 윤리와 분리된 신앙(구원의 확신)을 가르치고 믿는 한국 교회의 비극을 낳게 된 것입니다. 의로운 삶을 살지 않으면서도 의인으로 자처하며 구원의 확신만 가지고 있으면 된다고 가르치는 한국 교회의 비극입니다. 이것은 칭의론의 관계론적 의미와 종말론적인 유보를 간과한, 부분적이고 왜곡된 복음을 선포하는 데서 오는 비극입니다.

5) 회복된 올바른 관계 속에 '서 있음'의 중요성

우리의 구원이 종말의 최후 심판 때까지 유보되어 있다는 사실은 우리에게 자연히 우리가 처음 복음을 믿음으로 칭의 된 순간부터 최후의 심판에서 칭의가 확인될 때까지 어떻게 살아야 하는가의 문제를 제기합니다. 전통적인 신학은 이 문제를 칭의론의 구조 속에서 이해하려 하지 않고, '구원의 서정'의 틀 속에서 칭의(justification) 뒤에 '성화'(sanctification)의 과정을 설정하여 해결하려 했습니다. '칭의' 된 자는 '성화'의 과정을 거쳐서 '영화'(glorification; 구원의 완성)에 이른다는 것입니다. 우리가 최후의 심판 때 결국 우리의 행위대로 심판받게 된다는 바울의 가르침(참조. 롬 14:10; 고후 5:10)과 연계하여 '성화'의 과정을 진지하게 생각하는 사람들은 자신이 한 번 칭의 된 것에 자만하지 않고, 하나님의 뜻에 따른 의로운 생활을 하려 노력할 것입니다.

그러나 칭의를 순전히 법정적 의미로만 가르치고 그것의 관계적 의미는 가르치지 않으며, 그것을 성화와 구조적으로 분리하여 생각하도록 가르치는 가운데, 칭의는 율법의 행위로가 아니라 오로지 하나님의 은혜와 우리의 믿음으로만 얻는 것이라는 바울의 강조(종교개혁 전통의 강조)를 정통 신앙의 시금석으로 삼도록 가르치면, 자연히 성화에 대한 열정이 식고, 도리어 성화에 대한 열정이 바울이 경계하는 율법의 준행으로 얻는 '자기 의'를 내세워 칭의를 얻으려는 '이단 신학'에 빠지지 않나 걱정하게 됩니다. 이것이 대다수 한국 목사들이 가르치는 왜곡된 칭의론, 성화와 분리된 칭의론, 의로운 삶을 낳기는커녕 도리어 방해하는 칭의론입니다. 이것이 전통적인 신학의 '구원의 서정'의 틀의 한계입니다.

여기서 근래의 칭의론에 대한 새 관점 학파와의 토론에서 얻은 통찰이 도움을 줍니다. 앞서 살펴본 대로 새 관점 학파의 전제는 유대교가 근본적으로 '언약적 율법주의'의 종교로서, 이스라엘이 하나님의 은혜에 의한 선택으로 하나님의 백성이 되어 하나님의 구원의 관계에로 '진입'(getting in)했으니, 이제 그들은 하나님의 계명들을 지킴으로써 그 관계에 '머무름'(staying in)을 해야 한다고 가르치는 구조를 가지고 있다는 것입니다. 이 전제를 두고 토론을 하다 보니, 바울의 칭의론도 그것의 관계적 의미와 종말론적 유보의 상황을 염두에 두고 살펴보면, 이와 비슷한 구조를 가지고 있음이 환하게 드러난 것입니다.

바울도 '하나님의 은혜로/우리의 믿음을 통하여' 칭의 된 우리는 지금 벌써 하나님과 화평을 누리게 되었다고 선언하고, 그것을 '화해'라는 그림 언어로 부연 설명하는데, 그것은 "하나님과 회복된 구원의 관계 속에 하나님의 은혜로 '진입'한 자들로서 우리가 그 속에 '서서' 아직도 지속되는 이 세상의 고난 속에서도 그의 은혜에 나아가 그것을 덕 입을 수 있게 되었다. 그러므로 종말에 하나님의 심판석에서 우리를 위해 중보하시는 하나님의 아들 주 예수 그리스도를 통하여 칭의의 완성, 하나님의 영광을 얻을 때까지 믿음과 소망을 가지고 인내해야 한다"라는 것입니다(롬 5:1~11).

그러기에 바울도 은혜로 주어진 칭의로 하나님과 올바른 관계에 회복된(즉, 올바른 관계에 '진입한') 신자들에게 종말의 완성 때까지 그 관계에 계속 '서 있음'의 중요성을 강조하고(고전 10:12), '서 있지' 않는 자들은 '헛되이 믿는' 자들로서(고전 15:1~2), 출애굽 시대의 이스라엘 사람들같이 될 것이라고 경고하는 것입니다. 그들도 출애굽의 구원의 '첫 열매'를 경험하고, 기독교 신앙의 세례 받음, 성령 받음, 성찬 참여 등에 해당하는 은혜의 체험들을 했지만, 그들이 하나님과의 올바른 언약의 관계(의지와 순종)에 서 있지 않아 약속의 땅, 구원의 땅 가나안에 들어가지 못하고 광야에서 다 멸망당한 사실에 대해 바울은 우리 그리스도인들을 위한 '경고의 예표'라고 합니다(고전 10:1~13).

또 하나님은 이스라엘에게 주신 자신의 언약을 신실히 지켜 메시아(종말의 구원자) 예수를 보내시고 그를 통해 구원을 이루어 주셨는데, 유대인들은 그 메시아 예수를 믿지 않고 거부했습니다. 그것은 그들이 그 언약의 관계에서 자신들 쪽의 의무, 곧 하나님의 은혜를 믿고 의지하고 그의 선한 뜻에 순종하는 일을 하지 않은 것이요, 그 언약의 관계에 '서 있음' 또는 '머무름'을 하지 않은 것입니다. 그래서 바울은 그들이 하나님의 백성의 줄기에서 떨어져 나간 가지들이 되었다는 것을 밝히고, 우리에게 경고하는 것입니다. "우리도 하나님의 은총에 힘입어 사는 그 관계에 신실히 서 있기를 지속하지 않으면, 유대인들과 마찬가지로 내쳐지게 될 것이다"(롬 11:17~24).

> "전에 악한 행실로 멀리 떠나 마음으로 원수가 되었던 너희를 이제는 그의 육신의 죽음으로 말미암아 화목하게 하사, 너희를 거룩하고 흠 없고 책망할 것이 없는 자로 그 앞에 세우고자 하셨으니, 만일 너희가 믿음에 계속 머무르고 터 위에 굳게

서서 너희 들은 바 복음의 소망에서 흔들리지 아니하면 그리하리라…"(골 1:21~23).

칭의를 그 법정적 의미와 관계론적 의미, 그리고 그것의 종말론적 유보를 다 고려하여 정의하면, 칭의란 지금 그리스도의 대속의 죽음과 부활의 복음을 믿는 자들에게 그 구원의 사건이 효력을 발생하여 (죄를 용서받은) 의인이라고 칭함을 받는 것인데, 그것은 그들이 지금까지 하나님께 대항하며 산 아담적 실존에 종지부를 찍고, 하나님께 의지하고 순종하면서 사는 하나님과의 올바른 관계에로 회복됨을 내포하는 것입니다. 그러므로 그들이 계속 믿음으로 그 관계 속에 서서 하나님께 의지하고 순종하는 삶을 살면, 그리스도 재림 때 있을 최후의 심판에서 그들의 칭의는 완성되어 의인으로 확인되고, 하나님의 영광과 영생을 얻게 됩니다.

6) 칭의는 '주권의 전이'다

이렇게 우리는 새 관점 학파의 술어들인 '진입'과 '서 있음'의 도움을 받아 칭의의 관계론적 의미와 그 구조를 더 잘 이해하게 되었는데, 사실 케제만(Käsemann, 1961)이 새 관점 학파가 일어나기 근 20년 전에 이미 그의 '하나님의 의'에 대한 새로운 해석에 근거하여 근본적으로 같은 이해를 제시하였던 것입니다.

케제만(Käsemann)은 '의'를 근본적으로 관계론적 개념으로 보고 칭의의 관계론적 의미를 중시함을 넘어서, '하나님의 의'가 단순히 하나님이 그리스도의 속죄 제사를 통해 죄인들을 용서하시고 그들에게 '의인'의 신분을 내려 주시는 '선물'일 뿐 아니라, 그들을 자신과의 올바른 관계로 회복시키는 하나님의 '구원의 힘', 창조주가 타락한 자신의 피조물들을 자신의 주권 아래로 다시 회복시키는 '힘'이라고 해석한 것입니다. 그래서 케제만(Käsemann)은 칭의를 무엇보다 '주권의 전이'(Herrschaftswechsel/lordship-transfer/lordship-change)로 이해해야 한다고 주장한 것입니다.

칭의는 아담적 죄인들을 하나님이 그리스도의 속죄 제사를 통해 사탄의 통치 아래서 해방하여(여기에 죄 용서가 내포됨) 자신의 통치(하나님 나라) 아래로 이전하는 것을 말한다는 것입니다. 하나님이 죄인들을 용서하고 자신의 나라로 이전시켜 자신의 백성 만듦(구원의 은혜)은 이제 그들이 하나님의 통치에 의지하고 순종하며 살아야 한다는 요구(윤리적 의무)를 담고 있는 것입니다. 그러므로 우리를 의인이 되게 하는 '하나님의 의'는 구원의 은혜의 '선물'인데, 그 '선물'은 하나님의 주권의 주장을 내포하는 것입니다. 우리를 '의인' 되게 하는 그 '선물'(사탄의 죄와 죽음의 통치로부터 구속하여 하나님의 의와 생명의 통치에로 이전함)은 우리에 대한 하나님의 주권의 주장을 내포하고 온다는 것입니다. 그러므로 그 '선물'은 '하나님/그리스도의 (구원의) 통치 자체이다'라고 말하거나, 믿는 자들에게 '선물'(Gabe)과 함께 '선물을 주시는 이'(Geber)가 함께 온다고 말할 수 있는 것입니다.

이렇게 은혜의 '선물'은 '선물을 주시는 이', 곧 주님과 뗄 수 없는 것인데, 그동안 너무나 많은 개신교도들이 왜곡된 칭의론에 오도되어 (의/구원의) 선물을 주시는 '주'를 의식하지 않고(즉, 그의 주권에 의지하고 순종하려 함이 없이) 단지 그 선물만 누릴 수 있다고 생각하여, 은혜를 '싸구려 은혜'(D. Bonhoeffer)로 전락시키고, 의로운 삶이 없으면서도 '의인'이라 자부하며 살아온 것입니다.

케제만(Käsemann)은 칭의에 대한 이와 같은 새 해석을 그의 스승 불트만(R. Bultmann)에 의해서 가장 예리하게 표현된 전통적인 루터식 칭의론, 즉 인간론적 관점 위주이며, 법정적 이해에 치중하며, 개인주의적이고, 의인의 지위를 부여하는 은혜의 '선물'성에만 집착하는 칭의론에 대항하여 전개했는데, 그 저변에는 전통적인 칭의론이 그러한 특성들로 인하여 결국 윤리를 등한시하게 만드는 치명적인 부작용을 낳는 것에 대한 반발도 작용한 것입니다. 그래서 케제만(Käsemann)은 창조주 하나님의 나라 또는 예수 그리스도의 온 우주적 주권 행사와 창조의 회복의 관점 위주로 칭의론을 이해하기를 주장하고, 칭의된 자들(곧 하나님과의 올바른 관계에 회복된 자들, 하나님의 통치를 받게 된 자들)에게 주어진 구원의 '선물'과 그들에게 요구되는 '새로운 순종'(nova oboedentia)을 함께 강조하는 칭의론을 전개한 것입니다.

제가 케제만(Käsemann)의 어려운 논문을 간략하게 요약해서 설명했는데, 그가 그 논문을 통해 칭의론에 대해 이렇게 말하는 바를 사실 바울은 골로새서 1:13~14에서 한마디로 간명하게 표현합니다. "[하나님 아버지]가 우리를 흑암의 권세에서 건져 내사 그의 사랑의 아들의 나라로 옮기셨으니, 그 아들 안에서 우리가 속량, 곧 죄 사함을 얻었도다"(참조. 롬 3:24~25). 여기 '흑암의 권세'가 무엇입니까? 사탄의 나라를 지칭하는 것입니다. '그의 사랑의 아들의 나라'라는 말은 또 무엇입니까? 그것은 "부활하여 하나님 우편으로 높임 받아 하나님 아버지의 통치권을 '상속'(위임)받아 대행하는 하나님의 아들 주 예수 그리스도의 나라"라는 말입니다. 즉, '하나님의 아들 주 예수 그리스도가 대신 통치하는 하나님의 나라'라는 말입니다.

하나님의 구원은 이와 같이 '사탄의 죄와 죽음의 통치에서 하나님(의 아들)의 나라로 옮겨 주심'입니다. 바울은 그것이 '속량'이요 '죄 사함'이라고 합니다. 그것이 곧 사탄의 죄와 죽음의 통치에서 해방되는 것이요, 사탄의 통치에 순종하며 산 죄를 용서받는 것입니다. 이 '죄 사함'을 긍정적으로 표현한 것이 '칭의'입니다. 그러니까 하나님이 우리를 사탄의 나라에서 하나님(의 아들)의 나라로 옮겨 주심이 곧 '칭의'라는 것입니다. 거꾸로 말하면, '칭의'는 사탄의 나라에서 하나님의 나라로 이전되는 것입니다.

칭의론을 이렇게 이해하면, 우리는 바울의 '복음' 선포의 구조를 잘 이해하게 됩니다. 가령, 로마서 1~8장에서 바울은 '그리스도의 구원 사역과 그것을 믿음으로 덕 입어 의인 되기'를 서술형(indicative)으로 진술함으로써 복음을 선포합니다. 그리고는 이어서 12~15장에서 '그 복음이 내포하는 의로운 삶에 대한 요구'를 명령형(imperative)으로 가르칩니다. '칭의'를 창조주 하나님과의 올바른 관계로 회복됨, 즉 하나님의 나라로 이전됨이라고 이해하면 구원의 사건과 윤리적 삶의 불가분의 관계를 잘 이해할 수 있습니다(참조. 롬 12:1~2; 8:9; 고전 5:7; 6:9~11; 10:12; 갈 5:16; 골 2:20~3:17). 바울의 윤리적 요구는 의인 된 자들(곧 하나님으로부터 죄를 용서받고 그와의 올바른 관계, 즉 그의 나라 또는 그의 통치 아래로 회복된 자들)은 계속 그 관계(하나님의 나라, 통치) 속에 '서 있어야' 함을 요구하는 것입니다. 즉, 하나님 또는 하나님의 아들 그리스도의 통치에 의지하고 순종하는 삶, '의로운 삶'을 살아야 한다는 것입니다. 그렇게 삶으로써 우리는 우리가 진정 (은혜로, 믿음으로) '의인 된' 사람임을 드러내는 것입니다. 이러한 가르침이 바울 서신들에 항상 첨부된 '윤리'장들입니다.

칭의를 순전히 법정적 범주로만 이해하면, "칭의론은 윤리를 낳지 못한다"라는 슈바이처(A. Schweitzer) 등의 비판이 맞습니다. 그러나 그것의 관계적 의미, '하나님 나라로의 이전'의 의미를 제대로 이해하면 그 비판은 맞지 않습니다. 그러니까 19세기 말, 20세기 초에 슈바이처(Schweitzer) 등은 법정적 범주로만 이해한 전통적인 칭의론에 대해 그런 비판을 제기했는데, 20세기 후반 이후로 보다 진전된 성경 연구에 따라 칭의론을 보다 포괄적으로 이해하고 보니 그런 비판이 맞지 않음을 알게 된 것입니다. 그러나 한국 교회는 아직도 전통적인 칭의론만 붙들고 있어서 슈바이처(Schweitzer) 등의 비판이 유효한 상황이 지속되고 있는 것입니다.

칭의론은

무죄 선언, 의인이라 칭함 받음, 의인의 신분을 얻음 등
법정적 의미만 가진 것이 아니라 창조주이시며 언약의 주이신
하나님과의 올바른 관계에로의 회복이라는
관계적 의미도 가지고 있습니다.
전통적으로 개신교는 칭의론을 전자로만 이해하여,
윤리(의로운 삶)와 단절된 칭의론을 가르치는 경향을 나타내어
심각한 신학적 논란과 목회적 폐해를 낳았습니다.
그러나 19세기 말 이 문제가 처음 제기된 때부터
최근의 '새 관점'에 대한 논쟁에 이르기까지
신약학자들의 토론은 우리로 하여금
칭의론의 두 의미들을 함께 중시하여,
칭의론을 죄 용서와 함께
하나님의 주권에 의지하고 순종하는 관계에로 이전되어
최후의 심판 때까지 그 속에 서 있어야 함을
요구하는 것으로 이해하도록 하였습니다.

CHAPTER 03

예수의 하나님 나라 복음의
구원론적 표현으로서의 칭의론

칭의론을 '주권의 전이', 즉 사탄의 나라에서 하나님의 나라로의 이전으로 이해해야 한다는 것을 이제 바울의 칭의의 복음이 예수의 하나님 나라 복음의 구원론적 표현이라는 것을 논증함으로써 더욱 확실히 하고자 합니다.

1. 예수의 하나님 나라의 복음과 바울의 칭의의 복음

20세기 신약학계에서 가장 큰 영향력을 행사한 루돌프 불트만 (Rudolf Bultmann)은 사도 바울이 역사적 예수를 전혀 알지 못했으며, 그의 가르침도 거의 알지 못했고, 또 알려고 하지도 않았다고 주장했습니다. 그는 사도 바울의 신학은 예수가 존재했다는 전제만 있으면 되는 것이며, 부활하신 예수가 그리스도, 주, 하나님의 아들이라는 사도적 복음(케뤼그마)이 중요한 것이지, 역사적 예수의 삶과 가르침을 연구하여 그러한 사도적 복음을 뒷받침하려 하는 것은 옳지 않다고 주장했습니다.

그럼에도 불구하고 불트만은 바울의 칭의의 복음, 즉 율법의 행위 없이 은혜와 믿음으로만 의인이라 칭함 받음의 복음은 놀랍게도 예수의 하나님 나라 복음과 일치한다고 말했습니다. 예수는 한편으로 바리새인들과 서기관들의 율법주의를 비판하며, 다른 한편으로 죄인들이 자신의 하나님 나라의 복음에 믿음으로 응할 때 율법의 행위 없이도 하나님의 백성이 되어 하나님 나라의 구원에 참여할 것임을 약속하고 그들과 먹고 마시는 잔치를 나누었습니다. 이렇듯 예수의 하나님 나라 복음도 하나님의 전적인 용서의 은혜에 의한 구원을 약속하고, 믿음으로 그것을 덕(德) 입음을 가르친 것입니다.

그런 점에서 불트만은 바울의 칭의론이 예수의 하나님 나라 복음과 놀랍게 일치한다고 강조했습니다. 바울이 예수의 가르침을 거의 몰랐고 또 알려고 하지도 않았지만 바울의 칭의의 복음이 예수의 하나님 나라 복음과 일치한다는 것은 대단히 역설적인 주장입니다. 그럼에도 불구하고 많은 신약학자들이 불트만의 견해에 동의하였고, 1960년대에 에버하르트 융엘(Eberhard Jüngel)은 자신의 "바울과 예수"라는 책에서 불트만의 논지를 발전시키기도 했습니다.

그러나 지금 우리는 바울의 칭의의 복음이 불트만과 융엘이 생각했던 식의 단순한 차원을 넘어 훨씬 더 깊은 차원에서 예수의 하나님 나라 복음에 상응한다는 것을 살펴보려고 합니다. 정확히 말하면 바울의 칭의의 복음은 '예수의 하나님 나라 복음의 구원론적인 표현'입니다. 이것이 우리가 논증할 명제입니다. 바꿔 말하면 바울의 칭의론을 예수의 하나님 나라 복음의 틀로 이해해야 왜곡함 없이 올바로 이해할 수 있다는 것입니다.

지금까지 개신교 전통에서는 바울의 칭의의 복음을 예수의 하나님 나라 복음과 무관하게 해석하다 보니 칭의의 의미를 편향적으로, 또는 왜곡해서 이해했습니다. 그 결과 칭의론은 의인으로서의 삶이 없으면서도 의인으로 자처하는 사람들을 양산하는 교리, 심지어 의인으로서의 삶을 방해하는 교리로 전락해 버렸습니다. 그래서 대다수 개신교인들은 믿음을 윤리와 분리해서 이해하고, 윤리는 없어도 믿음만 있으면 자신들이 최후의 심판 때 하나님의 진노로부터 구원을 받을 것이라고 생각합니다. 이것이 오늘날 한국 교회의 비극의 가장 근본 원인입니다. 이를 극복하기 위해서는 바울의 칭의의 복음을 예수의 하나님 나라 복음의 구원론적 표현으로 올바로 이해하는 것이 중요합니다.

2. 하나님의 아들의 나라의 복음

(롬 1:2~4; 10:9~10; 고전 15:23~28; 골 1:13~14)

1) 바울이 인용하는 예루살렘 교회의 복음 (롬 1:3~4)

"(복음은 하나님의) 아들에 관한 것인데, 그분은 육신으로는 다윗의 혈통에서 나셨고 성결의 영으로는 죽은 자들 가운데서 부활하사 능력을 행사하는 하나님의 아들로 선포되셨으니 곧 우리 주 예수 그리스도시니라"(롬 1:3~4).

"내가 복음을 부끄러워하지 아니하노니 이 복음은 모든 믿는 자에게 구원을 주시는 하나님의 능력이 됨이라 먼저는 유대인에게요 그리고 헬라인에게로다 복음에는 하나님의 의가 나타나서 믿음으로 믿음에 이르게 하나니 기록된 바 오직 의인은 믿음으로 말미암아 살리라 함과 같으니라"(롬 1:16~17).

로마서 1장에는 복음에 대한 정의가 두 개 나옵니다. 2~4절에 하나가 나오고, 16~17절에 또 하나가 나옵니다. 우리는 16~17절에 나오는 복음의 정의에 아주 익숙합니다. "이 복음은 모든 믿는 자에게 구원을 주시는 하나님의 능력이 됨이라 ⋯ 복음에는 하나님의 의가 나타나서."

이 복음의 정의는 모두가 다 알 것입니다. 이 정의는 로마서의 명제입니다. 그래서 로마서에 대해 이 명제를 강의한 것이라고 주석하는 이들이 많습니다. 이런 접근이 과히 틀리지는 않습니다. 그러고는 여기에 인용된 하박국 2:4의 "의인은 그의 믿음으로 말미암아 살리라"까지 덧붙여 로마서 전체의 프로그램 명제로 삼습니다. 이런 로마서 1:16~17의 복음의 정의는 루터의 바울 복음을 재발견하는 결정적인 단서가 되었고, 그러기에 개신교 전통에서 가장 아끼는 구절들이기도 합니다.

그런데 바울은 로마서 1:2~4에서 이미 먼저 복음을 정의했습니다. 바울은 자신이 하나님의 복음을 선포하도록 택정된 사도라고 하면서 복음을 이중 삼중으로 정의합니다.

복음은 첫째로 하나님의 복음입니다. 자신이 사도로서 선포하는 복음의 저자가 하나님이시라는 말입니다. 다음은 구원사적으로 복음을 정의합니다. "이 복음은 하나님께서 성경에 선지자들을 통해서 미리 약속하신 것이라." 이 복음이 선지자들을 통해서 주신 하나님의 종말의 구원에 대한 약속의 성취라는 것입니다. 이렇게 구원사적으로, 계시사적으로 복음을 정의했습니다. 그러고는 셋째로 복음을 내용적으로 정의합니다. 그것이 3절 시작점에 나옵니다. "이 복음은 하나님의 아들에 관한 것이다." 하나님의 아들이 복음의 내용이라는 것입니다. 그러고는 3b~4절에 두 관계절로 되어 있는 신앙고백을 인용하는데, 모든 주석가가 그 신앙고백은 예루살렘 교회의 최초의 신앙고백들 중 하나라는 데에 동의합니다.

복음은 [하나님의] 아들에 관한 것인데,

　　　그분은 육신적으로 다윗의 씨로 탄생하였고,

　　　　　성결의 영으로, 죽은 자들 가운데서 일으켜져

　　　　　　권세를 행사하는 하나님의 아들로 선언된 분이시다

　　　　　　　　　(즉, 우리 주 예수 그리스도)

The gospel concerning "[God's] Son,

　　　who was born of the seed of David according to the flesh

　　　　　and was declared Son of God in power according to the Spirit

　　　　　　of holiness by his resurrection from the dead

　　　　　　　　　(Jesus Christ our *Lord*.)"

　"복음은 하나님의 아들에 관한 것인데"까지는 바울의 말입니다. 그다음부터는 예루살렘 교회의 신앙고백을 인용한 것입니다. "이 아들은 육신적으로는 다윗의 씨로 탄생하였고." 우리말 번역은 '다윗의 혈통'이라는 말을 사용했는데 이는 옳지 않은 번역입니다. 정확히 말하면 다윗의 '씨'입니다. 혈통이나 씨나 의미는 같지만 여기서는 '씨'라는 단어가 중요합니다(그것이 삼하 7:12에서 인용된 것이므로). "다윗의 씨로 탄생했고 성결의 영으로 죽은 자들 가운데서 일으켜져 권세를 행사하는 하나님의 아들로 선언된 분이다." 여기서도 역시 우리말 번역 하나가 잘못되었습니다. 우리말 성경에는 "능력으로 하나님의 아들로 선언된 분이다"라고 되어 있는데, '능력으로'라는 말은 '선언되었다' 또는 '등극했다'는 동사를 수식하는 부사구가 아니고 '하나님의 아들'을 수식하는 형용사구입니다. 그래서 '능력 혹은 권세를 행사하는 하나님의 아들'로 선포되었다는 말이 됩니다.

예수는 육신적으로는 다윗의 씨에서 태어난 분입니다. 그리고 죽은 자 가운데서 부활하셔서 하나님의 대권을 대행하는 하나님의 아들로 선언된 분입니다. 하나님의 대권을 대행하는 하나님의 아들은 다른 말로 하면, 바울이 부연하듯이 '주'(主)입니다. 하나님의 주권을 대행하시는 분이 주 예수 그리스도라는 것입니다. 그런데 이곳 로마서 1:3에서 '다윗의 씨'라는 말로 다윗적 메시아를 지칭하는 바울은, 로마서 15:12에서 '이새의 뿌리'라는 말로 다윗적 메시아를 다시 한 번 지칭합니다. 그리고 그곳 15:12에서도 이곳 1:5에서와 같이 모든 민족들이 다윗적 메시아의 통치 아래서 구원을 얻게 된다고 말합니다. 바울은 이렇게 모든 민족들을 통치하여 구원하는 다윗적 메시아에 대한 두 번의 지칭으로 로마서 전체를 감싸는 수미상관(首尾相關; inclusio) 구조를 만듭니다. 사실 로마서는 복음을 기독론적으로 전개한다기보다는 칭의론적으로 혹은 구원론적으로 전개합니다. 그럼에도 로마서는 다윗적 메시아에 대한 지칭을 처음과 마지막에 두어서, 하나님의 아들 예수 그리스도를 통한 구원이 예수의 메시아적 구원의 사건이라는 전제를 시사하는 것입니다. 그리하여 로마서 전체에서 설명하는 그리스도의 구원이 예수가 메시아('다윗의 씨')로서 성취한 종말론적인 구원임을 밝히는 것입니다.

바울이 인용한 예루살렘 교회의 신앙고백은 실은 사무엘하 7:12~14에 나오는 '나단의 신탁'에 근거한 신앙고백입니다. 하나님이 이스라엘의 초대왕인 사울을 버리고 대신 다윗을 자기 백성 이스라엘을 통치할 왕으로 세우셨습니다. 다윗이 각고의 노력 끝에 마침내 왕권을 안정시키고 왕궁을 근사하게 짓고는 이어서 하나님의 집, 곧 성전을 지으려고 많은 준비를 했습니다. 그때 하나님이 선지자 나단을 다윗에게 보내어 그가 직접 성전을 짓지 말라고 말씀하시고, 대신 다윗의 수명이 다하면 그의 "씨를 일으켜 왕위에 앉혀 너의 집을 세우겠고 그로 하여금 나를 위해 집을 짓게 하겠다"라고 약속하십니다. 하나님이 다윗의 '씨'를 이스라엘의 왕으로 삼고 그의 '집'을 세우시겠다는 이 약속은 다윗 왕가/왕조를 세우시겠다는 것입니다.

이어서 "내가 그의 아비가 되고 그가 나의 아들이 될 것이다"라고 하시는데, 그것은 다윗의 자손이 하나님을 대신하여 하나님의 백성 이스라엘을 합법적으로 통치하는 자라는 의미로, 하나님의 아들로 삼겠다는 말입니다. 이때 '아들'의 기본 의미는 상속자입니다. 하나님의 대권을 상속받아 대행하는 자가 하나님의 아들입니다. 그래서 이스라엘의 왕이 하나님의 아들입니다. 이것은 언약의 하나님의 자기 백성 이스라엘에 대한 통치권을 대행하는 자라는 뜻입니다. 또한 "그로 하여금 나를 위해서 집을 짓게 하겠다"라고 하셨습니다. 여기서 '집'은 하나님의 집, 성전을 말합니다. 이것이 다윗 왕조를 성립시키는, 요즘으로 말하자면 정통성을 확보하는 방식입니다. 민주국가에서는 권력의 정통성이 다수의 국민 투표에서 나옵니다. 그러나 하나님 백성의 공동체인 이스라엘의 신정 체제에서는 통치의 정통성이 하나님의 임명에서 나옵니다. 하나님이 다윗 가문을 선택하여 그의 씨로 하여금 왕위에 앉게 하고 하나님의 통치를 대행하는 자로 삼으니, 그가 하나님의 아들인 것입니다.

이것이 솔로몬을 통해서 일단 성취됩니다. 하나님이 다윗의 씨 솔로몬을 다윗의 왕위에 앉혀 다윗 왕가/왕조를 세우셨고, 솔로몬은 하나님의 집, 성전을 지었습니다. 그 뒤 다윗의 '씨', 자손이 이스라엘 왕의 대를 잇기 위해 왕위에 오를 때마다 가령 시편 2:7에서 보는 바와 같이 나단의 신탁에 근거하여 "너는 나의 아들이다. 오늘 내가 너를 낳았다"라는 하나님의 선언이 있었습니다. 그렇게 다윗의 후손들이 이스라엘의 왕으로, 하나님의 대권을 대행하는 자로 등극한 것입니다. 예수의 세례 때 바로 시편 2:7이 하늘에서 울려 퍼진 것으로 복음서들은 증언합니다(막 1:9~11; 마 3:13~17; 눅 3:21~22).

다윗 왕조가 이렇게 성립되었는데, 얼마 못 가서 북왕국 이스라엘, 남왕국 유다로 갈라지고 맙니다. 북왕국 이스라엘에서는 다윗 왕조가 곧 종식되고 결국 앗시리아의 침공으로 소멸되었고, 남왕국 유다에서도 다윗 왕조가 아주 지리멸렬하게 진행되다가 급기야는 바벨론의 침공으로 종말을 맞았습니다. 후일 바벨론의 뒤를 이어 페르시아가 근동의 패권 국가가 되고 난 후 페르시아의 왕 고레스가 바벨론에 잡혀 왔던 유다의 포로들을 성지로 귀환시켰습니다. 그러자 성지로 귀환한 유대인들 가운데 하나님이 다윗에게 나단을 통해서 약속하신 언약이 다시 한 번 성취되리라는 기대가 부풀었습니다.

바벨론에서 포로로 잡혀갔던 사람들을 데리고 성지로 귀환한 지도자들 중 한 명인 스룹바벨이 바로 다윗의 씨였습니다. 다윗 가문의 왕자, 다윗의 씨 스룹바벨이 귀환한 포로들의 리더로 대제사장 여호수아와 함께 성전 건축하는 일을 하게 됩니다. 나단의 신탁에 의하면 하나님이 다윗의 씨를 일으켜 다윗의 왕위에 앉히고 그로 하여금 성전을 짓게 한다고 했는데, 스룹바벨이 귀환한 이스라엘 백성을 데리고 성전을 재건한 것입니다. 그 모습을 보고 사람들은 나단의 신탁이 다시 한 번 성취되어 다윗 왕조가 재건되며, 유다가 독립을 얻고 다윗 시대와 같이 패권 국가가 되어 번영과 화평이 이루어질 징조라고 생각했습니다. 다시 말하면 메시아적 열망이 스룹바벨의 성전 건축 프로젝트를 중심으로 피어올랐습니다(참조. 슥 3~6장).

그런데 실제로 다윗 왕조가 재건되었습니까? 아닙니다. 그 후에도 이스라엘은 페르시아의 통치를 계속 받다가 알렉산더 대왕의 등장 이후에는 그리스 제국의 통치를 받았습니다. 알렉산더 사후에는 처음에는 이집트의 알렉산드리아에 근거를 두었던 톨레미 왕조의 지배를 받았고, BC 198년부터는 시리아의 안디옥에 근거를 두었던 셀루키아 왕조의 극악무도한 통치를 받았습니다.

하지만 그러면 그럴수록 유대 백성은 하나님이 언젠가는 약속대로 다시 한 번 다윗의 씨를 일으켜 왕위에 앉히고 다윗 왕조를 재건하며, 이스라엘에게 태평성대를 주어 모든 열방을 굴복시키고 이스라엘을 섬기는 종들로 만들어 이스라엘이 패권 국가로 번영을 누릴 것이라 믿었습니다. 이것이 바로 당시 널리 유행하던 '메시아사상'입니다. 그래서 사무엘하 7:12~14은 유대 메시아사상의 가장 중요한 뿌리들 중 하나가 된 것입니다. 여기에서 메시아에 대한 칭호들이 다 나옵니다. 다윗의 아들, 다윗의 씨, 다윗의 순 또는 가지, 하나님의 아들 등이 다 당시 널리 회자되던 메시아의 칭호들입니다.

신약성경은 예수 그리스도를 통해 유대교의 메시아 대망의 뿌리인 나단의 신탁이 성취되었다고 밝힙니다. 예수가 육신적으로는 다윗의 씨로 나시고, 메시아로 오셔서, 하나님의 통치를 대행하는 하나님의 아들로서 하나님 나라의 구원을 약속하면서 사람들에게 하나님 나라에 들어오도록 부르고 초대했습니다. 그러고는 십자가에 자신을 대속과 새 언약의 제사로 바치셔서 우리를 하나님의 의로운 새 백성으로 만드셨습니다. 그런데 하나님이 그를 죽은 자들 가운데서 일으키셨습니다. "성결의 영으로는 죽은 자 가운데서 일으켜져서"(롬 1:4).

신약성경은 예수의 부활을 여러 가지로 해석합니다. 그중 하나는 하나님이 하나님의 아들로서 하나님 나라의 구원을 약속한 예수가 옳다고 선언했다는 것입니다. 또 하나는 시편 110:1의 예언대로 하나님이 그를 죽은 자 가운데서 일으켜서 자기 우편에 앉히셨다는 것입니다. "너의 씨를 내가 일으켜서 내 왕위에 앉힌다"라고 한 사무엘하 7:12의 문자 그대로 하나님이 예수를 죽은 자 가운데서 '일으켜서' 자기 우편에 앉히어 하나님 통치를 대행하는 자신의 아들로 선언하시고, 시편 110:1대로 '주'가 되게 하셨다는 것입니다.

땅 위에서의 역사적 예수는 자신의 하나님의 아들 됨을 간접적으로 은근히 시사했지만, 부활하신 예수는 이제 당당히 하나님의 아들로 선포된 것입니다. 예수의 죽음과 부활을 체험한 그의 제자들은 예수가 나단의 신탁과 시편 110:1의 예언들을 성취하여 하나님 우편에 앉아 하나님의 대권을 상속받은 하나님의 아들, 그의 통치권을 행사하는 주(主)가 되심을 깨닫고 선포하게 된 것입니다. 예루살렘 교회는 이것이 복음이라고 선포한 것입니다. 바울은 그 복음을 인용하면서 복음은 이와 같은 하나님의 아들에 관한 것이라고 정의합니다. 이것이 복음의 기독론적 정의입니다.

또 한편 우리에게 익숙한 로마서 1:16~17에는 복음의 구원론적 정의가 나옵니다. 거기 보면 복음은 모든 믿는 자들에게 구원을 가져다주시는 하나님의 능력(힘)이라는 것입니다. 그런데 위의 기독론적 정의는 이 구원론적 정의와 상관없는 것처럼 보입니다. 하지만 사실은 이들이 하나의 복음이라는 것을 터득하는 것이 중요합니다. 그것을 터득하는 것이 바울이 전한 칭의의 복음의 진정한 의미를 올바로 이해하는 길입니다.

로마서 1:3~4은 예수의 제자들이 하나님 나라 복음을 선포한 예수의 죽음과 부활을 체험하고, 그의 부활은 하나님께서 예수가 진정으로 하나님 나라, 곧 하나님의 통치를 대행하는 메시아, 하나님의 아들이라는 것을 확인한 사건인 동시에 그를 자신의 우편에 높이어 만유의 주가 되게 한 사건이라고 해석하고는, 예수가 하나님의 아들로서, 또 만유의 주로서 지금 현재 하나님의 통치를 대행하는 분이라고 고백한 것입니다. 이것은 예수의 하나님 나라 복음을 그의 죽음과 부활에 비추어 새롭게 표현한 것입니다. 예수의 '하나님 나라(통치)의 복음'이 그의 죽음과 부활 후 사도들에 의해 '하나님 나라(통치) 를 대행하는 하나님의 아들의 복음, 만유의 주, 예수 그리스도의 복 음'으로 전환된 것입니다.

2) 예루살렘 교회의 신앙고백/복음의 풀이 (고전 15:23~28)

"그러나 각각 자기 차례대로 되리니 먼저는 첫 열매인 그리스 도요 다음에는 그가 강림하실 때에 그리스도에게 속한 자요 그 후에는 마지막이니 그가 모든 통치와 모든 권세와 능력을 멸하시고 나라를 아버지 하나님께 바칠 때라 그가 모든 원수 를 그 발아래에 둘 때까지 반드시 왕 노릇 하시리니 맨 나중 에 멸망받을 원수는 사망이니라 만물을 그의 발아래에 두셨 다 하셨으니 만물을 아래에 둔다 말씀하실 때에 만물을 그의 아래에 두신 이가 그중에 들지 아니한 것이 분명하도다 만물 을 그에게 복종하게 하실 때에는 아들 자신도 그때에 만물을 자기에게 복종하게 하신 이에게 복종하게 되리니 이는 하나님 이 만유의 주로서 만유 안에 계시려 하심이라"(고전 15:23~28).

로마서 1:3~4에 나오는 하나님 아들의 복음, 즉 하나님 아들이 하 나님의 주권을 대행함의 복음을 조금 더 풀어 설명한 것이 고린도전 서 15:23~28입니다. 이 본문을 보면 요한계시록이나 누가의 복음 선 포 양식과 동일하게 시편 110:1을 열쇠 본문으로 사용합니다. 그리스도가 하나님에 의해 부활되어 하나님 우편에 높여지고, 그리하여 하나님의 아들로서 하나님으로부터 통치권을 위임(상속)받아 현재 그것을 대행하며 사탄의 세력들을 소탕해 간다고 합니다. 그것은 원수들을 발등상(발판)으로 만듦을 말하는 시편 110:1을 적용한 표현입니다. 이 시는 원래 다윗이 노래한 것으로 되어 있습니다.

"여호와께서 (메시아인) 나의 주에게 이르시되, 내가 너의 원수들을 너의 발등상으로 만들 때까지 내 우편에 앉으라."

발등상은 왕이 왕좌에 앉을 때 발을 얹어 놓는 상입니다. 이는 원수들을 완전히 굴복시킴을 상징하는 그림 언어입니다. 하나님이 메시아를 하나님 우편에 등극시켜 그를 통해 사탄의 세력을 완전히 굴복시켜 발등상으로 만든다는 것입니다. 그리스도가 하나님에 의해 일으켜져 하나님 우편에 높여지고, 하나님의 아들로서 하나님의 통치권을 위임받아 현재 그것을 대행하며 사탄의 세력을 소탕해 감으로써 결국은 그들의 주도 아래 반란 상태에 있는 온 세상을 평정한다는 것입니다. 마지막 원수인 죽음까지도 없앰으로써 하나님의 아들의 임무가 완성되면 그도 하나님 아버지께 위임받은 통치권을 돌려 드린다는 것입니다. 그리하여 온 우주가 창조주 하나님의 통치 아래 들어와 샬롬이 이루어지게 된다는 것입니다. 이것이 로마서 1:3~4의 하나님의 아들의 복음을 고린도전서 15:23~28에서 바울이 풀어 설명한 것입니다.

주 예수 그리스도가 사탄의 모든 죄와 죽음의 세력들을 소탕하는 작업을 완수하여 하나님 나라가 온 땅에 온전히 이루어지게 하는 시점을 바울을 위시한 신약의 복음 선포자들은 그의 재림 때로 봅니다. 그러니까 예수 그리스도가 부활-승천하여 하나님의 대권을 행사하는 하나님의 아들, 곧 만유의 주로 하나님의 우편에 등극한 시점부터 그의 재림 때까지의 기간, 그러니까 현재가 예수께서 하나님의 아들로서 하나님의 주권을 대행하여 사탄의 죄와 죽음의 세력들을 소탕해 가는 기간입니다.

예수의 하나님 나라 선포와 십자가의 죽음과 부활은 제2차 세계대전 중 1944년 6월 14일 영미 연합군이 프랑스의 노르망디 해안에 상륙해서 독일군을 결정적으로 무찔렀던 D-Day의 승리에 해당합니다. 그것은 전쟁의 승패가 결판난 날(Decision Day)에 해당합니다. 이제 그리스도는 하나님의 통치를 대행하는 하나님의 아들로서 그의 주권을 행사해서 마치 연합군이 베를린을 향해 가면서 그 사이에 저항하는 독일군을 소탕해 가는 것과 같은 일을 하십니다. 그래서 마지막에는 하나님의 아들 그리스도께서 하나님의 저항 세력을 완전히 소탕해 온 피조 세계를 평정합니다. 마침내 온 세계를 최후의 원수인 죽음에서 건져 내 신적인 생명이 충만하게 합니다. 그럴 때에 온 세상이 하나님께 회복되고 하나님의 절대 창조 주권에 굴복하며 예수 자신도 그의 통치권을 하나님 아버지께 되돌려 드립니다. 그때가 주 예수 그리스도께서 재림하는 때인데, 이것을 비유하자면 1945년 5월 8일 연합군이 독일의 수도 베를린을 점령함으로써 독일이 항복하여 민주 세력이 유럽에서 최종 승리를 거둔 V-Day(Victory Day, 승리의 날)

에 해당하는 날입니다.

이런 구도로 복음을 선포하는 것이 요한계시록입니다. 바울도 요한계시록과 마찬가지로 하나님 나라의 실현이라는 복음 선포의 틀을 유지합니다. 요한계시록과 같이 바울도 하나님 나라가 사탄의 나라와 대치하고 있는 것으로 보며, 사탄의 나라의 멸망을 통하여 하나님 나라가 실현되는 것으로 말함으로써 하나님 나라의 묵시문학적 틀을 유지합니다. 바울 편지들에 '하나님 나라'라는 말이 여덟 번 나옵니다(롬 14:17; 고전 4:20; 6:9, 10; 15:50; 갈 5:21; 골 4:11; 살전 2:11~12; 살후 1:5). 거기에다 두 번에 걸쳐 사용된 '하나님 아들의 나라'라는 표현까지(고전 15:24; 골 1:13) 해서 총 열 번이 나옵니다. 많은 학자들은 바울이 하나님 나라를 '여덟 번밖에' 안 쓴다고 하는데 사실 정확히 표현하자면 바울이 '하나님 나라'라는 말을 '여덟 번이나' 또는 '열 번이나' 쓴다고 해야 옳습니다. '하나님 나라'는 구약과 유대교에서도 드문 숙어이고 신약에서도 복음서들 밖에서는 흔치 않은 숙어입니다. 그런데 바울이 그것을 여덟 번이나 썼습니다. 그만큼 그 숙어가 바울에게 중요했고, 그것이 바울의 모든 복음 선포의 큰 틀이었음을 암시합니다. 바울의 언어를 제대로 이해한다면 우리는 그가 예수를 특히 '주'라 지칭할 때는 항상 그 '하나님 나라'의 틀을 염두에 두고 있다는 것을 이해해야 합니다. 그 칭호는 예수가 하나님의 주권을 대행하는 분임을 나타내기 때문입니다.

3) 하나님 나라 복음의 구원론적 표현으로서의 칭의론

(롬1:3~4/15:12; 8:31~39; 16:20)

고린도전서 15:23~28의 해설에 비추어 로마서 1:3~4의 복음을 다시 보고, 또 로마서 말미(15:12)에 '다윗의 씨'라는 말을 다시 써서 이 복음을 상기시키는 것에 유의하면, 우리는 바울이 로마서에서 선포하는 복음의 내용에 대해 좀 더 깊이 이해할 수 있습니다. 주지하는 바와 같이 바울은 로마서에서 복음을 주로 칭의론의 범주로 설명합니다. 그런데 이제 우리가 새롭게 깨닫는 바는 그가 로마서를 이 다윗의 아들/하나님의 아들의 통치의 복음을 인용함으로써 시작하고 그것으로 결론지음으로써(15:12), 칭의론의 복음을 메시아/하나님의 아들 예수의 통치의 복음의 틀로 에워쌌다(inclusio)는 사실입니다. 그것은 우리에게 자신이 로마서에서 펼치는 칭의론의 복음이 하나님 (의 아들의) 나라 (통치)의 복음이라는 묵시적 큰 틀을 가지고 있음을 시사하는 것입니다.

이 점을 로마서 8:31~39도 확인합니다.

> "그런즉 이 일에 대하여 우리가 무슨 말하리요 만일 하나님이 우리를 위하시면 누가 우리를 대적하리요 자기 아들을 아끼지 아니하시고 우리 모든 사람을 위하여 내주신 이가 어찌 그 아들과 함께 모든 것을 우리에게 주시지 아니하겠느냐 누가 능히 하나님께서 택하신 자들을 고발하리요 의롭다 하신 이는 하나님이시니 누가 정죄하리요 죽으실 뿐 아니라 다

시 살아나신 이는 그리스도 예수시니 그는 하나님 우편에 계신 자요 우리를 위하여 간구하시는 자시니라 누가 우리를 그리스도의 사랑에서 끊으리요 환난이나 곤고나 박해나 기근이나 적신이나 위험이나 칼이랴 기록된 바 우리가 종일 주를 위하여 죽임을 당하게 되며 도살당할 양같이 여김을 받았나이다 함과 같으니라 그러나 이 모든 일에 우리를 사랑하시는 이로 말미암아 우리가 넉넉히 이기느니라 내가 확신하노니 사망이나 생명이나 천사들이나 권세자들이나 현재 일이나 장래 일이나 능력이나 높음이나 깊음이나 다른 어떤 피조물이라도 우리를 우리 주 그리스도 예수 안에 있는 하나님의 사랑에서 끊을 수 없으리라"(롬 8:31~39).

칭의의 복음에 대한 강해의 절정인 이 구절을 바울은 이렇게 시작합니다. "하나님이 우리를 위하시면 누가 우리를 대적하리요?" 31절에서 이렇게 시작하는 바울의 승리의 연설은 35~39절에서 "누가 우리를 그리스도의 사랑에서 끊으리요? 환난이나 곤고나 박해나 기근이나 적신이나 위험이나 칼이랴? … 내가 확신하노니 사망이나 생명이나 천사들이나 권세자들이나 현재 일이나 장래 일이나 능력이나 높음이나 깊음이나 다른 어떤 피조물이라도 우리를 우리 주 그리스도 예수 안에 있는 하나님의 사랑에서 끊을 수 없으리라"로 이어집니다.

여기 등장하는 여러 가지 악의 세력들이 바로 사탄의 세력들입니다. 바울이 사탄의 세력들의 이름들을 나열하면서, 주 예수 그리스도의 재림 때 있을 하나님의 최후의 심판을 거쳐 우리가 하나님의 아들 그리스도로 말미암아 칭의의 완성을 받음으로써 그 죄와 죽음의 세력들에 대항해 끝내 승리하고 말 것을 외칩니다. 이 승리의 노래가 로마서에서 나타나는 바울의 칭의의 복음 선포의 절정을 이룹니다. 그때가 되면 인류만 죽음을 극복하고 하나님의 영광과 충만한 생명을 얻는 것이 아니라, 로마서 8:18~23에서 볼 수 있듯이, 피조 세계 전체가 죽음의 세력으로부터 구속을 얻습니다. 이렇게 바울은 로마서 8장 전체에서, 특히 8:31~39에서 칭의를 사탄의 죄와 죽음의 세력들에 대한 승리로 설명함으로써, 자신의 칭의론이 사탄의 통치를 쳐부숨과 하나님의 의와 생명의 통치의 실현이라는 묵시적 틀을 가지고 있음을 나타냅니다. 즉, 칭의는 사탄의 죄와 죽음의 나라에서 구속되어 하나님의 의와 생명의 나라로 이전됨을 가르치고 있는 것입니다.

이렇게 로마서 전체(1:3~15:12)에서 바울은 '다윗의 씨'로 난 메시아, 부활로써 하나님의 아들로 선포된 예수 그리스도가 만유의 주로서 하나님의 통치를 대행하여 사탄의 죄와 죽음의 통치를 쳐부수고 우리를 하나님 나라의 의로운 백성(의인) 되게 하여 하나님의 영광과 생명을 얻게 할 것을 설명하고, 말미(16:20)에는 "화평을 가져오시는 하나님께서 사탄을 쳐부수어 자기 발아래 두시리라"라는 확신을 표시함으로써 그의 복음 강해를 마무리합니다.

여기 '화평을 가져오시는'이라는 문구에서 '화평'은 개인의 심령 안에서 누리는 심리적 평안이나 인간관계에서 갈등의 해소 등만을 말하는 것이 아니라, 온 우주적으로 온전한/원만한 상태, 곧 '샬롬'을 말하는 것입니다. 하나님이 죽은 자 가운데서 일으켜 자기 우편에 높이신 하나님의 아들 예수 그리스도를 통해 사탄의 세력들을 다 제거함으로써 온 우주에 하나님의 통치를 회복하여 온 우주에 하나님의 샬롬이 있게 한다는 말입니다. 고린도전서 15:23~28에서 피력한 사상과도 동일한 것입니다.

예수의 하나님 나라 선포는 하나님의 왕국과 사탄의 세력과의 우주적 영역에서의 투쟁이라는 묵시적 틀을 갖고 있습니다. 그러면서도 그는 죄인들의 죄 용서와 하나님 나라로의 회복(하나님의 백성 됨/자녀 됨)에 초점을 두었습니다. 바울도 마찬가지입니다. 그도 지금 살펴보는 바와 같이 하나님이 그의 아들을 통해 사탄의 죄와 죽음의 통치를 쳐부수고 그의 의와 생명의 통치를 이루신다는 묵시적 큰 틀을 가지고 있습니다. 그러면서도 바울은 사탄의 나라의 백성, 사탄의 종 노릇했던 죄인들이 어떻게 죄를 용서받고 하나님과의 올바른 관계로 회복되는가를 설명하는 칭의론이나 화해론 또는 입양론 등으로 복음을 선포하여 인간론적, 구원론적 초점을 강조합니다. 그는 예수와 마찬가지로 우리 개개 죄인들의 구원을 하나님과 사탄의 대결, 선과 악의 우주적 스케일에서의 대결이라는 묵시적 큰 틀 안에서 생각하는 것입니다. 이렇게 바울의 칭의의 복음은 하나님 나라와 사탄 나라의 대결인 묵시문학적 틀 안에서 이루어지는 구원에 관한 것으로서, 하나님 나라 복음의 한 구원론적 표현입니다.

4) 사탄의 나라에서 하나님의 아들의 나라로의 전이
: 구속, 죄 사함/칭의(골 1:13~14)

"그가 우리를 흑암의 권세에서 건져 내사 그의 사랑의 아들의 나라로 옮기셨으니 그 아들 안에서 우리가 속량 곧 죄 사함을 얻었도다"(골 1:13~14).

골로새서 1:13은 "하나님께서 우리를 [사탄의] 흑암의 권세에서 건져 내서 그의 사랑하는 아들의 나라로 옮겼다"라고 합니다. 이곳에 '사랑의 아들의 나라'라는 말이 나오는 것은 하나님의 아들 주 예수 그리스도가 현재 통치권을 대행하고 있으므로 '하나님 나라'가 '하나님 아들의 나라'로 가시화되고 있기 때문입니다. 하나님이 사탄의 나라에서 우리를 건져 내어 그의 사랑하는 아들의 나라로 옮겼으니 '주권의 전이'(Lordship transfer, Lordship change)를 한 것이지요. 지금까지 사탄을 알게 모르게 왕으로 모시고 그의 뜻을 좇아 죄를 짓고 사망으로 품삯을 받으며(롬 6:23) 살던, 사탄의 죄와 죽음의 통치 아래 있던 우리를 하나님이 그의 아들 예수 그리스도를 통해 건져 내어 그분의 나라로 옮겼다는 것입니다.

사탄의 나라에서 하나님의(하나님의 아들의) 나라로 옮긴 것을 14절에서는 '구속'(redemption), 즉 사탄의 속박으로부터 해방시킴이라고 합니다. 그리고 그것을 다시 '죄 사함'이라 해석하는데, 그것은 칭의의 부정적 표현입니다. 이렇게 사탄의 나라에서 건짐을 받고 하나님 나라로 들어와 이제 하나님을 주로 섬기는 것, 하나님의 통치를 받는 삶을 사는 것이 칭의입니다. 곧 칭의론은 하나님 나라 복음을 인간론적 관점에서 본 것입니다. 전 우주적으로는 하나님이 그의 아들을 통해 사탄을 무찔러 가는데, 그것이 우리 개인에게는 사탄의 통치에서 건짐 받아 하나님의 통치 아래로 회복됨으로 나타납니다. 그래서 사탄의 나라에서 하나님 나라로 옮겨진다는 묵시적 사건을 죄 용서에 포커스를 맞춰 선포합니다. 사탄을 섬겼던 죄를 용서받고 하나님과의 올바른 관계를 회복하고 하나님의 통치를 받음, 그것이 칭의입니다. 여기서 우리는 바울의 칭의론이 예수의 하나님 나라 복음의 구원론적 표현인 것을 더 확실히 알게 됩니다.

5) 바울이 반영하는 예수의 하나님 나라의 복음

바울은 하나님(의 아들)의 나라의 복음에 대해 '사탄의 나라를 꺾고 온 우주적 구원(샬롬)을 가져오는 것'이라는 묵시적 틀을 견지하면서도, 그것의 인간론적 의미(즉, 그것이 인간에게 가져오는 구원)에 초점을 맞추어 칭의론이나 입양론 등으로 복음을 선포합니다. 이것은 예수께서 하나님 나라의 복음에 대해 '사탄의 나라를 꺾고 하나님의 통치를 실현하는 것'이라는 묵시적 틀을 가지고 선포하면서도, 그것의 인간론적 의미, 즉 죄 용서, 하나님의 자녀로 회복됨, 그리고 하나님의 구원의 잔치에 참여하게 됨에 초점을 맞춘 것과 똑같습니다. 다시 한번 탕자의 비유를 생각해 보십시오.

앞서 우리는 불트만, 융엘 등 여러 학자들이 바울의 칭의의 복음이 예수의 하나님 나라의 복음에 상응한다는 것을 인정하면서도, 바울이 역사적 예수의 가르침에 대해서는 무관심했다고 주장함을 보았습니다. 이런 주장은 바울이 예수의 하나님 나라에 대한 가르침을 알지도 못하면서 놀랍게 그것과 똑같은 복음을 가르치게 되었다는, 납득하기 어려운 '기적'을 주장하는 것입니다. 그러나 사실 바울은 예수의 하나님 나라 복음을 그의 서신들 여러 곳들에서 반영하고 있는 것을 볼 수 있습니다. 바울은 '하나님 나라'라는 말 자체를 여덟 번 사용합니다(롬 14:17; 고전 4:20; 6:9, 10; 15:50; 갈 5:21; 골 4:11; 살전 2:11~12; 살후 1:5). 거기에 두 번에 걸쳐 나오는 '하나님 아들의 나라'라는 표현까지(고전 15:24; 골 1:13) 포함하면 총 열 번 사용한 셈입니다. 이 현상을 두고 불트만의 영향을 받아 바울의 예수 전승에 대한 지식이나 의존을 최소화하려는 학자들은 바울이 예수의 열쇠 언어인 '하나님 나라'를 "여덟 번밖에 안 썼다"라고 말하기를 좋아합니다.

그러나 사실을 정확히 표현하려면 "여덟 번 또는 열 번이나 썼다"라고 해야 합니다. '하나님 나라'는 구약에도 한 번 나올까 말까 하는 데다 유대교 문서에도 잘 나오지 않는다는 사실을 기억하면, 우리는 바울이 '하나님 나라'라는 말을 대단히 많이 쓴 셈이라는 것을 알게 됩니다. 또한 뒤에 지적하겠지만 바울이 예수께서 하나님 나라와 관계하여 하신 가르침들(예를 들어, 이중 사랑의 계명, 산상수훈 말씀들)과 그의 행태(죄인들을 용서하고 잔치를 나눔)를 잘 알고 있었던 것을 확인할 수 있습니다. 공관복음서들에 '하나님 나라'와 '그 사람의 아들(인자)'의 언어들은 서로 떨어져 나오지만, 그들은 상응하는 개념들입니다. 그러므로 바울이 예수의 '그 사람의 아들(인자)'에 대한 말씀들을 자주 반영하고 있다(참조. 살전 1:10; 3:13; 4:15~16; 5:3; 고전 9:19~23; 10:33; 갈 2:20 등)는 사실도 바울이 예수의 '하나님 나라'에 대한 가르침들을 잘 알고 있었다는 견해를 뒷받침합니다. 이렇게 바울이 예수의 하나님 나라의 복음을 잘 알고 있었기에 결국 예수의 하나님 나라의 복음과 같은 복음을 선포하게 된 것입니다.

바울은 '칭의', '화해', '성화', '입양' 등 인간이 **죄 용서**받고 **하나님과 올바른 관계에 회복**됨을 나타내는 언어로 복음을 선포하되, 우리가 방금 로마서 1:3~4/15:12; 8:31~39; 16:20; 고린도전서 15:23~28; 골로새서 1:13~14에서 본 바와 같이, 창조주 하나님의 나라가 사탄의 나라를 멸망시켜 간다는 **묵시적 틀**을 가지고 그렇게 한 것입니다. 이것은 예수께서 하나님 나라 복음을 선포하면서 죄인들의 회복에 집중했지만, 사실은 그것 자체가 사탄의 나라를 허물어 가는 것으로 이해한 것과 같은 것입니다. 예수께서 병자들을 치유하고 귀신을 쫓는 것을 이 땅에 임재하시는 하나님의 힘으로 – 누가복음에 의하면 '하나님의 손가락'으로, 마태복음에 의하면 '하나님의 영'으로 – 강한 자인 사탄을 묶어 그의 포로로 잡혀 있는 사람들을 석방해 가는 것으로 설명하면서, 그것을 하나님 나라의 현재적 실현의 증거로 제시합니다(마 12:22~20/막 3:22~27/눅 11:14~23). 제자들이 하나님 나라 복음을 선포하고, 병자들을 치유하고 돌아와서 자기들이 귀신들도 정복했다고 하자, 예수께서 사탄이 하늘에서 떨어지는 걸 봤다고 합니다(눅 10:17~18). 이처럼 예수는 한편 하나님 나라의 **묵시적 큰 틀**을 유지하면서, 사탄의 나라에 대한 하나님 나라의 승리를 **죄인들의 회복**, 구원에 초점을 맞추어 설명했습니다.

이 점은 주기도문에서도 볼 수 있습니다. "당신의 나라가 임하게 하소서"와 "우리를 이제 사탄의 시험에 떨어지지 않게 하소서. 그 악한 자로부터 우리를 보호하소서"가 수미상관 구조를 이루는데, 그 사이에 "우리에게 일용할 양식을 주소서"와 함께 "우리 죄를 용서하소서"가 들어 있습니다. 하나님 나라의 도래는 하나님이 사탄의 나라에서 우리를 건져 내어 죄 용서와 생명 주심의 은혜를 베푸시는 것입니다. 예수는 죄인들을 불러 하나님 나라로 회복시켜 그 구원을 누리게 하는 데 자신의 사역을 집중시켰습니다(마 9:13/막 2:17/눅 5:32; 막 2:15~17pars; 마 15:24; 눅 15:1~32; 19:1~10; 마 11:19/눅 7:34; 참조. 마 8:11/ 눅 13:29; 마 14:25pars). 그는 사탄의 나라에서 돌이켜(회개하여) 하나님 나라로 들어온 죄인들과 자주 잔치를 나눔으로써 종말의 하나님 나라에서 누릴 구원을 시위(示威, demonstration)하며 그들로 하여금 그것을 선취(先取)하게 하였습니다. 그리하여 예수는 적대자들로부터 '탐식하는 자요, 술 좋아하는 자이며 죄인들의 친구'라고 욕까지 먹은 것입니다(마 11:19/눅 7:34). 이렇게 예수께서 하나님 나라의 복음을 선포하여 사탄의 나라를 박멸해 가는 것은 죄인들을 사탄의 나라에서 건져 내어 하나님 나라로 회복시키는 것이었습니다. 이것을 부정어로 말하면 사탄의 나라를 극복하는 것이고, 긍정어로 말하면 하나님의 통치를 실현하는 것입니다. 하나님 나라는 죄 용서와 죄인들의 회복/구원으로 나타납니다.

예수께서 선포한 하나님 나라의 복음을 받아들여(즉, 믿어) 사탄의 나라에서 건짐을 받고 하나님 나라로 회복된 죄인들은 죄가 용서된, 의로운, 거룩한(하나님께 바쳐진, 속한) 하나님의 백성이 됩니다. 그것을 두고 바울은 그리스도의 복음을 믿는 죄인들이 칭의 되고, 성화되고, 하나님의 자녀들로 입양되었다고 하는 것입니다. 예수는 그렇게 하나님 나라로 회복된 자들에게 하나님의 부요함을 상속받고 그의 충만한 잔치에 참여한다는 그림으로 장차 완성될 하나님 나라의 구원, 곧 '**영생**'(신적 생명)을 약속하였습니다(또 탕자의 비유를 생각하십시오). 마찬가지로 바울도 칭의 되고, 성화되고, 하나님의 자녀들로 입양된 신자들에게 하나님의 무한한 부요함을 상속받아 하나님의 형상을 얻고(하나님같이 되고), 하나님의 영광(하나님의 신성에 참여)을 얻으리라고 말합니다. 즉, 칭의 되고, 성화되고, 하나님의 자녀들로 입양된 자들은 하나님과의 올바른 관계에 회복된 자들이므로 이제 창조주 하나님의 무한한 자원을 끌어 쓸 수 있기 때문에(또는 그것에 참여할 수 있기 때문에) 하나님의 신적 생명, 곧 '**영생**'을 얻게 된다는 것입니다(롬 5:1~2; 6:22; 8:29~34 등).

예수의 하나님 나라 복음 선포에 있어 또 하나 중요한 점은 **제자도의 요구**입니다. 그것은 우리가 사탄의 나라에서 옮겨져 하나님 나라로 들어왔으니 마땅히 하나님의 통치를 받으라는 요구입니다. 제자도란 하나님 백성답게 사는 것으로서, 바꿔 말하면 하나님의 법을 준행하는 것입니다. 예수께서는 하나님의 법을 "혼신을 다해 하나님을 사랑하라. 그리고 이웃을 네 몸같이 사랑하라"라는 두 마디로 요약

했습니다(마 22:34~40/막 12:28~34/눅 10:25~28). 산상수훈(마 5~7)은 이 **이중 사랑 계명**에 대한 강해를 그 중심에 두고 있는데, 예수께서 자기 제자들은, 즉 자신이 새롭게 창조하고 모은 하나님의 백성은 그 이중 사랑 계명의 정신을 살려 철저히 지킴으로써(맘몬을 우상숭배하지 않고 하나님께 의지하고 순종할 것, 이웃을 사랑하되 원수까지 사랑할 것) 서기관들과 바리새인들보다 더 나은 의를 행하고, '**선한 열매**'를 맺어 세상에 소금과 빛의 역할을 해야 한다고 한 설교입니다.

예수께서 하나님 나라의 복음을 받아들여 하나님의 새 백성이 된 자신의 제자들에게 한 이러한 요구는, 바울이 그리스도의 복음을 받아들여 칭의 된 자들, 곧 하나님과의 올바른 관계로 회복된 자들(곧 사탄의 나라에서 하나님 나라로 이전된 자들)에게 **이중 사랑 계명** 중심의 윤리적 삶을 사는 것으로써 '**의의 열매**'를 맺으라(빌 1:11)고 하는 요구와 똑같습니다. 우리가 하나님과의 올바른 관계로 회복되었으면(곧 하나님 나라로 이전되었으면) 당연히 하나님의 통치를 받아야 합니다. 그러려면 하나님의 법, 그리스도의 법을 지켜야 합니다. 고린도전서 9:19~23에서 바울은 우리가 더 이상 모세의 법 아래 있지 않고 '하나님의 법' 아래 있다고 합니다. 그 내용인즉 하나님의 통치에 순종하여(또는 하나님의 영광을 위하여) 자신의 권리와 이익을 포기하면서 이웃을 섬기는 것, 즉 이중 사랑 계명인데, 그것을 그리스도께서 가르친 법이므로 '그리스도의 법'이라고도 부릅니다. 바울은 이것을 갈라디아서 6:2에서 다른 방식으로 말합니다. "너희가 짐을 서로 지라 그리하여 그리스도의 법을 성취하라." 칭의 된 자들은, 곧 의인들은 이 이중 사랑의 계명, 곧 '**그리스도의 법**'을 지킴으로써 '의의 열매'를 맺어야 합니다(빌 1:11). 이것이 산상수훈의 말미에 나오는 하나님의 통치를 받고 이중 사랑의 계명을 준행하여 '선한 열매'를 맺음과 같은 내용입니다(마 7:16~20).

이렇게 바울의 칭의의 복음은 예수의 하나님 나라 복음과 그 내용이 완전히 일치합니다. 그러므로 전자는 후자를 구원론적으로 표현한 것입니다.

6) 예루살렘 교회의 복음(롬 1:3~4)에 대한 바울의 이해

이제 로마서 1:3~4의 하나님의 통치권을 대행하는 하나님의 아들의 복음과 1:16~17의 칭의론적 복음이 어떻게 서로 연결되는지 어렴풋이 깨닫기 시작할 것입니다. 앞서 우리는 바울이 로마서 1:3~4에서 인용한 예루살렘 교회의 '하나님의 아들'의 복음을 어떻게 고린도전서 15:23~28; 로마서 8:31~39; 10:9~10; 16:20; 골로새서 1:13~14 등에서 강해하는가를 보았습니다. 그런데 이 구절들은 로마서 1:3~4 중 예수 그리스도가 부활하셔서 하나님의 대권을 행사하는 하나님의 아들로 등극했다는 생각을 강해한 것들입니다. 그 본문이 담고 있는 다른 내용들, 즉 하나님의 아들이 다윗의 씨로 육신의 세계에 오심과 그의 죽음의 의미는 로마서 5:8~10; 8:3~4, 32~34; 갈라디아서 2:20; 4:4~5 등과 연결하여 이해해야 합니다. 그래야 로마서 1:3~4의 '하나님의 아들'의 복음을 온전히 이해하게 되는 것입니다.

로마서 1:3b~4의 두 관계사 절들이 담고 있는 예루살렘 교회의 복음 자체는 아직 하나님의 아들의 선재 사상을 뚜렷이 담고 있지 않습니다. 그러나 우리가 그것 앞에 바울이 '복음은 하나님의 아들에 관한 것'이라고 다는 서문(롬 1:3a)부터 그 두 절들을 읽으면, 바울이 예루살렘 교회의 복음을 인용하면서 선재한 하나님의 아들이 이 세상에 다윗의 씨, 곧 메시아로 탄생한 것임을 시사한다는 것을 알게 됩니다. 그래서 우리는 바울이 로마서 이전에 쓴 갈라디아서 4:4~5에서 이미 사용했고, 이제 곧 이어서 쓸 로마서 8:3~4에서 사용할 '보냄의 형식'(the sending formula)을 염두에 두고 있음을 알 수 있습니다.

"하나님께서 그의 선재한 **아들**을 보내셨다, 우리를 구원하도록 하기 위해서"(참조. 요 3:17; 요일 4:9~10). 그러니까 바울은 '하나님의 아들'을 내용으로 하는 예루살렘 교회의 복음을 이해할 때, 그것이 단순히 하나님이 그리스도를 부활시키고 자신의 우편에 등극시켜 자신의 아들로 선포하고 자신의 구원의 통치권을 대행하게 했다는 것(롬 1:4의 내용)만 뜻한다고 본 것이 아니라, 그리스도가 사실은 선재한 하나님의 아들로서 하나님으로부터 이 세상에 보냄 받아 다윗의 아들로 성육신하신 분이라는 것도 뜻한다고 본 것입니다. '보냄의 형식'은 **하나님의 아들** 예수 그리스도가 이 세상에 하나님의 전권대사로 보냄 받아 하나님의 계시와 구원 사역을 집행하신 분임을 나타내는 문장 형식입니다.

또 예루살렘 교회의 복음은 '죽은 자들 가운데서'라는 구문을 포함하여 다윗의 아들/하나님의 아들의 '죽음'도 그 내용의 일부로 삼고 있음을 알립니다. 이것과 관계해서도 우리는 바울이 그것을 어떻게 이해하였는가 생각해 봐야 합니다. 그러면 우리는 역시 그가 이전에 쓴 갈라디아서 2:20에서 이미 사용하였고, 이제 곧 로마서 8:32에서 사용할 '넘겨줌의 형식'(the giving-up formula)을 의식했을 것이라고 짐작할 수 있습니다. "하나님께서 우리를 사랑하셔서 그의 **아들**을 대속의 죽음에 넘겨주셨다, 우리를 구원하도록 하기 위해서"(참조. 요 3:16). '넘겨줌의 형식'은 항상 하나님의 우리에 대한 사랑을 강조함과 함께 나옵니다.

로마서 1:3~4이 예루살렘 교회의 복음이라고 할 때, 우리는 그 교회나 바울이 그 복음을 선포하면서 단순히 거기 명문화된 두 문장들만 되풀이한 것으로 오해하기 쉽습니다. 바울은 고린도전서 15:3b~5a에서 예루살렘의 사도들도 함께 선포하는 사도들의 공통 복음(고전 15:11)을 '그리스도가 우리 죄를 위해 죽었다는 것', '그가 장사되었다는 것', '그가 사흘 만에 일으켜졌다는 것', 그리고 '그가 게바에게 나타났다는 것', 이 네 절들로 요약합니다. 좀 단순히 성경을 읽는 사람들은 바울과 베드로, 기타 사도들이 복음을 선포할 때 이 네 구절들만 되풀이한 것으로 오해할 것입니다.[1]

그러나 심지어 가장 단순히 전도하는 캠퍼스 크루세이드(CCC) 형제/자매들도 그들의 '4영리'를 가지고 전도할 때 단순히 그곳의 4문장들만 되풀이하지 않고, 그들 하나하나를 부연 설명하지 않습니까?

---

[1] 심지어 학자들도 그렇게 생각할 때가 많습니다. 뒤 pp. 134~137에서 후커(Morna Hooker) 등 학자들이 데살로니가전서 1:9~10을 그런 식으로 다루는 것에 대한 나의 비판적 토론을 참고하십시오.

우리는 신약성경에 요약된 복음 선포(케뤼그마) 양식들도 이같이 이해해야 합니다. 그것들은 문자 그대로 복음의 '요약'들입니다. 그러므로 사도들이 복음을 선포할 때 그 요약문의 문장 전체로서만이 아니라 그 문장 내의 요소들 하나하나가 가리키는 예수 그리스도의 삶과 죽음과 부활의 사건을 펼쳐 기술하고, 그것이 어떻게 우리의 구원을 이룬 사건인가를 부연 설명한 것으로 이해해야 합니다. 그러니까 사도 바울이 로마서 1:3~4에 인용한 예루살렘 교회의 복음으로 복음을 선포할 때, 예수 그리스도가 어떻게 하나님 나라의 복음을 선포하고 어떤 구원의 사역을 하였는가, 어떻게 죽음을 맞게 되었고, 어떻게 부활하여 그의 제자들과 자신에게 나타났는가 등과 함께, 우리가 앞서 분석한 대로 그가 그의 서신들 이곳저곳에서 펼치는 '보냄의 형식', '죽음의 형식', 그리고 부활하신 그리스도의 하나님의 대권자(代權者) 되심 등의 내용들로 부연 설명하면서 선포하였을 것으로 이해해야 합니다.

이렇게 이해하는 것이 옳다는 것은 로마서 5:8~10에서 확인됩니다. 그곳에서 바울은 그리스도, **하나님의 아들**의 '피'(대속의 제사)로 인하여 우리가 의롭다 함을 받고(칭의) 하나님께 화해되었다고 합니다. 그런데 바울은 우리가 아직 죄인들이고 하나님의 원수로 살고 있을 때에 하나님이 우리를 사랑하셔서 이런 구원을 이루어 주셨다고 합니다. 곧 위에 말한 '넘겨줌의 형식'을 여기에서 이렇게 풀어 말하고 있는 것입니다. 바울은 이어서 그리스도, **하나님의 아들**의 '죽음'으로 우리가 칭의 되고 하나님께 화해되었으니, 그의 '생명'으로 우리가 하나님의 진노로부터 구속될 것이라고 말합니다. 여기 **하나님의 아들**의 '죽음' 다음에 나오는 **하나님의 아들**의 '생명'은 그의 부활의 생명을 뜻합니다. 예수가 **하나님의 아들**로서 죽으신 사건이 우리 죄를 씻고 덮는 대속의 제사가 되어 우리가 죄 사함을 받고 하나님과 올바른 관계에로 회복되었습니다. 곧 의인의 신분을 얻었고 (칭의) 하나님과 화해되었습니다. 여기 우리 죄를 위한 대속의 제사로서의 **하나님의 아들**의 '죽음'은 로마서 1:4에 암시한 **하나님의 아들** 예수 그리스도의 죽음의 의미를 설명한 것인데, 로마서 8:3~4과 8:32~34에서 '보냄의 형식'과 '넘겨줌의 형식'으로 좀 더 설명됩니다. 여기 우리를 하나님의 진노로부터 구원할 **하나님의 아들**의(부활의) '생명'은 로마서 1:4에서 언급한 그리스도 예수 **하나님의 아들**의 부활/승천을 통하여 하나님의 대권자 되심을 두고 하는 말인데, 로마서 8:34에서 설명합니다. "**하나님의 아들**이 최후의 심판 때에 하나님의 재판정에서 우리를 위해서 중보(변호)할 것이다. 그리하여 우리를 하나님의 진노로부터 최종적으로 구출할 것이다." 이것이 칭의의 완성입니다.

  그것이 이미 데살로니가전서 1:10에 함축되어 나타납니다. 데살로니가의 그리스도인들이 믿은 복음은 종말에 **하나님의 아들**이 하늘로부터 와서 우리들을 하나님의 진노로부터 구출한다는 것이었습니다. **하나님의 아들**은 최후의 심판에서 최종적으로 우리의 칭의를 완성하는 분입니다. 그런데 그 칭의의 시작은 그의 죽음에서 이루어진 속죄 제사를 통해서였습니다. **하나님의 아들**이 우리를 위한 대속 제사로 자기 목숨을 내어 주어 우리가 죄 용서를 받고 하나님과의 올바른 관계로 회복되었습니다. 그 결과 우리가 하나님의 통치에 들어가게 되었습니다. 그것이 우리가 이미 얻은 칭의이고 구원입니다. 하지만 이 구원, 곧 칭의의 완성은 종말까지 유보되어 있습니다. 그것은 종말의 최후의 심판 때에 완성될 것입니다. 그때 우리를 이미 의인이라고 선언하신 하나님이 재판장이므로 아무도 우리를 참소할 수 없습니다. 사탄을 완전히 무찌르고 승리하시고 부활하신 **하나님의 아들** 예수가 우리를 위해 중보(변호)하실 것이므로 어떤 사탄의 세력도 우리를 참소할 수 없습니다. 그런 까닭에 우리가 그들을 다 대항해서 넉넉히 이기고도 남는다는 것이 로마서 8:31~39의 가르침입니다. 그렇게 해서 우리의 칭의가 완성됩니다.

이와 같이 로마서 1:3~4에 요약된 '**하나님의 아들**'의 복음을 로마서 5:8~10에서 부연 설명하고, 로마서 8:3~4과 31~39절에서 더욱 자세히 설명합니다. 뒤집어서 말하면, 바울이 1:3~4에서 '**하나님의 복음**'을 '**하나님의 아들**'을 내용으로 하는 복음이라고 정의하며 예루살렘 교회의 복음 선포 양식을 인용할 때, 그는 그것이 그가 갈라디아서나 데살로니가전서에서 이미 설명했을 뿐 아니라, 앞으로 로마서 5:8~10; 8:3~4, 31~39 등에서 더 자세히 설명할 하나님의 아들의 죽음을 통한 칭의의 시작과 그의 부활/승천을 통한 칭의의 완성을 담고 있는 것으로 보았다는 것입니다.

3. 기독론적 복음(롬 1:3~4)과
구원론적 복음(롬 1:16~17)의 일치

이렇게 보면 우리는 로마서 1:3~4에 기독론적으로 표현된 복음과 1:16~17에 구원론적으로 표현된 복음이 일치하는 것을 쉽게 이해할 수 있습니다. 바울은 로마서 1:1~4에서 하나님이 성경에 선지자들을 통하여 주셨던 약속들의 성취인 '하나님의 복음'은 '하나님의 아들'을 내용으로 하고 있는 것이라고 말하고는, 그 복음을 기본적으로 예루살렘 교회의 신앙고백을 인용하여 정의하는데, 그 복음을 거기에 함축된 것으로 간주할 수 있는 그의 '하나님의 아들' 예수에 관한 사상들 - 바울 자신이 앞서 쓴 편지들에 표현했고(살전 1:10; 고전 15:24~28; 갈 2:20; 4:4~5 등), 곧 로마서에서 또다시 피력할(롬 5:8~10; 8:3~4, 32~34; 참조. 골 1:13~14) 사상들 - 과 통합하여 다시 한 번 정리하면 다음과 같습니다.

하나님께서 선재하신 그의 아들을 보내시어 육신이 되게 하시되 '다윗의 씨'로 나서 메시아, 곧 종말의 구원자 사역을 감당하게 하셨다. 즉, 하나님께서 그의 아들로 하여금 사탄의 죄와 죽음의 통치 아래 떨어진 인류와 세상을 구속하여 자신의 나라로 회복시키는 일을 감당하게 하셨다. (이것이 1:3이 내포하는 '보냄의 형식'<갈 4:4~5; 롬 8:3~4> 의 내용입니다.)

하나님은 메시아 예수로 하여금 하나님 나라의 복음을 선포하고

죄인들을 회복하는 일을 하게 하고는, 그를 대속의 제사로 넘겨주셨다. (이것이 1:4의 하나님의 아들의 '죽음'에 대한 언급이 내포하는 '넘겨줌의 형식' <롬 8:32; 갈 2:20; 롬 5:8~10>의 내용입니다.)

하나님께서는 그의 아들을 대속의 제사로 내어 주셨고 또 그를 죽은 자들 가운데서 일으키심으로써 과연 그가 자신의 사자 메시아인 것을 확인했을 뿐 아니라, 자신의 우편에 높이셔서 자신의 '대권을 행사하는 자신의 아들'로 선언하셨다(시 110:1; 삼하 7:12~14). 그리하여 하나님의 아들 예수 그리스도는 만유의 '주'가 되어 하나님의 통치를 대행하여 죄와 죽음을 유발하는 사탄의 통치를 멸망시키고 그로부터 인류와 세상을 구속하여 하나님의 나라로 회복시키는 사역을 성령의 힘으로 감당하고 있으며, 나아가 최후의 심판 때에 하나님의 백성을 위해 중보(변호)하실 것이다. 그리하여 우리의 칭의를 완성하고 우리로 하여금 사망을 포함한 모든 악의 세력에 대항하여 승리하게 하실 것이다. (이것이 롬 1:4에 내포된 롬 8:34~39; 고전 15:24~28의 내용입니다.)

이 복음이 선포될 때, 즉 하나님이 자신의 아들을 통하여 이렇게 이루신 구원의 사건을 설명할 때, 하나님의 의(義)가 계시됩니다. "[복음]에는 하나님의 의가 계시된다"(롬 1:17). 우리는 앞서 성경에서 '의'는 법정적 의미도 가지고 있지만, 보다 근본적으로 관계적 의미, 즉 관계에서 나오는 의무를 다함, 즉 관계에 신실함이라는 의미를 가지고 있다는 것을 살펴보았습니다. 그러므로 여기서 "[복음]에는 하나님의 의가 계시된다"라고 할 때, 하나님의 '의'는 하나님께서 죄를 징벌하고 의를 보상함을 의미하기보다는, 하나님께서 자신에게 신실하지 못한(그러니까 '불의한') 이스라엘과 온 인류에 대하여 창조주로서, 언약의 하나님으로서 자신의 의무를 다하심, 즉 그들을 돌보시겠다는 약속을 끝까지 지키심을 의미합니다.

로마서 1:3~4에서 바울은 '복음'은 '하나님의 아들에 관한 것'이라고 정의하고는, 위에서 살펴본 대로 하나님께서 어떻게 그의 아들을 보내어 다윗의 씨, 곧 메시아로 나게 하고, 그의 죽음과 부활/승천을 통하여 사탄의 세력을 꺾고 우리를 자신의 의로운 백성/자녀들로 회복하는가를 예루살렘 교회의 복음 선포 양식을 빌어 설명했습니다. 이 하나님의 아들에 관한 이야기(narrative)가 '복음'입니다. 이 '복음'을 선포하면, 곧 하나님께서 그의 아들을 통해서 이루신 구원을 이야기하면, 거기 하나님의 '의'가 나타납니다. 하나님의 자기 백성 이스라엘에 대해, 그리고 우리 피조물들 모두에 대해 하나님 노릇 해 주심, 즉 창조주로서 우리를 신실히 돌보심이 나타납니다. 이것이 로마서 1:17에서 바울이 말하는 바입니다.

우리는 아담(탕자)같이 하나님께 등을 돌리고 우리의 내재의 자원으로, 우리 멋대로 살려다 사탄의 종이 되어 죽음에 떨어졌습니다. 우리는 이렇게 우리의 창조주 하나님에 대해 우리의 의무를 다하지 못하였습니다. 곧 우리는 '불의'하였습니다. 그리하여 그 대가로 사탄의 죄와 죽음의 통치 아래 떨어진 것입니다. 그런데 '하나님의 아들'을 내용으로 하는 '복음'은 하나님께서는 그래도 우리를 내쳐 버리지 않으시고 우리에게 끝까지 하나님 노릇 해 주셨다는 것을 보여 줍니다. 그 '복음'은, 탕자의 비유에 나오는 아버지가 탕자를 저버리지 않고 먼발치에서부터 버선발로 나와서 그를 영접하여 아들(상속자)로 회복시키고 큰 잔치를 베풀어 주듯이, 하나님은 불의한 우리를 정죄하지 않고 우리에 대한 창조주로서 자기 쪽의 의무를 다하셨음을 나타냅니다(비교. 요 3:16~17). 이와 같이 '복음'은 하나님의 '의'를 계시합니다.

이 '의'는 하나님께서 우리 피조물과의 관계에서 나오는 당신 쪽의 의무, 곧 아비 노릇 해 주심 또는 목자 노릇 해 주심을 다함이니 하나님의 우리(와의 관계)에 대한 '신실하심'과 동의어라고 할 수 있습니다. 그런데 창조주 하나님에 대한 우리의 '불의', 곧 죄로 말미암아 사탄의 죽음의 통치 아래 떨어진 우리에게 하나님께서 끝까지 하나님 노릇 해 주심(하나님의 의/신실하심)이니, 이 하나님의 '의'는 그의 '은혜'(무료로 베푸는 구원의 선물)라고밖에 말할 수 없습니다. 그러므로 하나님의 '의', 하나님의 우리에 대해 '신실하심', 하나님의 '은혜'는 다 동의어가 되는 것입니다.

'하나님의 의'는 이와 같이 '불의'한 우리에 대해 하나님께서 창조주로서 피조물에 대한 돌보심을 다하시는 것이니, 그것은 자신에게 대항한 우리의 '불의'를 용서하시고 우리를 자신과의 올바른(원만한) 관계에 회복시키는 것까지 포함합니다. 하나님이 자신에게 '불의'한 우리 피조물을 창조주로서 돌보시되 끝내는 자신의 아들 예수 그리스도를 속죄 제사로 십자가의 죽음에 넘겨주어 우리 죗값을 치루고 그것을 씻어 버리게 하기까지 하셨으니(롬 3:21~26; 4:25; 5:8~10; 8:3~4), 하나님이 그의 아들을 보내고 십자가의 죽음에 넘겨주시고 부활시킴으로써 이룬 구원의 사건('하나님의 아들에 관한 복음')에는 '하나님의 의'가 계시되는데(나타나는데, 롬 1:17; 3:21~26), 이 복음을 믿는 (받아들이는) 자에게는 이 복음이 계시하는 '하나님의 의'(그리스도를 통한 하나님의 돌보심/구원하심)가 효력을 발생하여 그는 죄 용서를 받고 하나님과 올바른 관계에 회복된 '의인'이 되는(즉, '의인'의 신분을 얻는) 것입니다.

로마서 1:3~4과 1:16~17에 있는 복음의 두 정의들이 이렇게 연결되는 것입니다. 하나님께서 그의 아들을 보내셔서 다윗의 씨로 태어나게 하시고, 대속의 제사로 죽음에 넘겨주시고, 부활시켜 자신의 구원의 통치를 대행하게 하시고, 종말에는 우리를 위해 중보하여 우리의 구원을 완성하게 하셨다는 이야기가 복음인데, 그것이 선포될 때 우리의 죄를 용서하고 우리를 하나님과 올바른 관계에 회복시키기까지 하는 하나님의 하나님 노릇 해 주심(창조주로서 그의 피조물인 우리를 돌보심), 즉 '하나님의 의'가 계시됩니다(롬 1:17). 이 선포된 복음을 받아들이는 것이 믿음의 근본 의미입니다(고전 15:1~11). 우리가 이 복음을 믿으면(곧 받아들이면), 이 복음이 선포하는 하나님의 구원의 사건('하나님의 의')이 효력을 발생해 구원을 받게 됩니다. 즉, 우리의 죄가 용서되고 우리가 의인이 되는 것입니다.

그러니까 복음은 그것을 믿는 자에게 '구원을 주는 하나님의 능력'입니다(롬 1:16). 이것은 전적으로 하나님의 하나님 노릇 해 주심

('하나님의 의'), 곧 우리 죄를 용서하시고 우리를 하나님과 올바른 관계에로 회복시키시는, 하나님 편에서 베푸신 일방적인 은혜에 의한 것이므로, 그 복음을 믿는 자는 누구나 구원을 얻게 됩니다. 하나님의 구원이 오로지 그의 의/은혜에 의한 것이므로(sola gratia), 그리고 우리가 그 하나님의 의를 선포하는 복음을 믿음으로만 덕을 보는 것이므로(sola fide), 구원을 얻는 데는 우리 개개인이 가진 것이나 성취한 것은 아무 소용이 없고, 인종, 성별, 신분 등에 따른 차별이 있을 수 없습니다. 그러기에 복음은 유대인들에게만이 아니라 이방인들에게도 구원을 주는 하나님의 능력입니다(롬 1:16; 갈 3:28).

로마서 1:3~4의 복음의 기독론적 정의와 1:16~17의 구원론적 정의가 사실 같은 의미를 가진 것들이라는 사실은 우리로 하여금 후자가 부각시키고 있는 칭의론을 전자가 부각시키고 있는 하나님의 구원의 통치를 대행하는 하나님의 아들의 통치의 관점에서 이해해야 함을 가르쳐 주고 있는 것입니다. 다시 말하면, 로마서 서문에 이렇게 앞뒤로 나오는 복음에 대한 두 번의 정의는 우리로 하여금 앞서 살펴본 대로 칭의를 사탄의 죄와 죽음의 통치에서 하나님(의 아들)의 의와 생명의 통치에로 이전시킴의 뜻으로 이해하도록 하는 것입니다.

로마서의 초두에 이 점을 시사한 사도 바울은 이 서신의 본체에서는 복음을 주로 칭의론으로 전개하되 그 절정, 즉 8:31~39에 이르러서는 다시 하나님의 아들 우리 주 예수 그리스도의 재림 때 있을 최후의 심판에서 그의 속죄 제사와 중보를 통하여 우리가 얻게 될 칭의의 완성을 하나님 나라의 사탄의 나라에 대한 최종적 승리라고 설명합니다.

서두 1:3~4/16~17의 복음 정의(또는 로마서의 명제)와 말미 8:31~39의 복음 전개의 절정(또는 로마서의 결론)을 이렇게 수미상관(首尾相關)하여 사도 바울은 우리로 하여금 자신이 로마서 본론에서 전개하는 칭의론을 하나님 나라의 사탄의 나라에 대한 전쟁의 관점에서, 즉 하나님(의 아들)의 의와 생명의 통치가 사탄의 죄와 죽음의 통치를 멸망시켜 감, 또는 주 예수 그리스도 하나님의 아들이 우리를 사탄의 죄와 죽음의 통치로부터 구속해 감의 뜻으로 이해하도록 하는 것입니다.

4. 데살로니가전서와 고린도전서에 담겨 있는 하나님의 아들/칭의의 복음

1) 데살로니가전서

바울은 가끔 복음을 '하나님의 아들'로 요약하고 정의합니다(롬 1:3~4, 9; 갈 1:11~12, 15~16; 고후 1:18~20; 살전 1:5, 9~10). 마가복음(1:1; 15:39)과 요한복음(20:30~31)도 그렇게 하고, 히브리서(1:1~14; 4:14~16)와 요한계시록(4~5장)도 그렇게 한다고 볼 수 있습니다. 우리는 바울이 그렇게 요약하는 로마서 1:3~4을 자세히 살펴봤지만, 그보다 먼저 그렇게 요약한 곳들이 갈라디아서 1:16과 데살로니가전서 1:9~10입니다. 갈라디아서 1:11~17에서는 자신이 다메섹에서 계시로 받은 복음을 '하나님의 아들'의 이름으로 요약하여 표현하고는("[하나님께서] 그의 아들을 내게 계시하셨다, 그분을 이방인들에게 복음으로 선포하도록 하기 위해서"−16절), 갈라디아서 본론에 가서는 이 '하나님의 아들'의 복음을 칭의론으로 전개합니다. 그리하여 갈라디아서에서도 바울은 로마서 1:3~4과 1:16~17과도 같은 조합을 보여 주고 있습니다.

다수의 학자들은 우리가 가지고 있는 바울 서신들 중에 데살로니가전서가 제일 먼저 쓰인 서신이라고 봅니다. 소수(꽤 많은 소수)는 갈라디아서를 먼저 쓰인 것으로 봅니다. 제 스승인 브루스(F. F. Bruce)는 그것을 굉장히 강조했습니다. 그분의 제자들은 대개 그 견해를 따르는데, 저도 그렇습니다. 그런데 데살로니가전서를 갈라디아서 뒤에 쓰였다고 보든지, 전에 쓰였다고 보든지 바울의 초기 편지로서 그것이 주후 50년에 쓰였다는 것이 대부분의 학자들의 견해입니다. 많은 학자들, 특히 새 관점 학파의 학자들은 칭의론이 초기 편지인 데살로니가전서에는 나타나지 않고 그보다 5~6년 늦게 쓰인 것으로 보는 갈라디아서에 비로소 나타나기 시작한다는 것을 강조하면서, 바울이 애초부터 칭의론을 복음 선포의 한 양식으로 사용한 것이 아니었고, (안디옥과) 갈라디아에서 유대주의자들의 도전에 맞서 논쟁하면서 비로소 그것을 개발하였다고 주장합니다. 그러나 제가 지금 "Word Biblical Commentary" 시리즈 내에서 데살로니가전·후서 주석을 꽤 오랜 시간을 두고 쓰고 있는데, 이 짧은 편지를 깊이 살펴보면 볼수록 그것과 갈라디아서, 로마서, 빌립보서 등의 후기 편지들 사이에 내용의 연속성이 아주 강함을 깨닫게 됩니다. 그 예로 여기서 이 초기 편지의 아주 중요한 구절 하나를 보겠습니다.

데살로니가전서 1:9~10입니다. 데살로니가전서 1:5~10에서 바울은 데살로니가인들이 자기가 선포한 복음을 핍박 중에서도 성령이 주시는 기쁨으로 받았다는 것을 칭찬합니다. 그리고 그들이 이 복음을 마게도니아와 아가야와 기타 지역에까지 전파하는 사람들이 되었다고 칭찬합니다. 그리고 "그들이(곧 마게도니아와 아가야와 기타 지역 사람들이) 우리(바울과 실라와 디모데)에 대하여, 우리가 어떻게 너희들 가운데 처음 선교하러 들어갔는지(어떠한 행태를 취했는지, 어떠한 자세로 선교했는지), **그리고 너희가 어떻게 우상들을 버리고 하나님께 돌아서서 사시고 참된 하나님을 섬기는지, 또 죽은 자들 가운데서 [하나님께서] 일으키신, 하늘로부터 오는 그의 아들, 즉 우리를 장차 올 진노**

로부터 건져 낼 예수를 기다리는지"를 말하였음을 보고합니다(살전 1:9~10). 여기 **굵은 글씨**로 쓰인 부분은 바울이 전하여 데살로니가인 들이 믿게 된 복음의 요약입니다.

제가 한 논문에서 데살로니가전서 1:9~10에서 바울이 자신이 데살로니가에서 교회 개척 당시 선포한 복음을 요약하고 있다는 견해를 피력하였더니,[2] 캠브리지(Cambridge) 대학의 신약학 교수 후커(Morna Hooker)는 제가 그 두 구절들에 없는 사상들을 그 속에 주입해서 읽었다고 비판하며 제 견해를 반박하였습니다. 평소 아주 예리하고 현실적인 판단력으로 다른 학자들의 비현실적인 주장들의 풍선들을 곧잘 터뜨리곤 했던 후커(Morna Hooker) 교수는 그곳의 내용을 다섯 마디로 정리하고는 바울이 겨우 그 다섯 마디로 복음을 선포했을 리가 없다고 주장하였습니다. 즉, 1) 너희들의 우상들을 버리고 사시고 참된 하나님께 돌아서라, 2) 그분을 섬겨라, 3) 하늘에서 오실 하나님의 아들을 기다려라, 4) 그의 이름은 예수인데, 하나님께서 그분을 죽은 자들 가운데서 일으키셨다, 5) 그분이 우리를 다가오는 진노로부터 구출하실 것이다. 후커(Hooker) 교수는 바울이 복음을 선포할 때 예수의 죽음이나 부활을 이렇게 부차적으로, 겨우 지나가는 식으로 언급했을 리가 없다는 주장도

---

[2]   S. Kim, "Justification by Grace and through Faith in 1 Thessalonians," in *Paul and the New Perspective*(Grand Rapids: Eerdmans; Tübingen: Mohr Siebeck, 2002), 90–96[한역: 「바울신학과 새 관점」 [두란노, 2002], 151~61].

덧붙였습니다.[3] 그래서 제가 또 다른 논문에서 바울 서신들에 있는 여러 개의 복음의 요약들을 이런 식으로 그것들만 뚝 떼어 물리학자가 원자(原子) 다루듯이(atomistically), 게다가 거기 쓰여 있는 문자들에만 집착하며 해석하는 것의 비현실성을 지적했습니다. 그리고 데살로니가전서 1:9~10의 복음을 바울이 자신의 이전 교회에서 이어받아 자신의 여러 서신들에서 인용하는 복음의 요약들(참조. 롬 1:3~4; 3:24~25; 4:25; 고전 15:3~5 등)은 차치하고라도, 적어도 같은 편지 데살로니가전서 4:14; 5:9~10; 3:13; 4:13~18; 5:1~11 등에서 예수의 죽음과 부활 및 재림에 대해서 말하는 내용들, 또는 그들과 유사한 내용들과 연계하여 위의 다섯 마디의 하나하나를 풀어 가면서 복음을 선포했다고 보아야 함을 논증했습니다.[4]

바울이 데살로니가에서 3개월 동안 복음을 선포하여 데살로니가인들이 데살로니가전서 1:9~10에 보고된 대로 믿게 되었을 때, '왜 그들이 그때까지 섬겨 온 신들이 우상들인가', '그가 선포하는 하나님은 왜 사시고 참된 하나님인가'를 설명하면서 선포했겠지 덜렁 1:9의 "너희들의 우상들을 버리고

---

3   M. D. Hooker, "Concluding Reflections: 'Our Gospel Came to You, not in word alone but in power also' [1 Thess 1:5]", in *Not in the Word Alone: The First Epistle to the Thessalonians*(ed. M. D. Hooker; St. Paul's Abbey-Rome: "Benedictina" Publishing, 2003], 158.

4   S. Kim, "Jesus the Son of God as the Gospel [1 Thess 1:9~10 and Rom 1:3~4]", in *Earliest Christian History: History, Literature, and Theology.* Essays from the Tyndale Fellowship in Honor of Martin Hengel(ed. M. F. Bird & J. Maston; Tübingen: Mohr Siebeck, 2012], 118~121.

참 하나님을 섬겨라" 하는 말만 무슨 주문 외듯이 되뇌었겠습니까? 설령 바울이 이 말만 했다 한들 데살로니가인들이 그것을 받아들였겠습니까? 데살로니가전서 2:11에 바울은 자신이 그들에게 하나님은 '우리를 자신의 나라와 영광으로 부르시는 분'이라고 하며, 그런 '하나님에 합당하게 살아야 한다'라고 가르쳤다고 상기시키지 않습니까? 그러니까 바울이 데살로니가에서 교회 개척 당시 예수의 '하나님 나라' 복음을 가르쳤다는 것 아닙니까? 그렇다면 예수의 '하나님 나라' 복음 선포를 설명하면서 예수가 '사시고 참된 하나님의 아들'임을 믿도록 설득하고, 그가 그런데 왜 죽음을 맞았으며 어떻게 부활되었는가, 어떻게 하나님의 최후의 심판에서 우리를 구원하실 것인가 등을 설명하지 않았겠습니까? 바울이 이런 설명들을 하지 않았는데도 데살로니가인들이 자신들의 신들을 버리고 이스라엘의 신을 참 신으로 인식하고, 예수를 그의 아들로 믿으며, 그의 재림과 구원을 기다리게 되었다는 것은 상상하기 어려운 일입니다.

고린도전서 15:1~5에서는 3~5절의 네 마디를 '복음'이라고 하며, 바울은 그것을 자기보다 먼저 사도 된 자들에게서 받아서 고린도인들에게 넘겨준 복음이라고 합니다. 그런데 데살로니가전서 1:9~10에 요약된 복음이 고린도전서 15:3~5에 요약된 복음보다 내용적으로 복음의 요소들을 더 많이 담고 있지 않습니까? 모든 학자가 고린도전서 15:1~2의 서언(序言)에 따라 뒤이어 나오는 3~5절의 네 마디를 복음의 요약이라고 인정하는데, 그렇다면 그보다 내용적으로 더 풍부한 데살로니가전서 1:9~10을 복음의 요약으로 보지 못할 이유가 어디에 있습니까? 만일 누가 데살로니가전서 1:9~10의 두 구절들을 바울의 복음에 대한 한 편의 온전한 강해라고 주장한다면 후커(Hooker)식의 반론은 타당할 것입니다. 그러나 그것은 그 구절들은 복음의 요약이니 그 속에 함축된 뜻들을 펼쳐야 한다는 주장에는 전혀 타당하지 않은 반론입니다.

사실 이 모든 논란이 심지어 학자들까지도 때때로 원자(原子)주의, 문자주의식 해석을 벗어나지 못하는 데서 기인하는 헛된 논란입니다. 눈에 보이지 않는 것은 없다고 믿는 사람들을 뭐라고 합니까? 실증주의자라고 하지요? 분명히 문자로 쓰여 있지 않으면 없는 것으로 보는 이 '문자 실증주의', 그리고 바울 서신의 구절들을 그들의 직접적인 문맥뿐 아니라 바울신학의 전체 맥락에서 보거나 그 속에 함축된 뜻과 행간의 뉘앙스까지 헤아리는 것을 거부하고, 어떤 단어나 구절만 뚝 떼어 다루는 '원자주의적 해석'(atomistic exegesis)은 특히 데살로니가전서 1:9~10 같은 구절들을 해석하는 데는 아주 비현실적인 해석 방법입니다. 우리가 이미 보았듯이, 로마서 1:3~4에 요약된 복음의 해석에도 적합하지 않은 방법입니다.

데살로니가전서 1:9~10에 요약된 복음은 두 마디로 구성되어 있습니다. 하나는 우상들을 버리고, 사시고 참된 한 분 하나님에 대한 믿음을 갖는 것이고, 둘째는 그의 아들에 대한 믿음을 갖는 것입니다. 그런데 그의 아들이 어떤 분입니까? 하나님이 죽은 자들 가운데서 일으키신 분입니다. 이것이, 곧 그리스도가 우리를 위해서 죽고 부활했다는 것이 복음의 핵심입니다(롬 4:25; 고전 15:3~5; 살전 4:14; 등). 그러니까 이것을 뭐라고 합니까? '그리스도의 사건' 또는 '구원의 사건'이라고 합니다. 즉, 메시아/그리스도, 곧 종말의 구원자가 이루신 구원의 사건이라는 말입니다. 여기 그리스도의 사건이 이렇게 간략하게 진술이 되었습니다.

그런데 어디에 강조점이 놓여 있습니까? '일으키심'입니다. 그래서 하나님의 아들로 선언되신 분입니다. 로마서 1:4이 생각나지요? 그분이 장차 하늘로부터 와서 우리를 장차 올 하나님의 진노로부터 건져 낸다는 것입니다. '진노로부터 건져 낸다'는 것이 무엇입니까? 하나님의 최후의 심판대 앞에서 칭의 한다는 것입니다. 누가 합니까? 하나님의 아들이 합니다. 하나님의 아들이 우리로 하여금 하나님의 심판대 앞에서 의인이라 최종 선언을 받고 하나님의 진노로부터 구원을 받게 한다는 것입니다. 로마서 8:32~34이 생각나지요? 그러니 데살로니가에서도 바울이 하나님의 아들의 복음을 칭의론으로 선포한 것이 이렇게 드러납니다.

앞에서 본 바와 같이 브레데(Wrede), 슈바이처(Schweitzer) 등 이래 대부분의 학자들은 칭의론이 갈라디아서, 로마서, 빌립보서 3장에만 나타나고 다른 서신들에는 안 나타난다고 주장합니다. 그들이 그렇게 주장하는 이유는 데살로니가전서에 '의'(디카이오쉬네, dikaiosyne)라는 명사나 '칭의 하다'(디카이오오, dikaioo)라는 동사가 없다는 것입니다. 그러니까 그들이 앞에서 본 후커(Hooker)식 문자 실증주의, 원자주의 방식으로 해석을 해서 그렇게 주장하는 것입니다. 그러나 그들은 '에크디코스'(ekdikos, '원수 갚는 분')라는 'dik- 언어'('의'를 뜻하는 헬라어들, 디카이오쉬네<dikaiosyne>, 디카이오오<dikaioo> 등의 줄기)가 데살로니가전서 4:5~6에 나오는 것은 인정하지 않습니다. 데살로니가전서 4:5~6에 보면 음행을 저지르거나, 형제를 둘러 먹는 자에 대해서는 하나님이 '원수를 갚는 분'이라고 바울이 경고합니다. 하나님이 최후의 심판 때에 그들에게 원수 갚는다는 것입니다. 벌준다는 말입니다. 그러니 4:5~6에서 바울은 최후의 심판을 생각하고, 흉악한 죄를 짓는 자들은 칭의(무죄 선언) 되지 못하고, 유죄 선언되고 벌을 받는다는 것을 함축하는 것 아닙니까?

바울은 데살로니가전서 4:11~18; 5:1~11을 위시해서 1:10 등 여러 곳에서 주 예수 그리스도의 재림에 대한 기대를 나타내고, 그때 하나님의 최후의 심판이 있을 것을 강조하며(2:19~20; 3:13; 5:23), 그 심판석에서 성도들이 '흠 없는 자들'로 판정되도록 두 번이나 기도합니다(3:13; 5:23). 이렇게 하나님의 최후의 심판을 생각하면서, 죄인들이 하나님의 벌을 받게 될 때 성도들은 '흠 없는 자들'이 된다는 말이 무엇입니까? 그것이 칭의론 아닙니까? 바울은 데살로니가전서 5:9~10에서 "하나님께서 우리를 진노를 받도록 예정한 것이 아니고, 우리를 위해서 죽으신 우리 주 예수 그리스도를 통하여 구원을 받도록 예정했다"라고 말합니다. 이렇게 1:10에 썼던 '(하나님의) 진노'라는 말을 또 씁니다. '(하나님의) 진노'라는 말은 법정적 개념 아닙니까? 최후의 심판에서 하나님의 징벌을 받음을 뜻하는 것 아닙니까? 그런데 바울은 하나님께서 우리로 하여금 주 예수 그리스도의 대속의 죽음을 덕 입어 그 진노를 받지 않도록 예정했다고 말하고 있습니다. 이것이 칭의론이 아니면 무엇이 칭의론입니까?

데살로니가전서는 바울이 데살로니가의 그리스도인들의 복음에 대한 그릇된 이해를 시정하기 위해서가 아니라, 그들의 믿음을 칭찬함으로써 핍박의 상황에서도 거룩한 하나님의 백성으로서 믿음, 소망, 사랑의 삶을 계속 신실히 해 가도록 권면하기 위해서 쓴 짧은 편지입니다. 그러기에 그는 거기서 복음을 칭의론만이 아니라 다른 어떤 범주로도 *전개*하거나 *강해*하지 않습니다. 그럼에도 그는 그 짧은 편지에서 '의'(디카이오쉬네, dikaiosyne)와 '칭의 하다'(디카이오오, dikaioo)의 '의미의 장'(semantic field) 안에 있거나, 자신의 칭의론을 구성하는 요소들인 개념들, 즉 하나님의 심판, 원수 갚음(에크디코스, ekdikos), 흠 없는 자로 판정됨, 진노로부터 건짐 받음, 그리스도의 대속의 죽음 등을 이렇게 많이 언급하며, 율법은 전혀 언급하지 않는 가운데 놀라울 정도로 믿음을 강조합니다(1:3, 7~8; 2:10, 13; 3:2, 5, 6, 7, 10; 4:14; 5:8). 그리하여 그가 구원을 칭의론의 범주로 생각하고 있다는 것을 우리에게 시사하는 것입니다. 그런데도 단순히 '의'(디카이오쉬네, dikaiosyne)라는 명사나 '칭의 하다'(디카이오오, dikaioo)라는 동사 자체가 안 나온다는 이유로 데살로니가전서에는 칭의론이 없다고 주장하는 서양학자들의 해석 방법에는 문제가 있습니다. 그들의 분석적 방법이 많은 장점을 가진 것이나, 그것이 도를 넘어 원자주의, 문자 실증주의가 되어 버리면 역효과를 낳게 됩니다. 그런 비현실적인 방법을 피하고, 데살로니가전서 1:9~10에 요약된 복음을 적어도 그 서신 내의 3:13; 4:6~7; 4:14; 5:9~10, 23 등에 있는 바울의 가르침들과 연결해서 해석해야 하는데, 그렇게 하면 우리는 바울이 데살로니가에서도 하나님의 아들의 복음을 칭의의 범주로 선포하였음을 깨닫게 됩니다.

그럼 데살로니가전서 1:9~10, 특히 10절에 요약된 복음을 데살로니가전서와 다른 바울 서신들에 나타난 서로 연결되는 생각들에 비추어 좀 더 자세히 살펴봅시다. 그러기 위해서 우리는 마셜(I. Howard Marshall)과 함께 물어야 합니다. 바울이 데살로니가인들에게 복음을 선포할 때 종말에 하나님의 아들 예수가 하늘로부터 와서 그들을 장차 올(즉, 최후의 심판에서 있을) 하나님의 진노로부터 구원하리라고 가르쳤다는데, 하나님의 아들 예수가 *어떻게* 그런 구원을 이루리라고 가르쳤을까? 제가 데살로니가전·후서 주석을 쓰면서 전에 쓰인 여러 주석들을 참조하는데, 마셜(Marshall) 한 사람만 이 질문을 하는 것을 보았습니다. 다른 주석가들은 10절에 그런 질문이나 그런 질문에 대한 설명이 명백한 문자로 나타나지 않으므로 그런 질문을 제기하지 않습니다. 이것도 성경 주석가들이 가끔 빠지는 문자 실증주의의 한 예입니다. 그러나 조금만 더 깊이, 비판적으로 생각하는 사람은 그런 질문을 마땅히 제기하게 되어 있습니다. 왜냐하면 바울이 하나님의 아들 예수가 *어떻게* 인간들을 하나님의 진노로부터 구원할 것인가를 설명도 하지 않으면서 덮어 놓고 그렇게 하리라고 선언만 했다고 믿기도 어렵지만, 데살로니가인들이 또 그런 선포를 덥석 받아들였다고 보기도 어렵기 때문입니다.

(1) 하나님 아들의 대속의 제사로서의 죽음에 근거하여

그래서 '바울이 하나님의 아들 예수가 **어떻게** 인간들을 하나님의 진노로부터 구원할 것이라고 가르쳤을까?' 하는 질문에 대한 실마리는 데살로니가전서 자체에 다 있습니다. 우선 이 짧은 편지에 두 번, 그러니까 4:14과 5:9~10에 그리스도의 죽음과 부활, 즉 그리스도의 사건에 대한 언급이 있습니다. 이런 것을 '죽음의 형식'(the death formula)이라고 합니다. "그리스도가 우리 (죄)를 위해서 죽었다"(예를 들어, 고전 15:3; 롬 5:8; 14:15; 고전 8:11; 고후 5:15 등. 이것은 헬라어 숙어로 번역된 형식인데, 그것의 아람어 원형은 '넘겨줌의 형식'입니다. 예를 들어, 롬 4:25; 갈 1:4 등).

이 형식은 바울 이전 교회에서 이미 복음 선포의 한 양식으로 형성된 것이므로(고전 15:3~5), 바울이 여기 4:14과 5:9~10에서 그것을 반영하고 있다고 보아야 합니다. 이 '죽음의 형식'은 항상 그리스도가 우리 죄를 위해서 죽으심, 자신을 우리를 위한 대속의 제사로 바침을 말합니다. 이 점이 5:9~10에서 뚜렷해집니다. 하나님이 우리로 하여금 그의 진노를 받지 않고 "우리를 위해서 죽으신 우리 주 예수 그리스도를 통하여 구원을 받도록 예정하였다"라고 하지 않습니까? 그러니까 예수 그리스도의 죽음이 우리를 위한 속죄 제사여서 우리의 죗값을 치르고 또는 우리 죄를 씻어서 우리로 하여금 하나님의 진노로부터 해방받고 구원을 얻게 되었다는 것입니다.

데살로니가전서 1:10의 복음의 요약에서 하나님이 '**죽은 자들** 가운데서 일으킨 그의 아들 예수가 우리를 종말에 있을 하나님의 **진노로부터 구원**할 것'이라고 한 바울이 조금 있다가 5:9~10에서 "하나님께서 우리로 하여금 우리를 위해 **대속의 죽음**을 한 그리스도를 통하여 하나님의 **진노로부터 구원**을 받도록 예정하셨다"라고 하니, 우리는 후자(5:9~10)가 전자(1:10)에 간단히 언급되어 있는 하나님의 아들의 죽음('죽은 자들 가운데서')의 의미를 전개한 것임을 깨닫게 됩니다. 그래서 1:10의 복음의 요약에는 하나님의 아들 예수가 우리를 종말에 있을 하나님의 진노로부터 자신의 '대속의 죽음'을 통해 구원하실 것이라는 생각이 함축된 것임을 알게 됩니다.

로마서 5:8~10에도 같은 생각이 나타납니다. 하나님의 아들, 그리스도의 죽음 또는 그의 '피'로 우리가 의인이라 칭함 받고 하나님께 화해되어서 '하나님의 진노'로부터 구원을 받게 되었다는 것입니다. 여기도 '하나님의 아들'이라는 칭호가 나오고, '하나님의 아들의 죽음'이 언급되어 있으며, '하나님의 진노'로부터 구원이 언급되어 있지 않습니까? 갈라디아서 4:4~5도 같은 가르침을 줍니다. 하나님이 그의 아들을 보내신 것은 우리를 율법의 저주로부터 속량하기 위해서라고 말합니다. 율법의 저주가 무엇입니까? 율법을 어긴 것에 대한 하나님의 진노 아닙니까? 하나님의 아들, 그리스도가 우리 대신 십자가에서 우리의 죄에 대한 율법의 저주를 받아 버림으로써(갈 3:10~13), 우리를 율법의 저주로부터 속량하여 종말에 하나님의 진노를 받지 않게 했다는 것입니다. 똑같은 생각을 좀 더 펼친 것이 로마서 7:24~8:4입니다.

로마서 8:31~34에서 바울은 하나님의 최후의 심판석 앞에서 그리스도가 우리를 중보하심으로써 우리가 칭의의 완성을 받을 것을(즉, 하나님의 진노로부터 구원받을 것을) 말합니다. 앞에 로마서 1:3~4을 강해하면서 살펴보았듯이, 그리스도는 죽은 자들 가운데서 일으켜져 하나님의 우편에 앉게 된 하나님의 대권자(代權者)로서 우리를 위해 중보하실 것입니다. 그런데 무엇에 근거하여 중보하십니까? 그가 하나님의 아들로서 우리를 위해 죽으신 자신의 대속의 죽음에 근거하여 중보하실 것입니다(8:32).

바울이 데살로니가전서 1:10에서 "하나님께서 **죽은 자들 가운데서 일으키신 그의 아들**이 우리를 최후의 심판에서 하나님의 진노로부터 구원하리라"라고 요약한 복음을, 이와 같은 또는 비슷한 생각을 담고 있는 데살로니가전서 5:9~10; 로마서 5:8~10; 갈라디아서 4:4~5; 로마서 7:24~8:4; 8:31~34에 비추어 해석해 보니, 그것이 그리스도 예수 하나님의 아들이 최후의 심판에서 자신의 대속의 제사로서의 죽음에 근거하여 우리를 하나님의 진노로부터 구원을 이루어 주시리라는 생각을 함축하고 있는 것으로 드러납니다.

(2) 하나님의 아들의 중보로

앞에서 우리는 데살로니가전서 1:10의 복음의 요약 중 '죽은 자들로부터 (하나님께서) 일으키신 (하나님의) 아들…'이 그리스도의 죽음과 부활이라는 신앙고백(즉, 복음 선포-케뤼그마<kerygma>)의 가장 기본적인 요소인 '그리스도/구원의 사건'에 대한 언급인데, 강조점은 하나님의 아들 예수의 부활('일으키심')에 놓여 있음을 보고, 이 점에서 데살로니가전서 1:10이 로마서 1:4과 비슷함을 관찰했습니다. 그러니까 데살로니가전서 1:10도 로마서 1:4과 마찬가지로 사무엘하 7:12~14과 시편 110:1을 배경으로 두고 하나님께서 예수 그리스도를 죽은 자들 가운데서 '일으키시어' 자기 우편에 앉히시고 자신의 통치를 대행하는 '하나님의 아들', 곧 만유의 '주'로 선언하셨음을 말하는 것입니다.

데살로니가전서에서도 이곳저곳에 예수를 '주'라고 지칭함으로써 바울은 예수 그리스도가 '하나님의 아들'로서 하나님으로부터 '상속'받은 통치권을 대행함을 나타내고 있습니다(특히 3:11~13). 그러나 데살로니가전서 1:10에서 말하는 복음의 요약은 하나님에 의하여 '(죽은 자들 가운데서) 일으켜져' 하나님의 우편에 등극하신 '하나님의 아들' 예수가 종말에 하늘로부터 재림하여 최후의 심판에서 우리들을 하나님의 진노로부터 구원하시리라는 생각을 주된 생각으로 담고 있습니다.

이것은 데살로니가전서 1:10이 로마서 8:(32~)34에 전개된 생각을 함축하고 있다는 말입니다. 즉, (우리를 위해 대속의 죽음을 한) 하나님의 아들이 종말의 최후의 심판 때 하나님의 우편에서 우리를 위해 중보(변호)하여 우리로 하여금 어떤 정죄도 받지 않고 칭의의 완성을 받게 하신다는 것입니다. 바울은 이 생각을 데살로니가전서 3:12~13에서도 표현하고, 고린도전서 1:8~9에서도 표현합니다. 이것이 데살로니가전서 1:10에 대해 제기한 우리들의 질문, 즉 거기 요약된 복음은 '하나님의 아들이 종말에 *어떻게* 우리를 하나님의 진노로부터 구원할 것이라고 암시하는가?'에 대한 두 번째 답입니다. 그가 하나님의 최후의 심판석 앞에서 우리를 변호하심으로써 그렇게 하리라는 것입니다.

그러니까 바울은 로마서 8:32~34에서는 좀 풀어서 말하고, 데살로니가전서 1:10에서는 극도로 압축된 언어로 말하지만, 두 곳에서 공히 최후의 심판과 관련하여 그리스도의 **죽음**과 **부활**을 함께 언급하며, 종말에 하나님의 최후의 심판석 앞에서 예수 그리스도, 하나님의 아들이 그의 대속의 죽음에 **근거하여** 우리를 **변호함으로써** 우리를 하나님의 진노로부터 완전히 구원하시리라(즉, 우리의 칭의를 완성하시리라)고 말하는 것입니다.

똑같은 생각이 로마서 5:8~10에도 나타납니다. 우리는 조금 전에 바울이 그곳에서 그리스도의 죽음 또는 그의 '피', 즉 '(하나님의) 아들의 죽음'으로 우리가 의인이라 칭함 받고 하나님께 화해되어서 '하나님의 진노'로부터 구원을 받게 되었다고 말하는 것을 살펴보았습니다. 그런데 그곳을 자세히 보면, 그리스도 하나님의 아들의 죽음으로 우리가 의인이라 칭함 받고 하나님께 화해됨은 과거 시제로 말하고(9절a, 10절a), 하나님의 진노로부터의 구원은 미래 시제로 말하는데(9절b), 그것을 '(하나님의) 아들의 사심으로' 구원받을 것으로 부연설명합니다(10절b).

여기 '하나님의 아들의 죽음'(10절a) 다음에 언급된 '그의 사심(또는 생명)'(10절b)은 그의 부활의 생명을 말합니다. 그러니까 로마서 5:8~10도 로마서 8:32~34이나 데살로니가전서 1:10과 똑같은 생각을 담고 있는 것입니다. 장차 있을 최후의 심판에서 우리가 '하나님의 진노'로부터 구원받음은 하나님의 아들 예수 그리스도의 대속의 죽음을 통한 칭의와 화해에 근거하되, 부활하신 '하나님의 아들'이 우리를 위해 중보하심으로써 이루어지리라는 것입니다.

우리가 데살로니가전서 1:10에 요약된 복음을 이렇게 분석하여 보니 그것이 예수 그리스도가 하나님의 아들로서 우리로 하여금 의인으로 선언되고 하나님의 진노로부터 구원을 얻게 하시는 분이라는 내용을 함축하고 있는 것으로 드러납니다. 이것은 로마서 1:3~4(하나님의 아들의 복음)이 1:16~17(칭의의 복음)과 함께 나타내는 것과 같습니다. 우리가 이렇게 데살로니가전서 1:10에 함축된 내용들을 로마서와 갈라디아서에서 칭의론을 전개하는 과정에 나타나는 내용들과 비교하여 보니, 바울의 초기 서신인 데살로니가전서가 후기 서신들인 로마서나 갈라디아서와 기본적으로 같은 칭의론의 복음을 함축하고 있음이 명백해집니다.

2) 고린도전·후서

고린도전서에는 그리스도가 우리의 '의(디카이오쉬네, dikaiosyne)이다'
라는 말도 한 번 나오고(1:30), 우리가 세례 때 '의인으로 칭함 받았
다'(디카이오오, dikaioo)라는 말도 한 번 나오며(6:11), 율법에 대한 부정
적인 언급도 두어 번 나옵니다(9:19~23; 15:53~57).

고린도후서에서는 칭의론의 가르침이 더욱더 뚜렷이 나타납니다.
우선 3:7~8에서 바울은 모세를 통해 주어진 옛 율법의 언약을 '죽
음을 주는 사역' 또는 '정죄를 가져오는 사역'이라고 말하고 그에
반해 그리스도를 통해 주어진 새 언약을 '(성)령의 사역' 또는 '의(디
카이오쉬네, dikaiosyne)를 주는 사역'이라고 말함으로써 칭의론을 암시
합니다.

그러나 바울은 고린도후서 5:11~21에서는 그것을 훨씬 더 분명히
나타냅니다. 그곳에서 바울은 유대 그리스도인 대적들이 그가 원래
교회를 핍박하며 그리스도의 원수 노릇을 했던 사람이라고 비난하
면서 그의 사도직을 부인하는 것에 맞서 자신이 다메섹 도상에서 체
험한 그리스도의 현현을 통해 회심하고 사도직에로의 소명을 받았음
을 자서전적으로 진술하며 자신의 사도직을 변증합니다. 그는 자신
이 과거에 '육신적 관점'(즉, 유대 민족주의적 관점)에 의거하여 그리스도
를 판정하여, 다윗 왕조를 재건하지 않고 이스라엘을 로마의 지배로
부터 구원하지 않은 예수는 메시아(그리스도)일 수 없고, 도리어 율법
의 저주를 받고(신 23:21; 갈 3:13) 죽은 거짓 메시아라고 생각했음을 솔
직히 고백합니다(고후 5:16a).

그러나 그는 다메섹에서 예수가 죽은 자들 가운데서 일으켜져 하나님의 우편에 앉아 있는 하나님의 아들, 만유의 주이심을 체험하고는(갈 1:15~16; 고전 9:1 등), 그의 십자가에서의 죽음과 그리스도(메시아)에 대해서 올바로 이해하게 되었다고 말합니다(고후 5:16b). 그때 터득한 올바른 이해를 그는 5:14과 5:21에 두 번 되풀이하여 진술합니다. 진정한 그리스도(메시아)는 단순히 정치체제로서의 다윗 왕조를 재건하는 분이 아니라 다윗 왕조가 땅 위에서 반영해야 했던 하나님 나라를 실현하는 분이고, 예수가 그의 대속의 죽음으로 바로 그 메시아적 과업을 성취한 분이라는 것입니다.

그래서 5:14과 5:21에서 바울은 그리스도 예수가 우리 모두의 대표/대신으로 죽으신 것과, 그 죽음은 우리의 죄를 위한 속죄 제사여서 우리를 의인 되게 하는 사건이었다는 것, 즉 우리가 용서받고 하나님과 올바른 관계(하나님 나라)로 회복되게 하는 사건이었다는 것을 강조합니다.

바울은 다메섹 도상에서 이러한 깨달음을 얻고, 그것(즉, 복음)을 믿어 그의 모든 죄, 심지어 하나님의 교회를 핍박하여 하나님의 원수 노릇 한 것까지 용서받고(참조. 롬 5:8), 의인이 되었습니다. 즉, 하나님과 올바른 관계를 가진 사람이 되었습니다. 이것은 죄로 말미암아 하나님과 뒤틀린 관계를 갖게 된 아담적 인간이 새로 지음 받은 것입니다. 그래서 그는 그리스도의 대속적 죽음의 의미를 알고 믿음으로써 자신이 '새 피조물'이 되었다고 하는 것입니다(5:17). 바울은 이렇게 5:14과 5:21, 그리고 5:19('그들의 죄를 그들의 부채로 셈하지 않고')에서 보통 칭의론을 전개할 때 언급하는 그리스도의 대속의 죽음과 그것을 덕 입어 의인 됨에 대해서 말합니다.

그러나 바울은 자신이 과거 교회의 핍박자로서 하나님의 원수 노릇 했음을 들어 자신의 사도직을 부인하는 대적들에게 자신의 사도직을 변호하는 현재의 맥락에서 자신의 칭의를 '화해'의 그림 언어로 바꾸어 더 효과적으로 표현합니다. 즉, 하나님이 당신의 원수 노릇하는 자신의 죄를 용서하고 당신과의 올바른 관계로 회복시켰다(칭의 하였다)는 것을, 하나님께서 자신을 당신에게 '화해시켰다'라고 표현하여(5:18), 자신이 하나님에 대해 과거에 가졌던 적대적 관계가 이제 화평과 사랑의 관계로 변했음을 강조하고자 합니다. '칭의'나 '화해'나 하나님과 올바른 관계를 갖게 됨을 나타내는 그림 언어인데, 자신의 사도직의 변증의 맥락에서 후자의 뉘앙스가 더 효과적이므로 그것을 사용하는 것입니다.

그래서 바울은 죄 문제를 해결한 그리스도의 사역 전체를 하나님께서 세상을 당신께 화해시킨 사역이라고 지칭하고(5:19ab) 그 사역에 대한 선포(즉, 복음)를 '화해의 말씀'이라고 지칭하기도 하지만(5:19c), 그리스도의 사역을 칭의의 언어로 표현하는 말로 본문을 결론지음으로써(5:21), 바울은 화해가 근본적으로 칭의와 같은 것임을 나타냅니다. 그러한 이해를 바탕으로 바울은 자신의 사도직에 대해 변론하는 본문에서 하나님께서 자신을 당신께 화해시켰다는 것, 그런데 화해시키기만 한 것이 아니라 사도로 소명하여 '화해의 말씀'을 선포하여 '화해를 도모하는 사역'을 감당하게 했다는 것(5:18, 20)을 강조

하는 것입니다.[5]

이렇게 고린도전서에도 칭의론이 암시되어 있고 고린도후서에는
거의 전개되어 있음에도 불구하고 바울이 이 서신들에서 우리가 율
법의 행위들로써가 아니라 하나님의 은혜로 그리고 우리의 믿음으로
의인이라 칭함 받는다는 그의 칭의론을 로마서나 갈라디아서에서와
같이 명백히 전개하지 않는다는 이유로, 대다수의 학자들은 이 서신
들에도 칭의론이 없다 보고, 바울이 고린도에서는 칭의론의 범주로
복음을 선포하지 않았다고 주장합니다. 그러나 저는 이 판단도 피상
적인 관찰과 원자주의, 문자 실증주의적 해석의 결과라고 봅니다.

여기서 우리가 주목해야 할 본문이 하나 있습니다. 고린도전서
15:52~57입니다. 15장에서 부활을 부인하는 자들에 대항하여 바울
은 그리스도의 부활을 복음의 핵심으로 길게 강론하는데, 그 절정에
이르러 부활하신 그리스도의 재림 때 우리도 부활의 생명을 얻어 죽
음을 완전히 극복하게 되리라고 다음과 같이 웅변합니다(15:52~57).

"… 나팔 소리가 나매 죽은 자들이 썩지 아니할 것으로 다시
살아나고 우리도 변화되리라. 이 썩을 것이 썩지 아니할 것을

---

5   고후 5:11~21의 이와 같은 해석을 자세히 보려거든 필자의 글들 참조: S. Kim, "2 Corinthians
    5:11~21 and the Origin of Paul's Concept of Reconciliation," *Novum Testamentum* 39(1997),
    360~84(reprint in *Paul and the New Perspective*, 214~38; 한역: 「바울신학과 새 관점」, 345~80);
    S. Kim, "Reconciliation", in *Oxford Encyclopedia of the Bible and Theology*(Oxford Univ. Press;
    2013년 출간 예정).

입겠고 이 죽을 것이 죽지 아니함을 입으리로다. 이 썩을 것이
썩지 아니할 것을 입고 이 죽을 것이 죽지 아니함을 입을 때에
는 사망을 삼키고 이기리라고 기록된 말씀이 이루어지리라.
사망아, 너의 승리가 어디 있느냐? 사망아 너의 쏘는 것[벌침]
이 어디 있느냐?
사망의 쏘는 것[벌침]은 죄요, 죄의 권능은 율법이라.
우리에게 승리를 주시는 우리 주 예수 그리스도로 말미암아
하나님께 감사하노라."

여기서 바울은 죽음과 죄와 율법을 서로 연대하여 인간들을 파멸
에 몰아넣는 원수들로 의인화해서 설명합니다. 인간이 구원을 얻는
데 있어 마지막으로 극복해야 하는 원수가 죽음인데, 그것이 죄와 율
법과 연대해 있다는 것입니다. 여기서 죽음이 '쏘는 것'은 벌의 침을
뜻합니다. '죽음의 벌침은 죄이다'인데, 그것은 죄가 죽음의 독기를
우리 몸속에 전달하는 침 노릇을 한다는 말입니다. 이 말은 "죄의
품삯은 사망이다"(롬 6:23)라는 말과 결국 같은 뜻입니다. 죄로 말미암
아 우리가 죽음을 얻게 된다는 뜻입니다.

"죄의 권능은 율법이다"는 죄가 율법으로 말미암아 힘을 얻는다
는 뜻입니다. 바울은 이것을 로마서 7:7~12에서 아담의 예를 들어서
이렇게 풀어냅니다. "율법이 아니었더라면 죄를 몰랐을 것이다. 율법
이 없으면 죄는 죽은 것이다. 그러나 율법이 있음으로써 죄라는 것이
실재하게 되고, 죄가 있음으로써 결국 인간이 죽음을 얻게 되는 것이

다. 그러니 율법이 죄에게 힘을 갖게 하고, 죄가 결국 죽음을 가져온다"라는 말입니다.

여기에 암묵적으로 전제된 것이 죽음의 궁극적인 원인인 사탄의 통치입니다. 사탄이 율법을 이용하여 우리로 하여금 죄인이 되게 하고, 죄인으로서 죽음을 얻게 한다는 것입니다. 여기서는 자세히 논증할 수 없지만, 고린도전서 15:55~56에서 두세 마디로 요약 설명하는 '우리를 파멸에 몰아넣는 율법과 죄와 죽음의 연대성'을, 거기에 또 하나의 악한 세력인 '육신'을 덧붙여, 길게 풀어내는 것이 로마서 7장입니다(비교. 갈 3장).

이 말은 고린도전서에서 바울은 갈라디아서나 로마서에서와 같이 율법의 문제들을 자세히 논하면서 율법 지킴으로는 우리가 의인이라 칭함 받을 수 없음을 논증하지는 않지만, 로마서 7장에서 하는 그런 논증의 요점들을 위의 서너 마디로 정확히 표현했다는 뜻입니다. 이 말은 또 바울의 칭의론의 한 구성 요소인 율법의 문제에 대해서 바울이 고린도전서에서도 간략히 그러나 정확히 지적했다는 뜻입니다. 다시 말해, 바울이 고린도 교회를 개척할 때나 고린도전서를 쓸 당시 그리스도의 구원을 칭의론의 범주로 생각했다는 뜻입니다.

그렇지 않으면 왜 얼마 전까지 율법을 지킴으로써 의와 생명을 얻는다고 생각했던(참조. 갈 3:10~12에 인용된 신 27:26과 레 18:5) 유대 신학자 바울이 율법을 이렇게 도리어 죄와 죽음과 연대해 있는 사탄적 세력으로 규정할 수가 있었겠습니까? 아니, 그렇게 할 필요가 있었겠습니까? 사실, 이전에 유대 신학자였던 바울이 율법의 문제에 대해서 이렇게 예리하게 판단하고 과격하게 표현했다는 것은 그가 그것에 대해서 오랫동안 깊이 고민하고 근본적인 결정을 내렸다는 것을 뜻합니다(참조. 고후 3장). 그러기에 그는 자신은 더 이상 모세의 율법 아래 있지 않다는 놀라운 선언을 할 수 있었던 것입니다(고전 9:20).

우리는 앞서 고린도전서 15:23~28에서 바울이 로마서 1:3~4에 요약된 예루살렘 교회의 복음을 풀어, 죽은 자들 가운데서 일으켜져 하나님의 우편에 등극한 하나님의 아들 예수 그리스도가 이제 '상속'받은 하나님의 대권으로 사탄의 세력들을 무찔러 가고 있다고 설명하는 것을 보았습니다. 거기서 바울이 종말에 하나님의 아들 예수께서 제거할 최후의 원수는 죽음이라고 말하는 것을 보았습니다. 그런데 이제 15:53~57에서 바울이 종말에 주 예수 그리스도께서 재림하여 우리를 정죄하는 율법과 우리에게 죽음을 가져다주는 죄와 함께 죽음을 최종적으로 제거하고 우리에게 영생을 가져오리라고 말하고 있는 것을 봅니다.

하나님의 아들 주 예수 그리스도께서 재림하여 최후의 원수인 죽음을 없앰을 말하는 두 구절 고린도전서 15:23~28과 15:53~57을 합쳐서 보면, 우리는 바울이 로마서 8:31~39에서와 같이 고린도전서 15장에서도 그리스도 예수께서 하나님의 아들로서 또는 주로서 이루어 가는 구원을 '사탄의 나라를 무찌름'이라는 묵시적 틀 안에서 보면서도, 우리 인간의 칭의(죄 문제를 해결하고 우리를 하나님과의 올바른 관계로, 하나님 나라로 회복시킴 - 참조. 고전 15:50)의 완성과 그 열매로 죽음을 극복하고 영생을 얻음에 초점을 맞추어 생각하는 것을 깨닫게 됨니다.

그러니 고린도전서 15:53~57에 있는 사탄의 세력들(율법, 죄, 죽음)에 대항하여 퍼붓는 승리의 웅변은 로마서 8:31~39에서 사탄의 세력들에 대항하여 퍼붓는 승리의 웅변과 병행한다고 볼 수 있습니다. 그러니까 데살로니가전서 1:10과 마찬가지로 여기 고린도전서 15:23~28과 15:53~57도 로마서 1:3~4과 1:16~17이 나타내는 사실, 즉 하나님의 아들의 복음은 곧 칭의의 복음이라는 것을 나타낸다고 할 수 있습니다.

3) 바울 복음의 한 중심 범주로서의 칭의론,
그리고 기독론적 틀 안에서 이해해야 하는 칭의론

이와 같이 칭의론은 데살로니가전서와 고린도전·후서에도 나타납니다. 그것이 로마서, 갈라디아서, 빌립보서 3장에만 나타난다는 브레데(Wrede)와 슈바이처(Schweitzer) 이래 만연된 견해는 죄를 인간의 근본 문제로 보고 하나님의 최후의 심판을 항상 염두에 두며 그리스도의 구속의 복음을 선포한 바울의 신학적 구조를 깊이 살피지 않고, 또 칭의론을 표현하는 어휘들과 같은 '의미의 장'(semantic field)에 속하며 칭의론을 함축하는 언어들을 무시하면서, 비현실적인 문자 실증주의적 해석 방법에 의존한 데서 기인한 그릇된 견해입니다.

새 관점 학파는 슈바이처(Schweitzer)의 견해를 계승하면서 바울이 칭의론을 유대주의자들과 싸우기 위해서 늦게 개발했다고 주장하는데, 그것도 옳지 않습니다. 제가 저의 첫 책 이래 여러 곳에서 논증했듯이, 칭의론은 바울의 회심과 이방 사도로서의 소명을 가져온 다메섹 도상의 그리스도의 계시에 의하여 바울이 얻게 된 신학적 전환, 코페르니쿠스적 전환에 속한 것입니다.[6]

그래서 칭의론은 바울이 그의 이방 선교 첫날부터 사용한 복음 선포의 한 범주여서, 오늘 우리가 그것을 데살로니가전서와 고린도전·후서에도 함축되어 있는 것을 확인할 수가 있는 것입니다. 우리는 이 서신들에도 칭의론이 *암시*되어 있다는 것과 그것이 갈라디아서와 로마서(그리고 빌립보서 3장)에만 *전개*되어 있다는 것을 함께 인식하면서, 새 관점 학파의 견해를 다음과 같이 수정해야 합니다. "바울이 이방 선교를 방해하는 유대주의자들과 싸우기 위해서 칭의론을 *뒤늦게 개발해서가 아니라*, 그들에 맞서 자신의 이방 선교를 신학적으로 정당화해야 할 필요가 있을 때만 그것을 *전개하였기에* 후자들에만 그것이 명백한 언어로 표현되어 있고, 전자들에는 다만 암시되어 있는 것이다."

사실 데살로니가전·후서나 고린도전·후서에서는 바울이 복음을 칭의론이나 다른 어떤 범주로도 갈라디아서와 로마서에서 칭의론을 전개하듯이 *전개*하지 않습니다. 그 서신들에는 칭의론과 함께, 하나님 나라/예수 그리스도의 주권 아래로 이전됨, 입양론(하나님의 자

---

6   이 견해는 사실 새 관점이 등장하기 전에는 많은 학자들이 공유하는 것이었습니다. 참조: 제 책들 *The Origin of Paul's Gospel*(Tübingen: Mohr Siebeck, 1981; 2판 1984; Grand Rapids: Eerdmans, 1982; 한역: 「바울 복음의 기원」 [엠마오, 1994]), 제 6장 ; *Paul and the New Perspective*(Grand Rapids: Eerdmans / Tübingen: Mohr Siebeck, 2002; 한역: 「바울신학과 새 관점」 [두란노: 2002]), 제1장.

녀들이 됨), 성화론(하나님의 거룩한 백성이 됨) 등의 범주들이 암시되어 있을 따름입니다. 조금 뒤에 더 자세히 보겠습니다만, 이 서신들에서는 '칭의'의 언어보다는 '성화'의 언어가 조금 더 현저할 따름입니다. 왜 냐하면 그 서신들에서 바울은, 율법을 무시하면서 이루어지는 자신의 이방 선교에 대해 비난하는 유대주의자들과 맞서 자신의 복음을 변증해야 하는 상황이 아니라, 우상숭배와 음행이 만연한 헬라 도시들에서 성도들이 거룩한 하나님의 백성으로서 살기를 강조해야 하는 상황을 맞고 있기 때문입니다.

결론을 짓자면, 데살로니가전서와 고린도전·후서에 함축된 칭의론에 대한 우리의 고찰은 로마서 1:3~4과 연관된 구절들에 대한 앞서의 고찰에서 얻은 결론, 즉 하나님의 아들의 복음(롬 1:3~4)은 칭의론의 복음(롬 1:16~17)과 일치한다는 사실을 확인했습니다. 그러므로 다시 한 번 우리는 칭의를 기독론적 틀, 즉 하나님의 나라/하나님의 아들의 나라, 또는 그리스도 예수의 주권의 틀 안에서 이해해야 함을 확인한 것입니다.

5. 복음을 믿음으로 의인으로 칭함 받기, 곧 하나님 나라의 백성이 되기

로마서 1:3~4과 1:16~17 및 그들과 연관된 구절들을 중심으로 우리가 지금까지 확인한 바울의 복음을 다시 한 번 간단히 요약해 보겠습니다.

"하나님이 자신의 아들을 이 세상에 메시아, 곧 종말의 구원자로 보내셔서 다윗 가문에서 출생하게 하시고, 그로 하여금 하나님의 구원의 통치를 선포하고 아담적 인류를 위한 대속의 죽음을 죽게 하신 후, 그를 일으켜 자신의 우편에 높여 자신의 아들로 선언하시고 자신의 통치권을 대행하게 하셨다. 이것은 창조와 언약의 주로서 하나님이 이스라엘과 모든 피조물을 돌보시겠다는 약속을 성취한 사건으로서 하나님의 의를 계시한 사건인데, 하나님의 이러한 구원의 사건을 믿음으로 받아들인 사람은 죄 사함을 받고 하나님의 아들 주 예수 그리스도가 통치를 대행하는 하나님의 나라로 이전되어 하나님과 올바른 관계를 가진 사람, 곧 의인(또는 거룩한 사람, 하나님께 화해된 사람, 하나님의 자녀, 새 피조물)이 된다. 종말에 재림할 주 예수 그리스도, 하나님의 아들은 최후의 심판 때 이 사람을 자신의 대속의 제사에 의해 죄 사함을 받고 하나님의 나라에 이전되어 그 통치에 의지하고 순종한 사람임을 변증할 것이다. 그리하여 그 사람은 완성된 하나님 나라에서 하나님의 영광에 참여하고 그의 신적 생명, 곧 영생을 얻게 될 것이다."

앞에서 몇 번 언급한 대로, 이 복음을, 선포된 복음을 받아들이는 것이 믿음의 본질입니다. 이 사실은 복음을 그리스도의 대속의 죽음과 부활로 요약하는 고린도전서 15:1~11이 잘 보여 줍니다. 거기에 복음을 받아들인다는 말과 복음을 믿는다는 말이 동의어로 나옵니다. 불트만(R. Bultmann)은 이 사실의 의미를 잘 밝혔습니다.

신약에서는 믿음이 '신뢰함, 순종함, 소망함' 등 여러 의미들을 가진 것으로 나타나는데, 그중 가장 기본적인 의미가 '선포된 복음을 받아들임'입니다. 거기서 다른 의미들이 파생됩니다. 선포된 복음을 받아들이면, 곧 믿으면 그 복음이 선포하는 구원을 받습니다. 왜냐하면 복음은 역사적, 객관적 구원의 사건에 대한 진술인데, 그것을 받아들이는 믿음은 그 역사적 구원의 사건을 오늘 나에게 실존적으로 효력을 발생하게 하기 때문입니다. 그 믿음은 '그리스도 예수의 우리를 위한 죽음이 우리 모두를 자신의 몸에 내포하고 우리의 죗값을 대신 치르는 대신적/대표적 죽음(즉, 내포적 죽음)임을 받아들이는 것'이어서, 그것이 우리가 우리의 대표인 그리스도 안에 내포됨과 그와 연합됨을 실제로 발생시켜(actualize) 그의 속죄의 죽음과 부활의 덕을 입을 수 있게 하기 때문입니다.[7] 그래서 믿음으로 우리가 구원을 얻

---

[7] 믿음의 이 기능에 대한 더 자세한 설명을 위해서는 필자의 『구원이란 무엇인가?』(두란노), 63~69쪽 참조.

는 것입니다.

이 복음을 받아들인 사람, 곧 믿는 사람은 어떻게 그 믿음을 나타 냅니까? "예수가 주이시다" 하고 입으로 고백합니다. 이것이 로마서 10:9~10에 쓰여 있는 바입니다. 모든 주석가가 동의하듯이 이 절은 초대교회의 세례 때의 신앙고백의 양식입니다. 세례는 복음을 듣고 믿는 자 되어 가는 과정의 끝에 믿음을 공식적으로 천명하고, 그 믿 는 바를 극(劇)으로 표현함으로써 믿음을 공식화하는 순간입니다.

그리하여 세례 때부터 우리는 정식으로 믿는 자가 되는 것입니다. 그 세례 때에 "'하나님께서 [주 예수 그리스도를] 죽은 자들 가운데 서 일으키셨다'(고전 15:3~5에 요약된 복음을 더 요약한 복음)는 것을 마음으 로 믿고"(10:10) 그것을 "[그러므로] '예수가 주이시다'라고 입으로 고 백하면 구원을 얻습니다." 이렇게 로마서 10:9~10에서 바울은 복음 을 마음으로 믿음과 그 믿음을 입으로 고백하여 우리가 '의인이라 칭함' 받고 '구원' 받음을 다시 한 번 강조합니다. 개역 성경은 여기 '고백하다'를 '시인하다'로 아주 약하게 번역했는데, 사실은 그것은 빌립보서 2:11의 '부르짖다'에 가깝게 번역해야 하는 말입니다. "예 수가 주이시다!"라고 부르짖는 고백을 한다는 말입니다.

우리는 예수의 죽음(대속의 제사)과 부활(하나님 우편에 높여짐)의 복음 을 우리의 마음속 깊이 확신하고 그 믿음을 "예수가 주이시다!"라고 입으로 부르짖는 고백을 함으로써 사탄의 나라에서 주 예수의 나라, 즉 하나님의 아들 예수가 통치를 대행하는 하나님의 나라로 이전됩 니다. 그리하여 이제껏 사탄을 주로 섬겼던 죄를 사함 받고(칭의), 그의 죽음의 통치에서 구속(해방)받는 것입니다. 이것이 우리가 여러 번 살펴본 대로 로마서 1:3~4과 1:16~17의 복음이 함축하는 바요, 골로새서 1:13~14이 명확히 표현하는 바입니다. 로마서 10:12에서 바울은 이 사실을 뒷받침하기 위해서 요엘 3:5을 인용합니다. "누구든지 주의 이름을 부르는 자는 구원을 받는다"(참조. 행 2:21; 4:12). 고린도전서 1:2에서는 모든 '성도들'(성화된 사람들, 하나님께 바쳐진 사람들, 하나님 나라에 속한 사람들)을 '우리 주 예수 그리스도의 이름을 부르는 사람들'이라고 정의합니다.

이렇게 하나님의 아들 주 예수 그리스도의 복음을 믿고, 그 믿음을 고백한 사람들은 의인으로 칭함 받았으니, 즉 죄 사함을 받고 하나님과 올바른 관계로 회복되었으니(즉, 하나님의 통치를 대행하는 하나님의 아들 예수 그리스도의 주권의 영역에 들어갔으니), 주 예수 그리스도의 재림으로 우리의 구원이 완성될 때까지 하나님의 통치를 받는 삶을 살아야 합니다. 즉, 하나님의 통치를 대행하는 하나님의 아들 예수 그리스도의 주권에 의지하고 순종하며 살아야 합니다.

우리의 믿음은 "예수가 주이시다!"라고 고백함으로 표현되는데, 그것은 부정적으로 말하면 사탄의 주권을 부인하고 배격하는 행위요, 긍정적으로 말하면 사탄의 마지막 무기인 죽음까지 이긴 주 예수 그리스도를 의지하고 그의 도움을 청하는 행위이며, 동시에 그의 통치에 순종을 서약하는 행위입니다. 이렇게 복음을 믿어 의인이라 칭함 받은 사람(죄 사함을 받고 하나님과 올바른 관계로 회복된 사람)은 의인(하나님과 올바른 관계에 서 있는, 즉 하나님의 통치를 받는 사람)으로 살아야 하는 것입니다. 다시 말하면, 의인으로 살아야 함이 칭의론에 덧붙여지는 부차적인 요구가 아니라 그 칭의론의 구조 자체에 속하는 것입니다.

지금까지의 내용과 관련해 어떤 분이 이러한 질문을 했습니다. "의인이라 칭함 받음은 우리가 사실은 죄인인데 그냥 의인으로 여겨진다는 말입니까, 아니면 정말 의인이 된다는 말입니까?" 이 질문은 전통적으로 개신교와 로마 가톨릭교회의 한 논점이었습니다.

로마 가톨릭교회는 '의인으로 칭하다, 인정하다'에서 도덕적인 의미를 많이 의식했기에 칭의를 도덕적인 의미로 '의인으로 만듦'(to make righteous)으로 이해하고 도적적인 변화를 강조했는데, 그것은 믿음과 더불어 선행을 의인 됨의 요건으로 강조하게 되는 경향을 갖게 되었습니다.

반면에 개신교는 가톨릭교회의 그러한 이해가 인간이 은혜로/믿음으로만이 아니라 자신의 행위로 구원받는다는 뜻을 내포하는 것으로 경계하며, 칭의론을 법정적 범주로 이해하면서 우리 죄인들이 도덕적으로 의인이 되어서가 아니라 그리스도를 믿음으로 하나님께서 의인으로 인정해 주시고(to declare righteous, or to reckon as righteous), 의인의 신분/지위(status)를 주심을 의미한다고 강조했습니다.

그러니까 가톨릭 신학자들과 근래에 와서는 일부 개신교 신학자들도 개신교의 칭의론은 '법적 허구'(legal fiction)가 아니냐고 비판한 것입니다. 칭의론이 "우리는 사실은 여전히 시커면 죄인인데, 하나님이 눈감고 우리를 의인으로 인정했다"라는 것이면 그것은 '법적 허구'

에 지나지 않는다는 것입니다. 개신교 전통의 일각에서는 '의인으로 인정하다'(to reckon as righteous)를 하나님께서 그리스도가 우리를 위해서 쌓은 온전한 의를 신자들의 통장으로 들어가게 하심(imputation), 즉 신자들의 것으로 간주하여 주심으로 해석하여 이 비판에 대응하기도 하였으나, 과연 바울의 칭의론이 그런 뜻도 포함하는가 자체가 논란의 대상이 되어 왔습니다.

그런데 우리는 성경에서의 '의'의 뜻에 대한 보다 진전된 이해에 근거하여 칭의론을 우리가 여기서 해석한 대로 죄 사함/무죄 선언이라는 법정적 뜻과 함께 하나님과의 올바른 관계로의 회복(그래서 의인의 신분을 부여받음)이라는 관계적 뜻을 가진 것으로 이해하게 되었습니다. 그러니까 은혜로/믿음으로 의인 된다는 말은 우리의 죄에 대한 용서를 받음도 포함하면서, 우리가 하나님과 올바른 관계에 서 있는 사람임을 뜻하는 것입니다. 그래서 하나님의 통치를 받는 사람, 주 예수 그리스도께 의지하고 순종하는 삶을 사는 사람이라는 것입니다. 이런 의미로 '의인'입니다. 이런 사람이 되었다는 뜻으로 '의인 됨'입니다.

의인으로 다만 여겨지기만 하는 것(전통적 개신교적 입장)도 아니고, 도덕적으로 변화되어 의인이라 인정되는 사람이라는 것(전통적 가톨릭교회 입장)도 아닙니다. 하나님과 올바른 관계에 서서 그의 아들 우리 주 예수 그리스도께 의지하고 순종하는 삶을 살아가는 사람이라는 것입니다. 그런 삶의 과정 중 때로는 믿음이 약하여 사탄의 시험에 넘어가서, 즉 주 예수 그리스도께 의지하고 순종하기를 실패하여 죄를 짓기도 합니다. 그러나 근본적으로 주 예수 그리스도의 이름을 부르며 그에게 의지하고 순종하는 자로서 날마다의 가치판단과 윤리적 선택의 갈림길에서 사탄의 유혹을 뿌리치고 주 예수 그리스도가 제시하는 길을 가려는 삶의 지향성, 삶의 방식을 가지고 있기에 '의의 열매'를 맺어 가는 사람입니다(빌 1:11; 마 7:15~20).

6. 하나님의 아들 주 예수 그리스도의 현재적 통치
성령을 통하여 우리로 하여금 하나님의 의로운 백성으로
살도록 하심 (롬 8장; 갈 5~6장; 살전 3~4장 등)

그러면 사탄의 시험이 여전히 절실한데 우리가 어떻게 그것을 물리치고 예수의 주권에 의지하고 순종하여 '의의 열매'를 맺는 삶을 살 수가 있습니까? 그 답은 한마디로 하나님 아버지의 영이자 하나님 아들의 영인(롬 8:9~11) 성령의 깨우쳐 주시고 힘 주심에 의해서입니다. 이 사실을 데살로니가전서 3장과 4장에 함축되어 있는 바울의 가르침을 한 예로 삼아서 고찰해 봅시다.

로마서 1:4에 함축된 하나님 아들의 현재적 통치, 고린도전서 15:24~28에 설명된 하나님 아들의 현재적 통치가 어떻게 나타납니까? 삼위일체론적으로 나타납니다. 데살로니가전서 3장과 4장을 보면 다음과 같은 칭의/성화(구원)론의 삼위일체적 구조를 관찰할 수 있습니다. 다음과 같은 일련의 언명들을 살펴보십시오.

① 데살로니가전서 3:8에서는 바울이 데살로니가의 신자들이 '주 안에 굳건히 서 있음', 즉 주 예수 그리스도의 주권의 영역 안에 굳건히 서 있음(즉, 그의 주권에 의지하고 순종하는 삶을 살고 있음)에 대한 안도를 표현합니다.

② 3:11~13에서는 데살로니가전서 전반부(1~3장)를 마무리하며 후반부(4~5장)의 주제들을 예고하는 기도를 합니다.

"하나님 우리 아버지와 우리 주 예수는 우리 길을 너희에게
갈 수 있게 하시오며,
또 주께서 우리가 너희를 사랑한 것같이 너희도 피차간과 모
든 사람들에 대한 사랑이 더욱 증가하여 넘치게 하셔서, 우리
주 예수께서 그의 모든 성도들과 함께 강림하실 때에
하나님 우리 아버지 앞에서 [주께서] 너희의 마음을 거룩함에
있어 책망할 것이 없는 것으로 굳건히 세우기를 원하노라."

이 뜻을 좀 더 정확히 파악하기 위해 구조에 있어 원문인 헬
라어와 비슷한 영어 번역문을 옮기면 다음과 같습니다.

"May our God and Father himself, and our Lord Jesus direct our
way to you;
and may the Lord make you increase and abound in love to one
another and to all human beings, so that he may support your
hearts to stand firmly as blameless in holiness before our God and
Father, at the coming of our Lord Jesus with all his saints."

이 기도 가운데 성화(4:1~8), 사랑(4:9~12), 주의 재림(4:13~5:11)과
같은 4~5장의 주제들이 예고되어 있습니다.

③ 4:3, 7, 9에서는 신자들의 성화와 사랑은 하나님의 뜻이라

고 천명합니다.

④ 4:8에서는 하나님이 신자들에게 성령을 주셔서 그들로 하여금 성화를 이루도록 한다고 합니다.

위의 언명들을 종합하여 보면 다음과 같은 뜻들이 나타납니다.

① 하나님 아버지는 신자들이 성화와 사랑에서 성장하기를 원하신다.

② 주 예수는 그들이 '주 안에 굳건히 서 있음으로써'(즉, 그의 주권에 의지하고 순종하는 삶을 지속하여) 사랑에서 성장하도록 한다.

③ 하나님이 성령을 주셔서 그들로 하여금 성화를 이루도록 한다.

④ 주 [예수]께서 최후의 심판 때 그렇게 성화된 성도들을 하나님 앞에 책망할 것 없는 자들로 굳건히 설 수 있도록 한다. (여기서 '거룩함/성화'의 언어를 하나님의 최후의 심판석 앞에서 '책망할 것 없는 자들로 확인되기', 즉 칭의의 언어와 합성하여 로마서 8:32~34과 같은 의미를 전달하고 있는 것에 유의하십시오.)

여기에 나타난 삼위일체적 관계를 보면,

① 주 예수는 성도들의 성화와 사랑에서 성장을 원하는 하나님의 뜻의 집행자이다.

② 주 예수가 하는 것(즉, 신자들이 사랑과 성화에서 성장하게 하는 것)은 곧 성령이 하는 것이다.

③ 그러므로 주 예수는 하나님의 뜻(즉, 성도들의 성화와 사랑에서 성장)인 자신의 일(즉, 신자들이 사랑과 성화에서 성장하게 하는 것)을 하나님의 성령의 능력으로 행한다.

이와 같이 데살로니가전서에서 바울은 성도들의 칭의/성화의 현 단계(하나님과의 올바른 관계, 즉 예수 그리스도의 주권의 영역 안에 서 있음 – 구원의 현재 과정)가 삼위일체적 하나님의 사역임을 나타내고 있는 것입니다.[8]

갈라디아서 5~6장과 로마서 8장에서 바울은 이 진리를 풀어냅니다. 세례 때 주 예수 그리스도의 복음을 믿고 "예수가 주이시다!"라고 고백한 사람은 의인이 되었습니다. 즉, 무죄 선언을 받고 하나님과의 올바른 관계로 회복되었습니다. 즉, 하나님의 나라로 이전되었습니다. 즉, 하나님의 통치를 대행하는 하나님의 아들 예수 그리스도의 주권의 영역으로 들어갔습니다.

그러나 이것은 구원의 '첫 열매'일 뿐입니다(롬 8:23). 하나님의 아들 주 예수 그리스도가 사탄의 통치를 완전히 멸망시키고(고전 15:23~28, 54~57), 하나님의 최후의 심판석 앞에서 우리를 변호하여 우리가 의인으로 확인되게 하고, 하나님의 영광과 영생을 얻게 할 때

---

[8] 하나님이 삼위일체적인 분이라고 인식하는 것의 의미에 대해서는 필자의 「요한복음 강해」(두란노), 183~202 참조.

우리의 구원은 완성되기 때문입니다(롬 8:31~39). 그때까지 세상에는 아직도 사탄의 죄와 죽음의 통치가 막강한 힘을 발휘하고 있습니다. 그러므로 은혜로/믿음으로 의인 된 우리는, 즉 하나님의 통치를 대행하는 하나님의 아들 예수 그리스도의 주권의 영역으로 들어간 우리는 사탄의 통치를 받아 죄를 짓고 죽음(의 증상들 – 온갖 고난들)을 품삯으로 얻지 말고, 주 예수 그리스도의 통치(곧 하나님의 통치)를 받아 의를 행하고 샬롬을 얻는 삶을 살아가야 합니다.

앞서 우리는 그리스도 예수의 대속의 죽음과 부활의 복음을 믿음으로써 우리의 내포적 대표인 그리스도 안에 내포되고 그와 연합된다고 언급했습니다. 이렇게 복음을 믿어 그리스도 안에 내포되고 그와 연합된 우리는 그리스도의 영을 받습니다. 하나님의 영이며 동시에 그의 아들 그리스도의 영인 성령을 받습니다(롬 8:9~11). 우리는 그리스도, 곧 하나님의 아들의 영을 받음으로써 그리스도의 하나님의 아들 됨에 참여하여 하나님의 자녀들이 됩니다(롬 8:12~17; 갈 3:23~4:7). 세례가 믿는 자 되어 가는 과정의 끝에 믿음을 공식화하는 의식이므로, 세례 때 우리가 믿는 자 되었다고 하듯이, 그때 우리가 그리스도 안에 내포되고 그와 연합되어 성령을 받았다고도 하는 것입니다(갈 3:23~4:7).

그때 성령은 우리로 하여금 "예수가 주이시다!"라고 고백하게 하고(고전 12:3) 하나님을 '아빠'로 부르게 하는데(롬 8:15), 그 고백으로 우리가 성령 받았음이 확증되어 우리 머리에 물 퍼붓는 의식으로 그 사실을 극(劇)으로 표현합니다. 그러한 세례를 받은 이후 성령은 우리로 하여금 평생 동안 '아빠' 하나님의 이름을 부르고 '주' 예수 그리스도의 이름을 부르며, 하나님의 '아빠' 노릇 해 주심에 의지하고 '주' 예수 그리스도의 주권에 순종하는 의인의 삶을 살게 하는 것입니다.

우리는 날마다 가치판단과 윤리적 선택의 순간마다 사탄의 통치를 받느냐, 주 예수 그리스도의 통치를 받느냐의 갈림길에 놓입니다. 사탄은 우리의 '육신'을 자극하여 우리로 하여금 자신의 뜻을 따르도록 합니다. 여기서 '육체' 또는 '육신'(flesh)은 우리의 몸뚱이를 말하는 것이 아니고, 하나님과 이웃에게 자기주장 하려는 인간으로서의 자아를 가리키는 말입니다. 그러니까 사탄이 우리 자신을 자신의 주체로 생각하며, 우리 자신의 자원(지혜와 능력)으로 우리의 안녕과 행복을 꾀하려는 우리의 '육신'을 자극하여 우리로 하여금 자신의 통치를 받도록 한다는 말입니다.

사탄은 우리의 '육신'을 재물(맘몬), 권력, 쾌락 등을 미끼로 이용하여 시험합니다. 예수께서 맘몬을 가장 위험한 우상으로 하나님과 대조하였으니(마 6:24; 눅 16:13), 그리고 오늘도 많은 사람들에게 있어 가장 파괴력이 큰 우상이 그것이니, 그것을 예로 들어 설명해 봅시다. 사탄은 돈을 많이 벌어 우리의 안녕과 행복을 확보해야 한다고 우리의 '육신'을 자극합니다. 우리가 '육신'의 욕구를 따라 사탄의 이러한 사주에 순종하면, 우리는 자연히 이웃을 착취하게 됩니다. 돈을 더 많이 벌기 위해서 이웃에게 속임수도 쓰고, 노임도 제대로 주지 않으면서 노동을 착취하고, 불량품을 만들어 터무니없는 가격에 팔기도 하고, 부실 공사도 하고, 뇌물도 주고받습니다. 이렇게 불의를 행하여 갈등을 낳고, 많은 사람들로 하여금 고난을 받게 하거나 심지어 생명을 잃게 하기도 합니다. 이와 같은 불의와 갈등과 고난들이 '육신'을 따라 사탄의 통치를 받는 삶의 열매입니다('육신의 열매', 갈 5:19~21). 이렇게 '육신'을 따라 사탄의 통치를 받는 삶은 죄를 짓고 죽음(의 증상들인 고난들)을 확대하는 삶입니다.

그러나 주 예수 그리스도는 우리에게 하나님 나라의 법, 즉 하나님 사랑/이웃 사랑의 이중 사랑 계명(마 22:34~40/막 12:28~34/눅 10:25~28)을 지키라고 요구하심으로 우리를 통치하십니다(고전 9:21; 10:31~33; 갈 5:14; 6:2; 롬 12:1~2과 13:8~10 등). 윤리적 선택의 순간에 하나님 아버지의 영이며 동시에 하나님의 아들의 영인(롬 8:9~11) 성령은 우리로 하여금 공중에 나는 새도 먹이시고 들에 피는 백합화도 입히시는 하나님의 '아빠' 노릇 해 주심을 믿고 의지하고(하나님 사랑), 이웃을 우리 몸같이 사랑하라고 요구하는 '주' 예수 그리스도의 통치를 받으라고 일깨워 줍니다. 어떤 선택을 하는 것이 주 예수 그리스도의 통치에 순종하여 하나님을 사랑하고 이웃을 사랑하는 것인가를 가르쳐 줍니다(참조. 요 14:16; 15:26; 16:14).

물론 이웃은 전혀 고려하지 말고 그들에게 좀 못된 짓을 해서라도 더 성공하고 돈을 많이 벌어 자신의 안녕과 행복을 확보하라는 이 세상의 정신(ethos)과 삶의 방식(곧 사탄의 통치)을 버리고, 주 예수 그리스도의 통치에 순종하여 하나님을 신뢰하고 이웃에게 유익을 끼치는 방식으로 사는 것은 쉽지 않습니다. '주 예수 그리스도의 이중 사랑 계명에 따라, 노동자들에게 노임도 제대로 주고, 좋은 물건을 만들어 정당한 이익만 남기고, 좋은 자재를 써서 튼튼한 건물도 짓고, 법규에 맞추어 안전하고 공해 일으키지 않는 공장을 짓는 등의 방식으로 사업을 하다가는 이 세상의 방식으로 사업하는 다른 사업가들과 어떻게 경쟁하나? 그러다가 내 사업이 망하지 않을까?' 하고 걱정하지 않을 수 없습니다.

그래서 우리는 이 세상의 정신과 삶의 방식을 따라 결국 사탄의 통치에 순종하고자 하는 '육신'의 욕구를 강하게 느끼게 됩니다. 이렇게 우리가 윤리적 선택의 순간을 맞을 때, 즉 사탄의 통치를 받을 것인가, 주 예수 그리스도의 통치를 받을 것인가의 갈림길에 설 때, 성령은 우리의 믿음을 활성화시켜 "예수가 주이시다!"라고 고백하게 하고 예수의 주권에 순종하게 합니다. 성령은 이렇게 우리에게 하나님 아빠의 사랑에 대한 믿음을 주시고 주 예수 그리스도의 이중 사랑 계명을 준행할 수 있는 힘도 주십니다.

이렇게 성령의 깨우쳐 주심과 믿음/힘 주심에 따라 주 예수 그리스도의 통치를 받는 삶을 살면(즉, '성령을 좇아 살면') 우리는 의를 행하고 이웃과 화평을 이루며, 공동체의 생명을 확대하게 됩니다. 이것들이 '의의 열매'인데(빌 1:11), 그것들은 오로지 성령의 깨우쳐 주심과 믿음/힘 주심에 의해서만 얻는 것이므로 '성령의 열매'인 것입니다(갈 5:22~23). 그러기에 이 단계에서도 우리의 칭의는 결국 하나님(의 영)의 은혜에 의해 이루어지는 것입니다.

전통적인 구원의 서정의 구도에서는 이렇게 성령의 도움을 받아

'의의 열매'/'성령의 열매'를 맺는 삶을 '칭의'에 뒤따르는 '성화'의 단계라고 규정했습니다. 그러나 사실 그것은 '칭의'의 현재 단계인 것입니다. 의인으로 칭함 받은, 즉 죄 사함 받고 하나님과의 올바른 관계로 회복된 우리가 '그 관계에 서 있음'의 단계인 것입니다. 즉, 사탄의 나라에서 하나님 나라로 이전된 우리가 하나님의 통치를 실제로 받으며 살아가는 단계인 것입니다. 이것은 칭의 다음에 오는 성화의 단계가 아니고, 하나님과의 올바른 관계에 회복됨의 의미에 있어서 칭의와 동의어인 성화(하나님께 바쳐지기, 하나님의 거룩한 백성 되기)의 현재 단계(하나님의 거룩한 백성으로 살기)이기도 합니다.

7. 하나님의 아들 주 예수 그리스도의 중보로 완성되는 칭의/성화

지금 하나님의 통치권을 위임받아 사탄의 죄와 죽음의 세력을 멸망시켜 가는 하나님의 아들 주 예수 그리스도께서 재림하셔서 마지막 원수인 죽음까지 제거하시어 하나님 나라를 완성하실 때(고전 15:23~28, 54~57), 우리 모두는 하나님의 최후의 심판석 앞에 서게 되는데(롬 14:10; 고후 5:10; 살전 3:12~13 등), 그때 하나님의 아들 주 예수 그리스도께서 자신의 대속의 죽음에 근거해 우리를 위해 변호하심으로 우리의 칭의가 확인되고 우리의 구원이 완성될 것입니다(롬 8:31~39). 그러므로 우리의 칭의는 끝까지 하나님의 아들의 은혜에 의해 이루어지는 것입니다.

그러면 종말에 이렇게 완성될 칭의 또는 구원이 어떤 것입니까? 그것은 한마디로 '하나님의 온전함을 덕 입음', '하나님의 신적 생명을 얻음'입니다. 예수님은 그것을 어떻게 그렸습니까? 두 가지 그림으로 그렸습니다. 하나는 '상속', 다른 하나는 '잔치'입니다. 우리가 그의 하나님 나라의 복음을 받아들여서 하나님 나라로 들어가면 그의 백성/자녀들이 되어 창조주 하나님 '아빠'의 무한한 부요함을 상속받게 된다는 것입니다. 그의 풍성한 잔치에 참여하게 된다는 것입니다.

이것을 부정적으로 표현하면, 우리의 결핍으로부터의 해방입니다. 우리의 시간의 결핍, 지혜의 결핍, 능력의 결핍, 사랑의 결핍, 이런 것들이 우리에게 고난들을 가져다주는데, 그들은 죽음의 증상들이고,

그들의 최종 표현이 죽음입니다. 우리가 종말에 완성되는 하나님 나라에서 하나님의 충만에 참여하여 그런 결핍과 그 결핍이 가져오는 죽음을 극복하고 '영생'(곧 하나님이 통치하시는 '오는 세상의 생명')을 얻는다는 것입니다.

바울도 로마서 8장에서 '상속'의 그림을 사용합니다(8:17). 종말에 우리의 칭의가 완성되면 우리는 이제 하나님과 완전히 올바른 관계를 갖게 되니, 창조주 하나님의 하나님 노릇 해 주심을 온전히 덕 입을 수 있게 되는 것입니다. 곧 그의 자녀들로서 그의 아빠 노릇 해 주심을 온전히 덕 입을 수 있게 되는 것입니다. 즉, 그의 무한한 부요함을 상속받게 되는 것입니다. 그것은 하나님의 충만에 참여함이요, 그의 신성에 참여함입니다.

그것을 바울은 하나님의 '영광'을 얻는 것이라고 말합니다(8:30). '영광'의 기본 의미는 계시된 하나님의 본질 또는 신성, 계시되어 우리의 경탄과 찬송을 불러일으키는 하나님의 거룩하고 위대한 신성입니다. 우리의 칭의가 완성되어 우리가 하나님과 완전히 올바른 관계를 갖게 됨으로써 하나님의 충만, 곧 신성에 참여하면, 하나님의 '영광'을 얻는 것이고, 우리는 '하나님같이 되는' 것입니다. 이것을 두고 바울은 우리가 하나님의 형상인(고후 4:4; 골 1:15) 그의 아들 예수 그리스도와 '같은 형상 되는 것'이라고 말합니다(8:29). 이리하여 우리는 아담이 스스로 '하나님같이 되려고' 하여(창 3:5) 사탄의 죄와 죽음의 통치 아래로 떨어져 잃어버린 하나님의 형상과 영광을 회복하여 '하나님같이 되고', 하나님의 신적 생명, 곧 '영생'을 얻게 됩니다. 이것이 칭의의 완성으로 이루어지는 구원의 완성입니다.

아담은 '자기주장' 하여 '하나님과 같이 되고자' 했습니다. 그러나 그는 사탄의 나라에 떨어지고 하나님의 영광과 형상을 잃어버렸습니다(창 3:5; 롬 1:18~32; 3:23). 인간이 스스로 하나님이 되고자 하면, 즉 자기가 자신의 주체라고 주장하면서 자신의 자원으로 살려고 하면(인본주의; Humanism), 즉 아담같이 자기주장 하면, 역설적으로 인간은 도리어 인간성을 잃어버리고 비인간화 됩니다. 오로지 자신의 아들 예수 그리스도 안에서 우리의 구원을 이루어 주신 하나님의 은혜를 믿음으로 덕 입어 하나님과 올바른 관계로 회복될 때, 즉 그의 하나님 노릇 해 주심을 덕 입어 사는 사람들이 될 때, 우리는 창조주 하나님의 충만에 참여하여 그의 신적 생명을 얻고 '하나님같이 되는' 것입니다. 이것을 고대 교회는 '[아포]데오시스'([apo]theosis)라고 했습니다. 이것이 칭의의 완성으로 이루어지는 구원의 완성입니다. 이것이 인간이 피조물적 한계성, 모든 고난의 원인인 결핍성으로부터 해방을 얻는 길입니다. 이것이 주 예수 그리스도의 재림 때 있을 구원으로서 우리의 종말론적 소망입니다.

8. 칭의와 성화

이쯤에서 우리는 '칭의'와 '성화'의 관계를 명확히 하고 나아가는 것이 좋겠습니다. 전통 신학에서는 바울의 구원론의 세 시제를 칭의, 성화, 영화라는 구원의 서정의 세 단계들로 구분하여 고찰했습니다. 믿음으로 이미 의인이라 칭함 받은 우리가 거룩하게 삶으로써 성화를 이루어, 끝내 하나님의 영광에 이른다는 것입니다. 이러한 구도로 설명하고자 하는 실체가 아주 틀린 것은 아닙니다. 그러나 그것이 바울의 언어 사용을 정확히 반영한다고는 볼 수 없습니다. 즉, 전통 신학의 구원의 서정에서의 '성화'는 칭의의 현재 단계에 대해 이름을 잘못 붙인 것입니다.

1) '성화' 언어의 사용법들

(1) 믿음/세례로 하나님께 바쳐진, 하나님의 소유된 백성으로 만들어진 사건, 곧 '성도들'('거룩한 이들')이 된 사건

성경에서 '거룩함'은 기본적으로 물리적 개념입니다. 범상의 존재들로부터 선택되어 하나님께 바쳐진 것들을 지칭하는 말입니다. 그러니까 예루살렘에 있던 하나님의 집이 거룩한 집, 곧 성전이고, 그 집에 있는 집기들도 성물들인 것이며, 이스라엘이 거룩한 백성인 것입니다. 그래서 바울은 '거룩하게 하다'(to sanctify)라는 동사나 '성화'(sanctification)라는 명사를 구원론적으로 쓸 때 일차적으로 믿음과 세례로 우리가 하나님께 바쳐진, 그래서 하나님의 소유된 백성으로 만들어진 사건을 두고 씁니다. 곧 우리가 '성도들'('거룩한 이들', holy ones/people, saints)이 된 사건을 지칭하기 위해서 씁니다(고전 1:2; 롬 1:7; 7:14; 15:25, 31; 16:1; 고후 1:1; 9:1; 빌 1:1; 살전 4:7 등).

우리가 예수 그리스도의 죽음과 부활의 복음을 믿고 "예수가 주이시다"라고 고백함으로써 사탄의 흑암의 나라에서 하나님의 아들 주 예수 그리스도가 통치를 대행하는 하나님의 나라로 이전될 때, 그것을 세례의 극으로 공식화할 때, 우리는 하나님 (나라)의 백성이 되는데, 그것이 곧 우리의 '성화'입니다. 즉, 하나님의 거룩한 백성('성도들', saints)이 되는 사건입니다. 그 세례 때 우리에게 주어지는 성령(곧 거룩한 하나님의 영)은 우리의 머리 위에 물을 퍼부어 온몸을 씻어 내리게 하는 의식이 상징하듯 우리의 추악한 죄들을 씻어 버려 우리가 하나님이 받으시고 쓰실 수 있는 거룩하고 정결한(곧 성결된) 하나님의 백성이 되는 것입니다(고전 6:11). 그 성령은 우리 안에 내주하시면서 우리로 하여금 "예수가 주이시다"라고 고백하게 하고(고전 12:3), 하나님을 '아빠'라고 부르게 하여(롬 8:15~16), 우리가 하나님께 속한 그의 거룩한 백성/자녀들임을 계속 확인하는 것입니다(고전 6:19; 롬 8:15~16; 갈 3:2~5; 살전 1:6; 4:7~8 등).

(2) 하나님의 거룩한 백성으로 살기

그런데 이렇게 '성화된', 곧 하나님께 바쳐진 사람들은 거룩한 하나님의 성품에 합당하게 살아야 합니다. "내가 거룩하니, 너희도 거룩하라"(벧전 1:15~16; 레 11:44). 이러한 요구를 할 때가 '성화'의 언어가 적용되는 두 번째 맥락인데, 그때는 원래 물리적 개념인 '성화'가 의례적(ritual) 의미와 함께 도덕적 의미를 함축하게 됩니다.

그러니까 믿음과 세례를 통하여 우리가 하나님의 거룩한 백성이 되는 것이 성화의 과거라면, 우리가 이제 하나님의 거룩한 백성으로서 살기가 성화의 현재입니다. 하나님께 바쳐진 사람들(성도들)이 되었으니, 이제 우리의 "몸을 하나님께서 기뻐 받으시는 산제사로 바치는" 삶을 살아야 하는 것입니다(롬 12:1). 그래서 바울은 권면합니다. "성화가 너희들에게 두신 하나님의 뜻이라. 우상숭배 하지 말고 음행에 빠지지 말고 이웃의 것을 탐내지 말고, 성령의 도움으로 성화를 이루어 가라"(살전 4:3~8). 바울은 이러한 요구를 많이 합니다(참조. 롬 6:15~23; 고전 3:17; 6:1~11, 19; 7:34; 고후 1:12; 살 2:12; 3:12~13; 5:23).

(3) 최후의 심판에서 완성되는 성화

바울은 이렇게 '성화'의 언어를 우리가 '믿음과 세례로 하나님의 백성 되기'와 '그 이후 하나님의 백성으로서 거룩하게 살기', 이 두 경우에 사용하는데, 데살로니가전서에서는 우리의 '성화'가 종말에 주 예수 그리스도의 재림 때 있을 하나님의 최후의 심판석 앞에서 완성되는 것으로 말합니다. "우리 주 예수께서 그의 모든 성도와 함께 강림하실 때에 하나님 우리 아버지 앞에서 너희 심장들을 거룩함에 있어 책망할 것이 없게 하시기를 원하노라"(살전 3:13; 5:23; 참조. 4:6).

2) 칭의와의 관계

성화의 과거는 칭의의 과거, 즉 '믿음으로 하나님과 올바른 관계로 회복되기/하나님의 통치를 받는 하나님의 백성 되기'와 같고, 성화의 현재는 칭의의 현재, 즉 '하나님 백성으로 살기/그리스도의 주권에 순종하며 살기'와 같습니다. 그래서 칭의의 현재를 의의 열매를 맺는 삶으로 규정하듯이(갈 5:22~23; 빌 1:11), 마찬가지로 성화의 현재도 의의 열매 맺는 삶으로 규정합니다(롬 6:19, 22; 살전 3:12~13<사랑의 증가>; 4:3~8). 앞서 인용한 최후의 심판 때 완성되는 성화에 관한 데살로니가전서 3:13의 말씀은 여러 곳에서 바울이 최후의 심판 때 완성되는 칭의를 말할 때 쓰는 문장 형식과 근본적으로 같은 것입니다(롬 5:8~10; 8:32~34; 고전 1:6~9, 빌 1:10, 11; 2:15). 그러니까 바울의 '성화' 언어의 사용법들은 칭의의 사용법들과 일치하며, 그들은 둘 다 신약 구원론의 믿음/세례로 '이미' 첫 열매 받음 – '그러나 아직 완성받지 않음'의 구조, 즉 우리가 이미 구원을 받음(과거), 구원을 받아 가고 있음(현재), 그리고 종말에 구원의 완성을 받을 것임(미래)의 구조를 반영하는 것입니다.

바울은 이와 같이 칭의의 언어와 성화의 언어를 동의어로 쓰며 구원의 세 단계(과거, 현재, 미래)의 전 과정에 공히 적용합니다. 칭의 다음에 성화가 오는 것이 아닙니다. 둘은 같은 실재를 말하는 다른 그림 언어들(metaphors)입니다. '칭의'는 죄를 하나님의 뜻에 불순종함, 그리하여 하나님의 징벌(진노)을 초래하는 것으로 이해하고, 구원을 그러한 죄의 문제를 해결하는 것으로 표현하고자 할 때 쓰는 그림 언어로서 법정적 뉘앙스를 더 강하게 나타내는 반면, '성화'는 죄를 우리로 하여금 거룩한 하나님께 나아가지 못하게 하는 세상의 오염으로 보고, 구원을 그러한 죄의 문제를 해결하는 것으로 표현하고자 할 때 쓰는 그림 언어로서 제의적(cultic) 뉘앙스를 더 강하게 나타내는 차이가 있습니다.

'제의적'이라는 말은 '하나님께 드리는 제사 또는 예배 의식(cult, rite)과 관련이 있다'는 것입니다. 가령 고린도전서 6:11에서 바울은 우리가 '주 예수 그리스도의 이름으로' 세례를 받을 때에 그의 주권의 영역으로 들어가고 성령을 받았으며 "씻김을 받고, 성화되었으며, 칭의 되었다"라고 말합니다. 여기 '씻김을 받고, 성화되었으며'는 성화의 부정적인 뜻(세상으로부터 분리되고 정화됨)과 긍정적인 뜻(하나님께 바쳐짐)을 나타내는 두 짝들로서 함께 '세상의 오염으로부터 정화되어 하나님께 헌신되었음'을 뜻합니다.

그것을 바울은 여기 또 다른 그림 언어로 부연하는데, 그것이 '칭의 되었다'입니다. '칭의 됨'은 성화의 두 짝들에 각각 상응하는 '죄사함'과 '하나님과의 올바른 관계에 회복됨'을 동시에 표현합니다. 이렇게 성화와 칭의는 사실상 동의어들입니다. 칭의 다음에 성화가 일어나는 것이 아닙니다(여기 고전 6:11에 '칭의'가 도리어 '성화' 다음에 나오는 것에 유의하십시오!). 둘은 세례 때 함께 일어납니다. 세례 때 우리가 받는 구원을 '죄(책, guilt) *사함*을 받고 하나님과의 올바른 관계에 회복됨'이라는 관점에서는 '칭의'라고 하고, '죄(오염) *씻음*을 받고 거룩한 하나님의 백성으로 바쳐짐'으로 볼 때는 '성화'라고 합니다. 그들은 둘 다 우리가 거룩하고 의로운 하나님과의 올바른 관계로 회복됨, 그의 거룩하고 의로운 백성 됨을 뜻하는 말입니다.

그래서 '칭의'는 유대주의자들의 율법 지킴에 대한 요구에 맞서 바울이 그리스도의 복음을 설명할 때 주로 사용하는 범주입니다. 즉, 복음을 모든 사람이(이방인들까지도) 율법의 행위 없이, 그리스도 예수 안에 있는 하나님의 은혜를 믿음으로 덕 입어 죄 용서를 받고 하나님과의 올바른 관계에 회복되어 '의인' 되고 최후의 심판 때 하나님의 진노로부터 구원받게 하는 하나님의 구원의 힘이라고 선포하는 것입니다. 그러기에 유대주의자들과의 논쟁의 상황을 염두에 두고 쓴 로마서, 갈라디아서, 빌립보서 3장 등에 '칭의'가 현저히 나타납니다. 그 서신들에서는 '구원에 있어 율법 지킴이 필요한가?'의 문제가 게재되니까 바울이 법정 언어를 쓰는 것입니다.

그러나 데살로니가전서나 고린도전서의 상황에서는 바울이 '구원을 위하여 율법 지킴이 필요하다'라는 유대주의자들의 주장과 맞서 논쟁하지 않습니다. 그래서 데살로니가전서에는 '율법'이나 '죄'라는 말이 한 번도 안 나옵니다. 그 대신 데살로니가와 고린도에서의 문제는 헬라인들의 우상숭배와 음행 등 '더러움'(impurities)과 '부끄러운 행위들'(shameful acts)입니다. 그러기에 구원을 (우상에게가 아니고) 하나님께 바쳐짐과 죄의 오염과 수치를 씻는 개념으로 설명하는 것이 필요합니다. 그래서 바울은 그 서신들에서는 '성화'의 개념을 더 많이 쓰는 것입니다. 이것이 바울의 복음의 '상황화'(contextualization)입니다. 같은 복음을 선포하되 각 회중의 필요에 적절한 그림 언어로 복음을 선포하는 것입니다.

그러나 우리는 앞에서 이미 데살로니가전서와 고린도전서에도 칭의론이 암시되어 있음을 살펴보았습니다. 바울은 데살로니가전서에서도 '칭의' 범주의 틀(즉, 최후의 심판에서 하나님의 진노로부터 구원을 받음)을 유지하고(1:10; 3:12~13; 5:9~10 등), 믿음을 강조하여 칭의의 구원을 믿음으로 얻음을 암시하지만(1:3, 7, 8; 2:4, 10, 13; 3:2, 5, 6, 7, 10; 4:14; 5:8), '성화'의 언어를 강조하여 쓰고(2:10; 3:13; 4:3, 7; 5:23; 참조. 또한 살후 2:13; 하나님의 '부르심' 또는 '선택'의 언어에도 유의: 살전 1:4; 2:12; 4:7; 5:24), 최후의 심판에서 '책망할 것 없음'(아멤프토스, amemptos)이나 하나님의 '신원하심'(에크디코스, ekdikos)이라는 법정적 언어들(즉, 칭의의 언어들)도 '성화'와 연결하여 쓰고 있는 것입니다(3:13; 4:6; 5:23).

고린도전서에서도 헬라 그리스도인들의 우상숭배와 음행 등을 염두에 두고 '성화'의 언어를 강조하여 쓰되, 칭의의 언어와 함께 쓰는 것을 볼 수 있습니다(고전 1:2, 30; 6:1~11; 참조. 3:17; 6:19; 7:14, 34; 고후 1:12).

로마서에서 바울은 복음을 주로 '칭의'의 범주로 설명하지만, 1:18~32에서 그려 낸 이방인들의 우상숭배와 음행 등 '더럽고', '부끄러운' 행위들을 염두에 두고 '성화'의 언어를 삽입하여 쓰고 있는 것을 볼 수 있습니다(롬 6:19~22; 12:1).

그런데 로마서, 갈라디아서, 빌립보서 3장에서 바울은 그의 이방선교의 상황에서 유대주의자들에 대항하여 사람들(특히 이방인들)이 율법의 행위로가 아니라 복음을 받아들임/믿음으로 의인이 된다는 복음의 원리에 대한 논증에 치중하는데, 거기서 칭의란 마치 구원의 시발점(믿는 자 되어 죄 용서받고 하나님과의 올바른 관계로 회복됨 - 칭의의 과거)만을 지칭하는 것 같은 인상을 받기 쉽습니다. 그래서 로마서 5~8장에서 실제로 바울은 칭의의 현재적 평면과 미래적 평면도 함께 설명하고 있으나, 전통적으로 신학자들은 그 장들을 칭의와 관련해서 생각하지 않고 칭의 뒤의 구원의 단계로 설정한 '성화'와 관련해서 이해해 온 것입니다.

그리하여 그들은 한편 '칭의'가 함축하는 구원의 현재는 무시하고, 그것이 믿음/세례 때 이미 일어난 구원만 지칭하는 것으로 이해하고, 다른 한편 '성화'가 믿음/세례 때 이미 일어난 구원을 지칭하여 더 많이 언급된 사실은 무시하고, 그 언어가 구원의 현재 단계와 관계하여 쓰이는 몇 구절들에 집중하여 '성화'는 구원의 현재 단계를 지칭하는 것으로 이해한 것 같습니다. 그리하여 그들은 칭의와 성화를 구원의 서정에 있어 앞뒤 단계로 설정한 것 같습니다. 그들이 그렇게 하게 된 데는 데살로니가전서 3:13; 4:3~8; 5:23과 로마서 6:19~22, 특히 후자의 영향이 컸던 것 같습니다.

로마서 6:19~22의 요점들을 간추리면,

> 19b 전에는 너희가 너희 지체를 부정(不淨, 더러움)과 불법(하나님에 대한 반란)에 종으로 내어 주어 불법에 이른 것같이,
> 19c 이제는 너희 지체를 의에게 종으로 내어 주어 거룩함에 이르라(또는 너희 지체를 성화를 위하여 의에게 종으로 내어 주어라).

20~21 전에는 <u>죄의</u> 종이 되어 <u>의</u>와 무관한 자들이었고, 너희가 <u>부끄러워하는</u> 열매를 맺고 결국은 사망을 얻었다.

22 그러나 이제는 너희가 죄로부터 해방되고 하나님께 종이 되어 <u>거룩함에 이르는</u>(또는 성화를 위한) 열매를 맺는다.

여기 19b절에서 우선 바울이 죄를 '부정'(성화의 언어)과 '불법'(칭의의 언어)을 함께 써 지칭함으로써 그것들이 근본적 동의어임을 암시하는 것에 유의하십시오. 그리고는 19b~22절에 걸쳐서 죄의 종노릇함과 의의 종노릇함을 대조하면서, 전자의 결과를 '불법에 이름'이라고 칭의의 언어로 지칭하는 것으로 시작하되(19b), 결국 '부끄러움의 열매'와 '거룩함의 열매'라는 성화의 언어를 강조하는 것(19c~22)에 유의하십시오. 이 본문의 대조를 더 명료하게 요약하면,

- 19b 죄의 종노릇 – 불법의 열매
  - 19c 의의 종노릇 – 거룩함(성화)의 열매
- 20~21 죄의 종노릇 – 부끄러움의 열매
  - 22 하나님의 종노릇 – 거룩함(성화)의 열매

20~21절과 22절은 '부끄러움의 열매'와 '거룩함의 열매' 둘 다 같은 의식/의례적 언어, 즉 성화의 언어로 되어 있어 완벽한 대조의 짝을 이루나, 19b절과 19c절은 '불법의 열매'와 '거룩함의 열매'가 각

각 법정적 언어와 성화의 언어로서 범주의 혼란을 일으키는 대조의 짝을 이루고 있습니다. '불법의 열매'는 '의의 열매'와 짝을 이루어야겠지요. 그럼에도 바울이 19c절에서도 22절에서와 같이 '거룩함의 열매'를 쓰는 것은 우리가 의/하나님의 종노릇하여('의의 열매'를 맺어 감으로써) 궁극적으로 '거룩함의 열매'를 맺는다(즉, 성화를 이룬다)는 것(전통적인 구원의 서정의 틀 안에서 이해하는 성화론)을 말하고자 해서가 아닙니다. 그보다는 19b절에서 '부정'(성화의 언어)과 '불법'(칭의의 언어)을 함께 써 죄를 규정함으로써 '부정'(성화의 언어)과 '불법'(칭의의 언어)이 동의어임을 암시한 바울이 '거룩함의 열매' 맺음과 '의의 열매' 맺음도 동의어로 보고, 구원의 현재 단계를 로마의 그리스도인들에게 보다 적절하게 상황화시켜 가르치기 위해 그 성화의 언어를 강조하고자 해서 그렇게 한 것입니다.

바울이 칭의와 성화를 구원의 서정의 앞뒤 단계들로 이해하는 것이 아니라 죄에 대해 그것의 불법성에 초점을 맞추는가, 아니면 그것의 부정성에 초점을 맞추는가에만 차이를 갖는 동의어들이라고 여겼다는 것은 그의 최후의 심판(칭의의 언어)과 관련해서도 관찰할 수가 있습니다. 바울은 구원을 '하나님의 최후 심판석 앞에서 우리가 하나님의 진노로부터 온전히 해방됨'으로 생각하여 칭의의 완성으로 표현하는데(롬 5:8~10; 8:32~39 등), 데살로니가전서에서는 같은 생각을 피력하면서도(1:10; 5:9~10), 동시에 성화의 완성으로도 표현합니다. "우리 주 예수께서 그의 모든 성도와 함께 강림하실 때에 하나님 우리 아버지 앞에서 거룩함에 책망할 것이 없게 하시기를 원하노라"(참조. 3:13; 5:23). 그런데 또 이 두 곳들(살전 3:13; 5:23)에 '흠이 없음'(아모모스, amomos)이라는 하나님께 바치는 제물에 쓰이는 언어(즉, 성화의 언어)를 쓰지 않고, '책망할 것이 없음'(아멤프토스, amemptos)이라는 법정적 언어(칭의의 언어)를 쓰고 있습니다(한글 성경은 전자로 번역하여 부정확함).

바울이 그렇게 하는 이유는 그가 그들을 사실상 동의어들로 보기 때문입니다. 그것은 그가 빌립보서 2:15에 '책망할 것이 없는 자'와 '흠이 없음'을 함께 쓰고 있는 데서 확인할 수 있습니다. 골로새서 1:20~22에서 바울은 그리스도의 화목 제사를 가리키며 이렇게 말합니다. "… 전에 악한 행실로 멀리 떠나 마음으로 원수가 되었던 너희를 이제는 그의 죽음으로 그의 육신의 몸 안에서 화해시켰다, 너희를 거룩하고(하기오스, hagios) 흠 없고(아모모스, amomos) 책망할 것이 없는(아넹클레토스, anengkletos) 자로 그분 앞에 바치기 위해서."

이 본문은 로마서 5:6~10을 우리에게 상기시키는 본문으로서 '칭의'와 사실상 동의어인 '화해'의 범주로 그리스도의 구원 사역을 설명하면서, 최후의 심판과 관련하여 하나님께 우리를 제물로 '바친다'(파라스테사이, parastesai)라는 제사 언어를 쓰고(롬 12:1 비교), 그것에 걸맞은 두 성화의 언어들(하기오스, hagios / 아모모스, amomos)로 제물인 우리들을 규정할 뿐 아니라 하나의 법정적 언어(아넹클레토스, anengkletos)를 덧붙여 규정하고 있습니다. 이렇게 바울이 법정적 언어와 제의적 언어를 섞어 최후의 심판을 설명하는데, 여기서도 우리는 그가 성화와 칭의를 동의어로 생각하고 있음을 짐작할 수 있습니다.

마지막으로, 바울이 칭의와 성화를 동의어로 생각한 것을 우리는 그의 성령의 역사에 대한 가르침에서도 확인할 수 있습니다. 우리는 앞서 로마서 8장과 갈라디아서 5~6장에서 성령의 깨우쳐 주심과 믿음/힘 주심을 받아 하나님/그리스도의 통치에 순종하며 삶으로써, 즉 '하나님/그리스도의 법'(이중 사랑 계명)을 지킴으로써 '성령의 열매'를 맺어 간다는 바울의 가르침을 칭의의 범주로 해석했습니다. 그렇게 한 이유는 바울이 로마서 8장에서 우리가 이제 그리스도 예수의 대속의 제사를 믿음으로 덕 입음으로써 정죄로부터 자유함을 얻고 '죄와 죽음의 율법'(즉, 육신과 죄와 죽음의 연대성 속에 묶여 있는 율법 - 롬 7장)으로부터 해방되었다고 말할 뿐 아니라, 성령을 받은 우리가 '율법의 정당한 요구'를 성취하게 되었다(롬 8:1~4)고 칭의의 언어로 설명하기 때문입니다.

바울은 로마서 8:3~4에서 그리스도의 대속의 제사를 덕 입고 성령을 받은 우리에게 새 언약의 시대에 하나님이 우리 죄를 용서하시고 우리 안에 그의 영을 넣어 주시며 우리의 심장에 율법을 새겨 율법을 올바로 지키게 하리라는 예레미야 31:31~34과 에스겔 36:26~28의 예언들이 성취된 것으로 봄을 암시합니다. 즉, 바울은 하나님이 그의 아들을 보내시고 우리를 위한 대속의 제사로 내어 주시며 성령을 주신 것을 그 예언들을 성취한 사건으로 보고 우리가 이제 육신을 따라 살지 않고 성령을 따라 삶으로써 율법의 참뜻('율법의 정당한 요구' – 곧 '의')을 실현해 가게 했다고 우리의 구원의 현재 과정을 칭의의 언어(즉, 의인으로 살기)로 설명한다는 말입니다.

그러나 데살로니가전서 4:3~8에서도 바울이 하나님이 우리 안에 성령을 넣어 주심을 예레미야 31:31~34과 에스겔 36:26~28의 예언들의 성취로 봄을 암시하는데, 거기서는 하나님이 우리에게 성령을 주셔서 성화를 위한 자신의 뜻을 이루어 가도록 하신 것으로 말하고 있습니다. 그리고 보니까 갈라디아서 5:22~23에서 '성령의 열매'(사랑, 기쁨, 화평, 관용, 친절, 선함, 신실함, 온유함, 절제)는 하나님과 이웃과 올바른 관계를 가짐으로써 오는 덕목들(즉, 의의 열매 – 빌 1:11)로 예시되어 있는데, 그것은 5:19~21에 예시한 '육신의 열매'와 대조로 나열한 것이므로 '육신의 열매' 중 의의 범주에 속하는 악행들(원수 맺음, 분쟁, 시기, 분 냄, 이기심, 당파심, 분열 등)뿐만 아니라 성결의 범주에 속한다고 볼 수 있는 악행들(음행, 더러움, 호색, 우상숭배, 술수, 술 취함, 방탕 등)과의 대조도 함축하고 있다고 보는 것이 옳을 것입니다. 5:22~23의 '성령의 열매' 목록에 뒤이어 나오는 24절이 그러한 관점을 북돋우기도 합니다. 그러니까 결론을 내리자면, 성령의 도움으로 이루어지는 우리의 구원의 현재 단계를 의인 됨의 성장 과정으로도 말할 수 있고, 성화에 있어서의 성장 과정으로도 말할 수 있다는 것입니다.

그러나 신학사에서는 현재 의의 열매를 맺어 감을 성화의 과정이라 지칭하고, 그것을 칭의 뒤에 오는 구원의 한 과정으로 이해했습니다. 그러나 우리가 여기서 살펴본 바와 같이 그것은 바울의 성화의 언어 사용법과 맞지 않는 것입니다. 보다 근본적으로 그것은 칭의를, 복음을 받고 믿어 '무죄 선언됨/의인이라 칭함 받음'이라는 법정적 평면에만 적용하고, 그것이 함축하는 '하나님과의 올바른 관계에 들어감, 하나님의 통치를 받게 됨'의 관계론적 평면은 전혀 고려하지 않은 오류에서 나온 것입니다.

그러므로 칭의를 구원의 세 단계들(과거, 현재, 종말)에 다 적용되는 범주로 이해하고, 칭의의 현재 단계는 회복된 의로운 관계에 계속 '서 있음', 즉 '하나님/주 예수 그리스도의 통치를 계속 받아 감, 또는 하나님의 백성으로서 살기'의 단계라고 이해하는 것이 바울의 가르침에 보다 적합합니다. 이와 같이 전통 신학이 말하는 '성화'는 칭의의 구조 속의 현재적 삶을 지칭하는 또 하나의 동의어적 어휘이지, 칭의와 구조적으로 분리된, 칭의 다음에 오는 구원의 단계가 아닙니다.

3) 칭의를 포괄적으로 이해하는 것의 장점들

'칭의'를 믿는 자 된 순간부터 현재를 거쳐 최후의 심판 때까지의 구원의 전 과정을 포괄적으로 지칭하는 것으로 생각하고 하나님의 최후의 심판 때 비로소 완성되는 것으로 이해해야지, 전통적인 구원의 서정론에 의거하여 믿는 자 된 순간에만 적용하고, 그 후에 '성화'가 있는 것으로 논하면, 칭의의 현재적 과정(전통적인 신학이 말하는 '성화'의 과정)이 등한시됩니다. 그러면 윤리(의로운 삶)가 없는 칭의론이 되고 맙니다.

한국의 진지한 그리스도인들은 성화의 필요성을 강조하지만, 대다수 신자들은 은혜로만, 믿음으로만 이미 의인으로 칭함 받음에 자만하고, 심지어 어떤 이들은 그것을 예정론과 성도의 견인론으로 뒷받침하여 구원파적 안일에 빠지기까지 합니다. "성경은 하나님이 태초부터 구원받을 자들을 선택하여 구원을 주시기로 예정하시고, 그 예정에 따라 구원하신 자들은 끝까지 지켜 주신다고 하는데, 나는 하나님의 은혜를 덕 입어 이미 의인이라 칭함 받았으니, 나는 구원으로 예정된 사람이고, 그러기에 하나님이 최후의 심판 때까지 나를 지켜 주시리라. 그러니 나는 이제 어떤 경우에도 구원의 확신만 가지고 있으면 된다"(이 말은 대개 '그러니 아무렇게나 살아도 상관없다'는 생각을 암묵적으로 내포함)라고 여깁니다. 구원파 사람들은 이러한 생각이 복음의 진리라고 확신을 가지고 담대히 주장하는 모양입니다. 그러나 구원파를 이단이라고 말하는 많은 정통 목사들도 사실상 이렇게 가르치는데, 그들은 좀 슬그머니 가르친다는 차이만 있습니다. 그러니까 많은 목사들이 가르치는 칭의론은 '의인으로서의 삶이 없이도 의인으로 자처하기'가 되어 버립니다.

어떤 진지한 성도들은 칭의 된 후에는 꼭 성화가 있어야 한다면서 거룩한 삶에 열심을 냅니다. 그런데 그들은 성화를 위해 열심히 교회에서 봉사하고, 죄 짓지 않고 양심적으로 살려고 하며, 사랑을 많이 실천하려고 하는데, 그러한 삶을 '칭의'의 현재적 과정으로 이해하지 않고, 이미 칭의 된 자들로서 자신들이 장차 하늘나라에서 '상급'을 받게 된다는 생각과 연결하여 이해합니다. 즉, '성화'를 상급 신학의 구도 속에서 이해하는 것입니다. 이것이 지금 한국 교회에 만연된 구원론의 구도입니다. "구원(칭의)은 은혜로 모든 믿는 자들이 이미 받은(또는 받기로 확정된) 것이다. 그들 중에서 신앙생활을 열심히 한 사람들은, 다시 말해 성화에 열심을 낸 사람들은 구원에 더하여

'상급'을 받는다"라고 여기는 것입니다.

그래서 개신교도들이 중세 가톨릭교회의 공로와 상급 신학에 빠져 버렸습니다. 이것이 지금 우리의 영성을 심각히 왜곡하고 있습니다. 전통 신학이 말하는 '성화'가 사실은 칭의의 현 단계라는 것을 제대로 이해하면, 우리는 은혜로/믿음으로 이미 받은 칭의가 최후의 심판 때 비로소 완성된다는 것을 의식하여, 칭의 된(의인이라 칭함 받은) 자로서 의롭게 살려고 더 노력할 것입니다. 그러나 '성화'를 칭의와 근본적으로 구분되는, 칭의 뒤에 오는 구원의 한 단계로 이해하면, 우리가 이미 칭의를 받았으니 설령 '성화'가 부족하여 장차 하늘에서 상급을 못 받아도 최소한 구원은 이미 확보했으므로 그것으로 되었다고 자만할 것입니다. 그런 생각을 가진 사람들이 현재의 삶에서 '의의 열매'를 맺으려는 노력을 게을리할 것은 빤한 이치입니다.

이런 왜곡을 피하기 위해서라도 우리는 바울의 칭의의 복음을 하나님 나라의 복음의 관점에서 설명해야 합니다. 전통 신학의 구원의 서정론에 근거하여 칭의와 성화를 서로 구분되는 구원의 두 단계들로 이해하기보다는, 칭의를 하나님 나라에로 '진입함', 하나님 나라 속에 '서 있음'(즉, 하나님의 통치를 받으며 살기), 하나님 나라의 '구원의 완성을 받기'라는 구원의 전 과정을 총칭하는 하나의 범주로 이해하면, 윤리적 요구, 즉 의로운 삶에 대한 요구가 '칭의'에 구조적으로 함축되어 있다는 사실을 더 잘 드러낼 수 있다는 이점이 있습니다.

이외에 또 하나의 이점이 있는데, 전통 신학의 성화론은 우리로 하여금 개인 윤리, 곧 개인적인 경건하고 정결한 삶(어떤 사람들에게는 음식 가림<주초 삼가>, 제사 안 지내기, 성적 순결 등에 신경 쓰기, 좀 더 양식 있고 깨어 있는 사람들에게는 겸손, 정직, 사랑 베풂을 위해 노력하기)을 이루는 일에만 관심을 집중시키는 반면, 칭의를 하나님 나라의 범주로 이해하면 칭의의 현재적 과정(전통 신학에서 말하는 '성화'), 즉 하나님의 통치를 받는 삶의 윤리적 요구가 사회윤리를 포함한다는 것을 의식하게 됩니다. 칭의를 하나님 나라의 범주로 이해하면 자연히 하나님의 통치가 온 세상에 실현되는 것에 관심을 갖게 되기 때문입니다.

바울은 그의 칭의론의 복음을 전개함에 있어 그 절정에 이르는 로마서 8장에서 피조 세계 전체가 썩어짐의 노예가 되어 울며 탄식하고 있다면서, 하나님 나라가 실현되어 피조 세계 전체가 사탄의 죄와 죽음의 통치로부터 해방될 날을 기다리고 있다고 합니다. 그러니까 칭의론을 예수의 하나님 나라 복음의 인간론적·구원론적 표현으로 이해하면 우리가 개인적으로 의롭게 살려고 노력할 뿐 아니라 전 사회적, 전 세계적, 전 우주적인 영역들에서 하나님 나라의 실현을 위해 노력하게 됩니다. 그리하여 우리가 오늘 '의인으로서 사는 것'은 실제로 하나님의 통치를 받는 삶을 사는 것으로써 이 사회에 하나님 나라의 의와 화평(샬롬)이 이루어지도록, 더 나아가 온 피조 세계가 갱신되도록 염원하고, 우리 개개인이 각자의 소명에 따라 그것을 위하여 감당해야 할 역할을 위해 노력하는 것입니다.

9. 삼위일체적 하나님의 은혜에 의한
칭의/구원의 복음의 사회적, 선교적, 문화적 의미

칭의는 처음부터 끝까지 삼위일체적 하나님의 은혜에 의한 것입니다. 우리의 칭의의 근거가 되는 그리스도의 대속의 죽음도 하나님 아버지가 그의 아들을 세상에 보내시고 대속의 제사로 십자가의 죽음에 넘겨주심으로 이루어진 것이고, 그 속죄 제사를 덕 입어 칭의 됨(곧 죄 사함을 받고 하나님과 올바른 관계에 들어감)을 얻게 하는 수단인 믿음도 성령의 은혜로 이루어지는 것이며(롬 10:9~10과 고전 12:3; 빌 1:29), 우리가 계속 그 올바른 관계 속에 서 있는 것도, 즉 사탄의 통치 아래로 굴러 떨어지지 않고 계속 하나님의 아들 우리 주 예수 그리스도께서 대행하는 하나님의 통치를 받아 '의의 열매'를 맺도록 하는 것도 성령의 도우심으로 이루어지는 것이고, 종말에 하나님의 최후의 심판석 앞에서 우리의 칭의의 완성도 하나님의 아들 예수 그리스도의 중보로 이루어지는 것이니, 우리의 칭의는 오직 삼위일체적 하나님의 은혜로만 이루어지는 것이고, 우리는 그것을 믿음으로만 덕 입는 것입니다(은혜로만/믿음으로만).

그리스도의 복음의 이 진리는 구원론적 기본 의미 외에 중요한 사회적, 선교적, 문화적 의미도 가지고 있습니다. 은혜로만/믿음으로만 칭의되고 구원받음의 복음은 구원에 있어 또는 하나님과 관계함에 있어 인간이 개인적으로 타고난 것이나 성취한 것 모두를 무의미한 것으로 만듭니다. 즉, 어떤 인종, 어떤 성, 어떤 사회적 신분으로 태어났는가가 무의미하며, 누가 지식, 선행, 권세 등을 얼마나 성취했는가도 무의미한 것입니다. 그러기에 바울은 자신들의 언약 백성임과 율법 지킴을 신뢰하고 자랑하는 유대인들이나 자신들의 지혜/지식을 신뢰하고 자랑하는 헬라인들을 향해 '육신'을 자랑한다고 비판하며, 예레미야 9:22~23을 인용해 "자랑하는 자는 [우리를 은혜로 구원하시는] 주[만]을 자랑하라"라고 되풀이하여 타이르는 것입니다(롬 2:17~20; 3:27; 4:1~2; 5:11; 고전 1:29~31; 고후 10:17; 갈 6:14; 빌 3:3).

그러기에 바울은 은혜로만/믿음으로만 칭의 되고 구원받음의 복음은 그것을 믿는 유대인들에게나 이방인들에게 똑같이 구원을 가져다주는 하나님의 힘이라고 선언하며(롬 1:16), 그리스도 안에 있는 구속의 질서(또는 새 창조의 질서) 안에서는 옛 창조의 전형적인 구분들, 인간들 간에 차별과 불의 및 갈등을 가져오는 인종적 구분(유대인과 이방인), 성적 구분(남과 여), 사회 신분적 구분(자유인과 노예)이 해소되어, 다 하나라고 선언하는 것입니다(갈 3:28; 고전 7:19; 12:13; 골 3:11).

그러기에 바울은 이방인들에게도 그리스도의 복음을 선포하여 믿음을 가지고 나아오는 이방인들로 하여금 믿는 유대인들과 마찬가지로 의인으로 칭함을 얻도록 하고, 하나님의 거룩한 백성이 되게 한 것입니다. 에베소서 2:11~22은 바울의 칭의의 복음(엡 2:1~10)을 통한 이방 선교의 열매로 그리스도의 몸인 교회 안에서 믿는 이방인들과 믿는 유대인들이 하나님께 화해되고 서로에게 화해되어 함께 하나님의 나라의 시민들이 되었으며 하나님의 가족의 식구들이 되었음을 기리는 것입니다.

이렇게 은혜로만/믿음으로만 칭의 되고 구원받음의 복음은 온 세계 모든 민족에게 선교를 가능하게 합니다. 아니, 요구합니다. 더 나아가 모든 인종 차별, 성 차별, 신분적 차별을 무효화합니다. 그래서 그 복음의 정신에 따라 바울은 유대인들과 이방인들을 차별 없이 대했을 뿐만 아니라, 남편과 아내의 관계를 전적으로 동등한 가운데 서로 섬기는 관계라고 가르치며(고전 7:1~16), 여자도(복장을 단정히 하는 한) 교회의 남녀 혼합 예배에서 설교할 수 있게 하였으며(고전 11:2~16), 빌레몬에게 그의 종 오네시모를 돌려보내면서 그를 이제 노예가 아니라 형제로 받으라고 권고한 것입니다(몬 1:15~16).

바울은 이렇게 인종 차별, 성 차별, 신분적 차별을 무효화하는 주 예수 그리스도의 복음으로 1세기 당시에는 상상하기조차 어려운 사회적, 문화적 혁명을 시작한 것입니다. 그 후 그 복음은 그 복음을 오랫동안 듣고 산 민족들 가운데 만민의 동등한 인권 의식이 싹트게 하였으며, 결국 노예해방과 여성해방이 일어나게 하였습니다. 즉, 모든 인류의 보편적 인권 의식과 노예해방과 여성해방으로 가장 현저히 특징을 나타내는 기독교 문명을 낳게 한 것입니다. 이것이 '은혜로만/믿음으로만' 이루어지는 칭의의 복음의 '효력 발휘의 역사' 또는 '영향사'(Wirkungsgeschichte)입니다.

유럽과 미주의 실제 역사에서는 성령에 의한 복음의 이 해방의 역사가 사탄적인 인종적, 신분적, 그리고 성적 차별과 억압을 조장하는 '육신'의 역사와 싸우며 진전되었습니다. 그리하여 기독교 문명권에서도 복음의 해방의 역사가 때로는 좌절과 퇴행을 경험하기도 했습니다. 그러나 사탄을 결정적으로 이기시고 만유의 주로 등극하셔서 사탄의 잔여 세력을 소탕해 가시는 주 예수 그리스도께서 성령의 힘으로 벌이는 복음의 해방의 역사는 그러한 '육신'의 반발을 극복하며 '갈 지'(之) 자의 형태로라도 진전하고 있습니다.

그리하여 100여 년 전 복음을 받은 우리 한국에서도 완고한 유교적 저항에도 불구하고 양반-상놈의 차별이 철폐되고, 여성해방이 일어난 것입니다. 오늘날 한국에서, 심지어 주 예수 그리스도의 이름을 부르며 그의 은혜의 복음을 선포한다고 하는 교회에서도 복음의 이 근본정신을 저버리고 성경의 몇 구절들을 그들의 문맥이나 역사적 정황을 무시하며 율법적으로 해석하는 일부 신학자들과 목사들의 '육신'적 반발로 말미암아 여성 차별과 억압이 일어나고 있는 것이 사실이나, 주 예수 그리스도의 해방의 복음은 결국 승리하고 말 것입니다.

초월하시는(그러기에 인류와 피조 세계 전체를 구원하실 수 있는) 하나님, 그러면서 동시에 자신의 아들 예수 그리스도와 그의 영인 성령으로 우리 가운데 내재하시며 실제로 우리와 세상을 구원하시는 삼위일체적 하나님의 복음, 은혜로만/믿음으로만 칭의 됨(죄 사함 받고 창조주 하나님과의 올바른 관계에로 회복됨)의 복음[9]이 빚은 기독교 문명은 '양반-상놈'의 계급적 질서와 '남자-여자'의 종속적 질서를 옹호한 유교적 문명과도 대조되지만, 신의 이름으로 여성을 굴종시키는, 신의 초

---

[9] 신을 초월하며 동시에 내재하는 삼위일체론적 존재로 인식할 때만 은혜에 의한 구원, 즉 진정한 신적 구원을 말할 수 있으며, 이신론이나 범신론 아래서는 결국 인간이 자신의 지혜로나 선행으로 스스로를 구원해야 한다는 인본주의적 자력 구원론밖에 있을 수 없다(p.168 하단의 각주 8에 밝힌 필자의 책 참조).

월만 강조하는 이신론(理神論; Deism)의 이슬람 문명이나, 낮은 카스트의 사람들을 노예화하는, 신의 내재만을 가르치는 범신론(汎神論; Pantheism)의 힌두 문명과는 더 크게 대조됩니다. 그러기에 우리는 그리스도 예수의 계시로 말미암아 받게 된 삼위일체적 하나님의 복음, 은혜로만/믿음으로만 칭의 됨의 복음의 진리를 더욱 확신할 수 있는 것입니다.

우리로 하여금 죄 사함을 받고 창조주 하나님과의 올바른 관계에 회복되게 한 칭의의 복음은 종말에 그분의 충만에 참여하고 그분의 신적 생명을 얻을 그 완성에 대한 소망을 갖게 할 뿐 아니라, 오늘 여기서 하나님의 통치를 대행하는 하나님의 아들 예수 그리스도의 주권에 하나님의 영의 도움으로 순종하며 살도록 하여 '의의 열매'를 맺도록 합니다. 그래서 우리는 성령의 깨우쳐 주심과 믿음 주시고 힘 주심에 의해 이중 사랑 계명을 실천하여 개인적으로는 정직하고 신실하며, 고결하고 관용하며, 사랑이 풍성한 사람들이 되어 갈 뿐 아니라, 사회에서는 자유와 정의와 화평을 확대하는 삶을 살아가게 됩니다. 그리하여 칭의 된 그리스도인들은, 즉 하나님과 올바른 관계에, 하나님 나라에 들어간 사람들은 하나님/주 예수 그리스도의 통치를 받아 종말에 완성될 하나님 나라의 구원을 지금 여기서 첫 열매의 형태로라도 스스로 누리면서 동시에 이웃과 세상도 그것의 혜택을 누리도록 돕는 역할을 하게 되는 것입니다. 이리하여 그들을 통해서 인류에게 구속/해방의 역사가 이루어지는 것입니다.

로마서 1:3~4 과 1:16~17에 있는

복음의 두 정의들이 잘 보여 주듯이, 사도 바울은 복음을 하나님께서 그의 아들,
주 예수 그리스도를 통하여 사탄의 나라를 멸망시키고 온 세상에 대한 자신의 통치를
이루신다고 기독론적으로도 선포하고, 하나님이 하나님의 아들 주 예수 그리스도를
통해서 이루시는 구원이 우리 인간들에게는 칭의가 되고 성화가 된다고 구원론적으로도
선포합니다. 바울은 로마서와 갈라디아서에서 주로 후자로, 그것도 칭의론 위주로
복음을 전개하는데, 우리가 복음의 이 두 정의들이 같은 뜻을 가진 하나의 복음을
말하는 것이라는 것을 깨닫는 것이 칭의의 복음에 대한 올바른 이해에 결정적으로
중요합니다. 그렇게 하면 우리는 바울의 칭의의 복음은 예수의 하나님 나라의 복음을
구원론적으로 표현한 것임을 알게 되며, 칭의 된 우리는, 즉 죄 사함 받고 하나님과
올바른 관계에 회복된 우리는, 하나님의 의로운 백성이 되어 하나님의 통치,
그것을 대행하는 하나님의 아들 주 예수 그리스도의 통치에 의존하고 순종하며
살아야 함을 알게 됩니다. 바울은 이것을 율법의 문제로
유대 그리스도인들과 논쟁하는 상황들에서는 주로 '칭의'의 언어로 표현하지만,
헬라 이방인들과 관계해서는 '성화'의 언어로 표현하기도 합니다.
그래서 바울의 언어 사용을 제대로 살피면, '성화'는 '칭의'에 이어지는 구원의
새로운 단계를 지칭하는 것이 아니라, 그들은 함께 거룩하고 의로운 하나님의
백성 되고 그러한 백성으로 살아감을 나타내는 동의어들임을 알게 됩니다.
이 사실은 우리에게 '칭의'를 믿는 자 되는 세례 때 선취한 구원(과거)과 최후의
심판 때 이루어질 구원의 완성(미래)에만 적용되는 것이 아니라, 하나님(의 아들)의
통치를 받아 '의의 열매'를 맺으며 살아감(현재)에도 적용되는 범주라는 것을
가르쳐 줍니다. 그러므로 '칭의'의 법정적 의미와 관계적 의미를 둘 다 중시하여
'주권의 전이', 곧 사탄의 나라에서 하나님(의 아들)의 나라로 이전됨으로 이해하면,
그것은 우리의 구원의 전 과정(과거, 현재, 미래)을 포괄하는 것이라는 것을 알게 되어,
윤리와 분리된 칭의론이 아니라 윤리적 삶을 요구하는 올바른 칭의론을 믿고
가르칠 수 있는 것입니다. 이 칭의의 시작도 하나님께서 그의 아들을 보내시고
대속의 제사로 넘겨주심으로 이루어지고, 그것의 완성도 하나님의 최후의 심판석
앞에서 하나님의 아들의 중보로 이루어질 것이며, 그것의 현재적 과정도
성령의 도움으로 하나님(의 아들)의 통치에 의존하고 순종하여 '의의 열매'를 맺으며
삶으로써 이루어지는 것이니, 칭의의 전 과정이 삼위일체 하나님의 은혜에 의한
것이고 우리는 믿음으로 받는 것입니다.

CHAPTER 04

은혜/믿음으로 받는 칭의와
행위대로의 심판

1. 삼위일체적 하나님의 은혜에 의한 칭의/성화

칭의와 성화가 삼위일체적 하나님의 은혜에 의한 것이라는 사실이 데살로니가전서 3~4장에 집약되어 표현되어서 앞에서(3장 6항목) 제가 그 본문을 예로 들어서 그것을 요약 설명하였고, 로마서 8장과 갈라디아서 5~6장에 있는 가르침으로 더 부연했습니다. 칭의(데살로니가전서 3~4장에서는 '성화'라는 말로 표현됨)는 삼위일체 하나님의 구원 사역임을 살펴보았습니다. 그것을 다시 한 번 요약하면 이렇습니다. "하나님 아버지는 그의 아들 예수 그리스도를 보내시어 우리의 죄를 대속하게 하시고, 자신의 우편으로 높이셔서 자신의 주권의 대행자로서 자신의 영(성령)의 힘으로 우리의 구원을 계속 이루어 가게 하시며, 우리에게 성령을 주셔서 주 예수 그리스도의 통치(즉, 하나님의 통치)를 계속 받으며 사는 '의인'이 되게 하신다. 즉, 주 예수 그리스도의 뜻(즉, 하나님의 뜻)을 헤아리고 순종하여 날로 더욱 거룩하고 사랑이 풍성한 사람들이 되게 하신다."

누가 제게 칭의의 현재 단계에 대해서 이렇게 질문했습니다. "'칭의란 의인이라 선언받고 하나님과의 올바른 관계에 회복됨을 의미하는데, 그것이 종말의 최후의 심판에서 완성될 것이므로, 그때까지 그 회복된 올바른 관계 속에 계속 서 있음이 구조적으로 요구된다'고 했는데, '하나님과의 올바른 관계 속에 계속 서 있음'이란 어떻게 하는 것입니까?"

앞에서 이것에 대해 설명했는데(3장 5항목을 보시오), 다시 한 번 더 쉽게 설명해 봅시다. 우리 피조물이 창조주 하나님과 올바른 관계를 갖는다는 것은 창조주 하나님의 아버지 또는 왕 노릇 해 주심에 의지하고 순종하며 산다는 말입니다. 그러니까 칭의가 하나님과의 올바른 관계로 회복됨을 의미한다고 설명할 때, 그 말은 곧 하나님의 나라로(하나님의 통치 아래로) 이전됨을 의미한다고 부연하지 않았습니까? 그러니까 하나님과의 올바른 관계 속에 계속 서 있는다는 말은 결국 하나님의 통치를 받는 삶을 산다는 뜻입니다.

그럼 하나님의 통치를 받는다는 말은 무엇입니까? 하나님의 뜻에 순종하며 사는 삶, 하나님의 법을 지키는 삶을 사는 것입니다. 그런데 하나님의 통치를 주 예수 그리스도께서 대행하므로 바울은 하나님의 통치를 받음을 예수 그리스도의 주권에 순종함이라고 가르치며, '하나님의 법'을 '그리스도의 법'이라고도 하고, 그 내용을 이중 사랑 계명으로 설명합니다(고전 9:21; 10:31~33; 갈 5:14; 6:2; 롬 12:1~2과 13:8~10 등). 그러니까 하나님과의 올바른 관계 속에 계속 서 있는다는 말은 결국 주 예수 그리스도가 요구한 이중 사랑 계명을 지키며 사는 것을 뜻합니다(마 22:34~40/막 12:28~34/눅 10:25~28).

우리는 매일 윤리적 선택을 해야 하는 순간들을 맞이합니다. 이웃을 속이고, 억누르고, 해코지하면서라도 자신의 이익을 도모하라는 사탄의 통치를 받을 것인가, 아니면 하나님께 영광 돌리고 이웃을 사랑하라(곧 이중 사랑 계명을 지키라)는 주 예수 그리스도의 통치를 받을 것인가 선택해야 하는 순간들을 맞이합니다. 이 순간마다 성령은 우리에게 "저 길은 사탄이 제시하는 길이고, 이 길이 주 예수 그리스도가 제시하시는 길이다"라고 깨우쳐 주시기도 하고, 하나님의 아빠 노릇 해 주심을 믿고 주 예수 그리스도의 통치에 순종할 수 있는 믿음과 힘을 주십니다.

우리가 성령의 이러한 인도하심과 힘 주심을 덕 입어(즉, '성령을 좇아'–롬 8장; 갈 5장) 주 예수 그리스도의 통치를 받는 삶을 살면, 즉 '그리스도의 법'(이중 사랑 계명)을 지키며 살면, 우리는 '의의 열매'(빌 1:11; 곧 성령의 힘 주심에 의해 맺는 '성령의 열매', 갈 5:22~23)를 맺어 감으로써 우리가 과연 의인으로 칭함 받은 자(의인의 신분을 얻은 자), 하나님과 올바른 관계에 서 있는 자, 의인임을 드러내는 것입니다.

또 이런 질문을 한 분이 있습니다. "바울의 칭의론에서의 '의'와 '의의 열매'를 맺으라고 할 때의 '의', 그리고 마태복음 6:33에서 '하나님의 나라와 그의 의를 구하라'라는 예수의 말씀에 있어서의 '의'가 같은 말입니까?"

마태복음 신학과 바울신학은 많이 상반된 것같이 보입니다. 마태복음은 율법을 지켜 의를 이루는 것을 굉장히 강조하는 것 같고, 바울신학은 그것을 비판하는 것 같습니다. 그리고 마태복음 10장과 15장을 보면 예수도 자신이 이스라엘만을 위해서 보냄 받았다고 말하고, 제자들도 이스라엘의 잃어버린 양들에게만 복음 선포하도록 보내는 것 같습니다. 그래서 마태복음은 유대인들에게만이 아니라 모든 민족에게 선교해야 한다는 바울의 소위 '보편주의'와는 반대되는 이스라엘 '특수주의'를 가르치는 것 같습니다. 겉으로 보면 그렇습니다. 그런데 놀랍게 마태와 바울이 일치하는 점들이 많습니다. 마태도 결국 28:18~20에서 온 세상, 모든 민족에게 복음을 선포하여 그들도 하나님의 백성이 되게 해야 한다는 주의 명령을 달고 있습니다 (마태는 예수의 탄생 기사에서 동방박사 이야기로 그것을 미리 암시하기도 합니다).

또 마태와 바울만 같이 쓰는 언어 하나가 '의'입니다. 바울이나 마태가 그 말을 결국 같은 뜻으로 쓰는데, 포커스를 약간 달리하여 쓴다고 할 수 있습니다. 바울은 칭의론을 펼치면서 의의 개념을 주로 '무죄 선언받아 하나님과의 올바른 관계에 진입함'에 초점을 맞추어 쓰면서 그것이 율법의 행위로가 아니라 전적으로 하나님의 은혜에 의한 것임을 강조하고, 마태는 그 개념을 '하나님과 올바른 관계에 들어간 사람들이 하나님의 통치를 계속해서 받고 사는 것'에 초점을 맞추어 쓰면서 하나님의 법을 지켜야 함을 강조합니다. 그러니까 그들이 '의'를 다르게 이해하고 있는 것 같은 인상을 줍니다.

그러나 우리가 여기서 보는 바와 같이 바울도 칭의의 현재 단계에서 하나님의 은혜로 하나님과의 올바른 관계에 회복된 자들(즉, 하나님 나라의 백성이 된 자들)은 이중 사랑 계명으로 요약된 '하나님의 법'/'그리스도의 법'을 지킴으로써 '의의 열매'를 맺는 삶을 살아야 한다고 가르치지 않습니까? 이것은 마태복음의 산상수훈에서 하나님의 새 백성이 된 그의 제자들은(마 5:1~15) 그리스도가 완전히 계시한 율법(바울의 언어로 말하면 '그리스도의 법')을 온전히 지킴으로써 서기관들과 바리새인들보다 더 나은 의를 이루어야 함을 요구하고(마 5:17~20), 그 '그리스도의 법'을 이중 사랑 계명 중심으로 펼치면서(하

나님 사랑: 마 6:9~11, 6:19~34; 이웃 사랑: 마 5:21~48; 6:12, 14~15 등), '선한 열매'를 맺을 것을 요구하는 것(마 7:15~20)과 같습니다.

우리는 마태복음 6:33의 "[하나님]의 나라와 그의 의를 구하라"라는 말씀도 이런 맥락에서 "하나님의 통치를 받으려 노력하라, 그리하여 의를 이루려 노력하라"라는 뜻으로 이해해야 합니다. 곧 하나님의 은혜로 하나님의 백성이 되어서 종말에 완성될 하나님 나라에서 구원을 약속받은 자들(마 5:3~11, 이것이 이른바 '8복'의 진정한 의미임)은 하나님의 통치를 실제로 받음으로써 의를 이루려 노력해야 한다는 것입니다. 즉, 하나님 아빠께 의지하고 순종하며 이웃을 사랑하되, 원수까지도 사랑하는 삶으로써 '선한 열매'를 맺으려 노력해야 한다는 것입니다.

한국의 많은 그리스도인들은 성령의 역사를 '의의 열매'와 연결시키기보다는 방언이나 예언을 하고, 환상을 보거나, 귀신을 쫓아내고, 병자를 치유하는 등의 신비스런 체험과 연결시키며, 그런 체험들을 추구하는 경향이 강합니다. 그래서 그들의 신앙은 미신적이 되어서, '성령을 좇아 삶으로써' 의를 이루려는, 즉 개인적으로 정직하고 사랑이 풍성한 사람이 되려 하며 사회적으로 인권을 증진하고 정의와 화평을 도모하려는 윤리적 노력은 등한시하는 경우가 흔합니다. 제가 여러 학자들이 함께 집필하여 최근에 출판한 책에서 이것을 한국 교회의 신학적 빈곤의 한 현상으로 지적하였으므로, 여기 몇 문단들을 인용하고자 합니다. [10]

---

10 강영안 등, 「한국 교회, 개혁의 길을 묻다」(새물결플러스, 2013), 27-29.

한국 교회는 신학적 빈곤으로 말미암아 한국인들의 심령 속 깊이 자리 잡은 샤머니즘을 제어하지 못하고 도리어 복음을 샤머니즘적으로 왜곡하여 미신적 영성을 조장하고 있다. 신학적 분별력이 부족한 그리스도인들은 성령의 역사를 범상의 체험에서 벗어난 신비스러운 현상들로 이해하면서 그런 현상들에 열광하는 경향이 있다. 사도 바울은 성령의 역사를 구분하는 법을 일러 주고(고전 12:1~3), 성령의 역사를 빙자한 어떤 신비스런 현상도 그 법에 따른 비판의 과정을 통하여 수용하라(고전 14:29; 살전 5:19~22; 참조. 요일 4:1~3)고 가르치며, 성령에 따라 사는 삶이 어떤 것인가에 대해 자세히 가르치는데(롬 8장; 갈 5장; 살전 4:1~8 등), 그런 가르침들에 대한 이해가 부족하기 때문이다.

고린도전서 12:1~3에서 바울은 성령의 현상은 신비스럽게 보이며 우리를 황홀경에 빠지게 하는 체험이 아니라 우리로 하여금 예수를 주로 고백하게 하는 것이라고 가르친다. 디오니소스 종교 등에서 황홀경에 빠지는 체험을 많이 한 고린도인들에게 바울은 그들이 '말 못하는 우상'(곧 생명 없는 목석에 불과한 우상)에 의해서도 황홀경에 빠진 경험을 한 것을 상기시키며, 모든 신비스럽고 황홀하게 보이는 것이 성령의 역사가 아님을 강조한다. 사실 한국인들도 무당이 신 내림을 체험하고 황홀경에 빠져서 죽은 자들의 '혼', 또는 귀신과 얘기하며 굿하는 모습에 익숙한데, 그런 것이 신비스럽게 보인다는 이유로 성령의 역사로 여길 수는 없는 것이다.

바울은 진정한 성령의 역사는 우리로 하여금 십자가에 달려 죽고 부활한 예수를 주로 인식하고, 그에게 의지하며 순종하게 하는 것이라고 가르친다. 성령은 우리로 하여금 참과 거짓을, 악과 선을 분간하게 하고, 참되고 선한 것을 택할 수 있도록 돕는다. 윤리적 선택의 갈림길에서 사탄이 가리키는 악의 길과 주 예수께서 가리키는 선의 길을 구분하여 인식하게 하고, 우리의 육신을 유혹하여 죄를 짓도록 하는 사탄의 사주를 거부하고 하나님을 사랑하고 이웃을 사랑하는 주 예수의 길을 택할 수 있는 힘을 주신다. 이리하여 우리는 '육신을 따라 삶'으로써 음행, 우상숭배, 주술, 원수 맺음, 분쟁, 시기, 분냄, 당 짓기, 분열, 이단, 투기, 술 취함, 방탕 등 '육신의 열매'를 맺지 않고, '성령을 따라 삶'으로써 사랑, 희락, 화평, 관용, 자비, 선함, 신실함[11], 온유, 절제 등 '성령의 열매'를 풍성하게 맺

---

11 한글 성경에는 갈라디아서 5:22의 이 말을 '충성'이라 번역하여, 교회에 충성하라는 뜻으로 오해하게 한다. 이 말(피스티스〈pistis〉, faithfulness)은 하나님이나 이웃에게 진실하고 정직하게 그리고 성심을 다하여 대함, 곧 믿음직스럽게 행동함을 뜻하는 일반적인 언어다. 고린도전서 4:2에서도 이 말을 '충성'이라 번역하여 그 의미를 좁히거나 왜곡시키고 있다. 바울이 갈라디아서 5:19~23에서 예로 드는 '육신의 열매'와 '성령의 열매'가 주로 개인 윤리적 평면에서의 의로운 삶에 관한 것들이지만, 그렇다고 기독교 윤리를 한국 그리스도인들이 흔히 오해하듯이 기껏해야 한 개인의 삶 하나 경건하고 순결하게 유지하는 것으로 축소해서는 안 된다. 앞서 예를 들었듯이, '성령을 좇아' 맘몬(또는 권력)을 '우상숭배' 하지 않고, 이웃에게 '신실히' 살며, 이웃을 '사랑'하는 삶은 당연히 맘몬(또는 권력)을 우상숭배 하는 자들에 의해 인권이 짓밟힌 약자들을 특히 '사랑'하며, 사회정의를 세워 '분쟁'을 줄이고 '화평'을 도모하여 공동체의 삶을 증진하는 노력까지 포함하는 것이다.

을 수 있는 것이다(갈 5:19~23).[12]

여기서 보는 바와 같이 바울은 '성령의 열매'에 대해, 우리로 하여금 하나님과 이웃과 올바른 관계를 갖게 하는 도덕적 자질들이나 그런 올바른 관계에서 나오는 복들로 인식하고 있다. 그러기에 그는 '성령의 열매'를 '의의 열매'라고도 부른다(빌 1:11). 이렇게 성령은 우리로 하여금 주 예수 그리스도의 주권에 의지하고 순종하여 거룩한 삶(살전 4:8), 의로운 삶(롬 8:4)을 살게 하는 하나님의 힘, 즉 하나님과 이웃과 올바른 관계를 갖게 하고 그리하여 하나님의 샬롬을 누리게 하는 하나님의 힘이다. 바울의 이러한 가르침은 산상수훈의 예수의 가르침과 일치한다. 성령의 영감과 힘을 빙자하여 예언도 하고 귀신도 쫓고 이적들도 행한다고 하는 주장이 실제로 삶에서 '선한 열매'를 맺음으로 나타나지 않으면, 그것은 거짓 선지자, 곧 진정한 성령의 역사를 힘입지 않은 자의 표징이라는 것이다(마

---

12 고린도의 그리스도인들은 방언과 예언 등의 은사들을 받아 자신들이 헬라인들로서 늘 동경해 왔던 특별한 지혜/지식과 수사 능력을 얻었다고 생각하면서 자신들이 '영적인 인간들'이 되었다고 자랑하며 서로 은사 경쟁을 벌였다. 그러나 바울은 그 결과로 그들이 서로 패를 갈라 갈등하고, 자신들의 지식을 내세워 '약한 자들'을 멸시하고 그들에게 상처를 주며, 음행에 빠지며, 예배 때 일대 혼란을 빚곤 하는 것을 가리키며 그들이 '육신적 인간들'이라고 호되게 꾸짖는다(고전 3:1~4 등). 그들이 성령 체험을 내세우기는 하지만, 실제로 교만하고 자랑하며 파당을 지어 서로 분쟁하고, 이웃에게 상처를 주며, 음행하고, 공동체를 파괴하는 등 '육신의 열매'를 맺고 있지, 선하고 신실한 성품을 가지고, 절제 있는 삶을 살며, 서로 관용하고 사랑하여 화평을 도모하는 등 '성령의 열매'는 맺지 않고 있으니, 그들이 성령을 좇아 사는 '영적인 인간들'이 아니고, 육신을 좇아 사는 '육신적 인간들'이라는 것이다. 오늘날의 교회에도 이와 같이 성령의 '신비스런' 체험을 추구하고 자랑하면서 실제로는 '성령의 열매'는 맺지 않고 '육신의 열매'를 맺어 교회 공동체를 파괴하는 사람들이 많이 있다.

7:15~23). 거룩한 삶, 의로운 삶, 선한 삶과는 전혀 무관한 '신령한' 체험, 즉 뒤로 넘어지게 하고, 짐승같이 울부짖고, '금이빨'을 만들어 준다는 등의 체험만 추구하는 한국의 성령 운동은 성경적 성령론을 얼마나 왜곡하고 있는가.

여기서 우리는 행위대로의 심판의 문제를 다루기 위한 준비로, 우리가 위 제3장 '6. 하나님의 아들 주 예수 그리스도의 현재적 통치'에서 이미 살펴본 것을 되풀이하며 우리의 구원이 전적으로 삼위일체적 하나님의 은혜에 의한 것임을 다시 한 번 새겼습니다. 하나님의 아들 예수 그리스도를 이 세상에 보내시고 그의 죽음과 부활을 통하여 구원을 이루신 것과 그 복음을 믿음으로 우리가 의인이라 칭함받아 구원의 첫 열매를 받게 된 것만 하나님의 은혜에 의한 것이 아니라, 종말에 최후의 심판석에서 하나님의 아들 예수 그리스도의 중보로 우리의 칭의가 완성되어 우리가 영생을 얻게 되는 것도 하나님의 은혜에 의한 것이고, 지금 칭의의 현재 단계에서 '의의 열매'를 맺는 삶도 오로지 하나님의 영의 도우심으로 이루어지는 것이니 하나님의 은혜에 의한 것임을 확인했습니다.

우리의 구원의 전 과정이 이렇게 전적으로 삼위일체적 하나님의 은혜에 의한 것이니, 우리는 그것을 오로지 믿음으로 덕 입는 것인데, 그 믿음 자체도 결국 하나님의 은혜의 선물입니다. 성령께서 우리의 어두운 영적 눈을 뜨게 하셔서 그리스도의 복음을 듣고, 깨닫고, 받아들이게(믿게) 한 것이고, 계속해서 우리로 하여금 주 예수 그리스도를 믿고 순종하여 하나님을 사랑하고 이웃을 사랑하는 삶을 살 수 있게 하시기 때문입니다.

이렇게 우리의 구원이 전적으로 삼위일체적 하나님의 은혜의 선물이니 그것은 완전한 구원입니다. 그것은 온전히 신(神)적인 것, 신의 충만으로 이루어지는 것이기 때문입니다. 신의 존재 자체를 부인하는 인본주의(Humanism)는 말할 것도 없고, 우리를 구원할 수 있는 초월자, 전능자 신의 존재를 부인하는 범신론(Pantheism)의 종교들(힌두교, 불교)이나, 초월자 신을 믿되 그런 신이 세상에 와서 실제로 우리의 구원을 이루는 것(즉, 신의 내재)을 부인하는 이슬람도 결국 인간이 지혜/지식이나 선행을 쌓아서 자신의 구원을 이루어야 한다는 자력구원론(自力救援論)을 가르칠 수밖에 없는데, 인간이 전적으로 혹은 신과 협동하여 이루는 구원이 진정한 구원이겠습니까? 모든 인간적인 것은 한계적인 것, 불완전한 것이고, 죄성을 띠는 것 아닙니까?

그런 종교들에 반하여 기독교는 전적으로 삼위일체적 하나님, 즉 우리를 구원할 수 있는 초월자로서 우리 가운데 오셔서 우리의 구원을 실제로 이루시는 하나님의 은혜에 의한 구원, 그러기에 완전한 신적인 구원을 약속하고 선물하는 주 예수 그리스도의 복음을 믿는 종교입니다.

2. 하나님/하나님의 아들 주 예수 그리스도의 나라로 회복된 '의인'들에게 요구되는 하나님/하나님의 아들 주 예수 그리스도의 주권에 대한 의지와 순종

1) 믿음으로 얻는 칭의의 복음에 구조적으로 내포된 의로운 삶에 대한 요구

그런데 우리의 칭의/구원이 전적으로 하나님의 은혜로 이루어지는 것이고, 그러므로 우리는 그것을 우리의 지혜나 선행으로 이루는 것이 아니라 믿음으로 받는 것이라고 요약되는 칭의론은 많은 피상적인 사람들에게 방종을 위한 면허증쯤으로 오해되어 왔습니다. 그 현상은 바울 시대 때부터 일어난 것입니다. 바울은 로마서 6:1에서 자신이 로마서의 그 시점까지 전개한 복음, 우리가 율법의 행위가 아니라 오로지 그리스도 안에 있는 하나님의 은혜에 의해 의인이 된다는 복음에 대해서, 율법주의자들이 던진 "그렇다면 계속 죄를 저질러도 되겠네. 그러면 그럴수록 은혜가 더 클 것 아닌가?"라는 냉소적인 비판에 대해 답합니다.

바울은 이미 로마서 3:5~8에서 비슷한 비판을 인용한 바 있습니다. 그러니까 바울의 은혜로만/믿음으로만 의인 됨의 복음이 바울 당시부터 탈법주의(antinomianism)의 비윤리적 삶을 조장하는 것이라는 오해와 비난을 받은 것입니다. 영지주의의 영향을 받은 고대 교회의 일부 그리스도인들도 비슷하게 바울의 복음을 윤리적 삶과는 무관한 것으로 보았으나, 그들은 그것이 도리어 자신들을 윤리적 삶의 의무로부터 완전히 해방시켜 주는 것이라고 좋아했습니다. 오늘날 한국의 구원파 추종자들이 이 점에서 옛 영지주의 이단자들의 후예들이라고 말할 수 있겠지요. 심각한 문제는 한국에서 오늘날 정통 교회의 목사들이라고 자처하는 사람들이 같은 사상을 은근히 가르친다는 것입니다.

그러나 바울은 로마서 6장에서 의인 되게 하는 하나님의 은혜를 우리로 하여금 덕 입게 하는 믿음이 과연 무엇인가, 즉 믿음의 성격에 대해서 설명함으로써, 이런 오해가 옳지 않음을 보여 주고, 믿음으로 의인 된 자는 사실 더 이상 '죄의 종'(즉, 사탄의 종)으로 사는 것이 아니라 '의의 종'(즉, 하나님의 종)으로 살아야 함을 역설합니다.

우리는 앞서 믿음이란 복음이 선포하는 역사적 구원의 사건, 즉 그리스도 예수가 우리 모두를 자신의 몸에 내포하고 우리의 첫값을 대신 치르는 대신적/대표적 죽음(즉, 내포적 대표의 죽음)을 죽으셨다는 것을 받아들이는 것이어서, 그것이 우리가 우리의 대표인 그리스도 안에 내포됨과 그와 연합됨을 실제로 발효시켜(actualize) 그의 속죄의 죽음과 부활의 덕을 입게 하기 때문에 우리로 하여금 의인으로 칭함받게 한다는 것을 살펴보았습니다.

믿는 자가 되어 가는 과정의 종결점인 세례 때(세례와 함께 우리는 비로소 공식적으로 '믿는 자'가 됨), 우리는 우리의 '심장', 곧 내면의 핵심에 갖게 된 이 믿음을 공식적으로, 공개적으로 고백하고 우리의 입으로 "예수가 주이시다"라고 부르짖는데(롬 10:9~10), 그 믿음이 우리가 그리스도 안에 내포되고 그와 연합되어 죽고 부활함을 실제로 발효시키는 것입니다. 그렇게 하는 믿음을 우리가 물속에 잠기고(죽고 장사됨) 깨끗이 씻긴 몸(의인)으로 물 위로 다시 떠오르는 극(劇)으로 표현합니다. 바울은 로마서 6:2~11에서 세례 때 이루어지는 이러한 믿음의 극화를 상기시키면서, 믿음을 통하여 우리가 죄인, 즉 옛 아담적 인간(여기 6절 '옛 사람', '죄의 몸'; 12절, '죽을 몸')으로서 '죄에 대해서' 그리스도와 함께 죽고 장사되었으며 그리스도(종말의 새 아담)의 부활의 생명을 벌써 체험하는 사람들이 되어서 의인이 되었음을 설명합니다(참조. 5:12~21).

여기 문단의 시작점인 6:2과 그것의 종결점인 11절에 수미상관하며 나오는 '죄에 대해서 죽음'은 '죄에 불이익이 되게 죽음'의 뜻으로서, 결국 '죄의 통치를 벗어나는 죽음'을 의미합니다. 죽음은 죄의 품삯인데(6:23), 우리의 '죄의 몸'(옛 아담적 자아)이 우리의 내포적 대표인 그리스도와 함께 죽음으로써 우리는 이미 그 죄의 품삯을 치른 것입니다. 그러기에 (의인화<擬人化>된) 죄가 더 이상 우리에게 대가를 치르라고 강요할 수 없게 되었기 때문입니다(6~7절). 그렇게 그리스도와 함께 '죄에 대해서 죽은'(즉, '죄의 통치를 벗어나는 죽음을 죽은') 우리는 그리스도와 연합하여 장차 그의 부활의 생명을 얻을 것인데(5, 8절), 지금 벌써 그 생명에 참여하게 되었습니다(4절에 전제됨). 이러한 구원의 사건의 목적은 '죄 안에서'(즉, 죄의 종으로) 살지 않고(2b, 6절) 그리스도의 부활의 새 생명에 참여하는 삶을 살도록(4절), 또는 '하나님에 대하여 살도록', 즉 하나님의 영광을 위하여 그에게 순종하여 살

도록 하기(즉, 하나님의 통치를 받는 삶을 살도록 하기) 위한 것이었습니다(11

절). (여기서도 우리는 칭의/의인 됨이 사탄/죄의 통치 아래로부터 하나님의 통치 아

래로 이전됨을 의미하는 것을 확인할 수 있습니다.)

　우리로 하여금 의인으로 칭함 받게 하는 믿음의 이러한 성격을 제

대로 이해하고 '믿음으로 얻는 칭의'를 다시 정의하면, 그것은 '죄에

대해서 죽고(즉, 죄의 종으로 살지 않고) 하나님에 대하여 사는(즉, 하나님의

종으로 사는) 사람들이 됨'을 의미합니다. 이것은 우리의 구원을 서술

하는 것입니다. *"이렇게 우리가 의인이 되었다"*(indicative). *(사탄/죄의 통*

치를 벗어나 하나님과 올바른 관계를 갖는 사람이 되었다.) 이렇게 서술되는 우

리의 구원은 그 속에 윤리적 명령(imperative)을 구조적으로 내포하고

있습니다. *"그러므로 의인으로 살라"*(*사탄/죄의 종으로 살지 말고 하나님/의*

의 종으로 살라).

　그래서 6:12~22에서 바울은 이어서 이 윤리적 명령을 되풀이하여

좀 더 구체적으로 표현하는 것입니다. 그것은 날마다 믿음/세례로 이

루어진 구원의 사건(2~10절)을 기억하고, 그것을 실재화(實在化 - 실체가

되게 함, actualize)해야 한다는 것입니다. "이와 같이 너희도 너희 자신

을 죄에 대하여는 죽은 자요 그리스도 예수 안에서 하나님께 대하여

는 살아 있는 자로 여길지어다"(11절). 날마다 가치판단과 윤리적 선택

의 갈림길에 놓일 때 우리로 하여금 사탄의 통치를 받아 죄를 짓는

우리의 옛 아담적 자아(육신)는 그리스도 안에 내포되어 그와 함께 죽

고 장사되고, 그리스도의 부활의 생명에 참여하며 하나님을 섬기는

새로운 자아가 되게 한 우리의 믿음을 활성화, 실재화하라는 것입니

다. 사도적 복음을 받아들여(17절) 그리스도를 믿고 세례 받음으로 이루어진 구원의 사건(죄와 죽음의 통치로부터 해방되어 하나님의 의와 생명의 통치를 받게 된 사건 - 14, 16~18, 22절)이 실재(reality)가 되도록 하기 위해서 우리는 날마다 다음과 같은 선택을 하면서 살아야 합니다.

- 죄/사탄의 통치를 받지 말라. 즉, 우리의 몸/지체들을 죄의 도구로 바치지 말라(12~13a절).
  - 그리하여 사악함, 더러움, 부끄러움, 불의함을 저지르고 죽음을 품삯으로 받는 것을 피하라(13, 19b, 21, 23a절).

- 의/하나님의 통치를 받으라. 즉, 우리의 몸/지체들을 의의 도구로 바치라(13b, 19c절).
  - 그리하여 성화를 이루고, 영생을 얻으라(19c, 22절).

이러한 권면의 명령들은 하나님의 은혜를 믿음으로 덕 입어 의인된 그리스도인들도 죄의 통치를 받는 삶으로 되돌아갈 수 있고, 그리하여 죽음을 품삯으로 받을 수 있다는 전제 아래 주어진 것들입니다. (주기도문 마 5:9~13/눅 11:2~4 비교. 예수께서 선포하신 하나님 나라에 이미 들어가 주께서 가르치신 기도를 드리는 하나님의 백성도 날마다 하나님 나라의 완전한 도래를 빌면서 "악한 자의 시험에 떨어지지 않게 하소서"라고 기도하면서 살아야 하는 것입니다.)

그러므로 '은혜로만/믿음으로만 칭의 됨'의 복음은 절대로 구원과

식 자만과 윤리적 방종을 허락하지 않습니다. 그 복음은 도리어 믿음으로 칭의 된 그리스도인들은 이제 사탄/죄의 통치로부터 해방되어 하나님/의의 통치로 이전된 사람들이니 이제 사탄/죄의 통치를 뿌리치고 하나님/의의 통치에 의지하고 순종할 수 있는 사람들이 되었다는 것을 확인하면서, 자신들의 칭의가 종말에 하나님의 최후의 심판석 앞에서 완성될 때까지 매 순간마다 우리의 '몸'(인격체 전체)을 사탄의 통치에 바쳐서 죄악을 행하고 결국 죽음을 대가로 얻는 길을 피하고, 하나님의 통치에 바쳐서 의를 행하고 영생을 대가로 얻는 길을 택하며 사는 것을 요구합니다.

그러기에 여기 로마서 6장에서 하나님의 은혜를 믿음으로 덕 입어 의인이 된 사람은 자신의 '몸'을 하나님께 온전히 바쳐 의를 행하는 사람이 되어야 한다고 역설하는 바울이 로마서 12~15장에서 윤리적 권면을 구체화하기에 앞서 12:1~2에서 이 가르침을 요약함으로써 명제를 제시하는 것입니다. "(너희가 그리스도의 복음에 계시된 하나님의 의/은혜를 믿음으로 의인이 되었으니 – 로마서 1~8장/11장) *그러므로 너희 몸을 하나님께 '산제사', 즉 '사는 자*(즉, 그리스도와 함께 죄에 대해서 죽고 그의 부활의 생명에 참여하게 된 자 – 6:13)*로서 드리는 제사', 거룩하고 하나님께서 기뻐 받으실 제사로 바쳐라…*"

바울은 이러한 총체적 권면/명령으로 시작하여 구체적 윤리적 권면/명령들을 제시하기(롬 12~15장) 전에, 여기 6장에서 요구한 것, 즉 죄/사탄의 통치를 피하고 의/하나님의 통치를 받아 의의 열매를 맺는 삶은 유대인들같이 '육신'으로 율법을 지킴으로써 가능한 것이 아니고(롬 7장) 그리스도를 믿는 자들에게 주어진 성령의 인도하심과 힘 주심에 의해 가능하다는 것(롬 8:1~17)을 설명하고, '육신'을 따르지 않고 성령을 따라 사는 의인들은 종말에 하나님의 심판석 앞에서 하나님의 아들 예수 그리스도의 중보로 그들의 칭의가 완성되어 하나님의 영광에 참여하게 된다는 것을 역설합니다(롬 8:18~39).

앞서 제3장, '4. 데살로니가전서와 고린도전서에 있는 하나님의 아들/칭의의 복음'에서 고린도전서 15:53~57과 관련하여, 바울은 그가 고린도전서 15:53~57에서 간단히 요약한 가르침을 로마서 7장에서 자세히 전개하여 율법이 육신과 죄와 죽음과의 연대성 속에 있어서 우리로 하여금 의를 이루고 영생을 얻게 하지 못하고 도리어 죄를 짓게 하고 죽음을 얻게 한다고 가르치는 것을 살펴보았습니다.

또 제3장 '6. 하나님의 아들 주 예수 그리스도의 현재적 통치'에서는 바울이 로마서 8장과 갈라디아서 5~6장에서 '육신'을 따르는 삶과 성령을 따르는 삶을 대조하면서, 전자는 사탄의 통치를 받아 죄를 짓고 죽음을 얻는 길이고, 후자는 성령의 깨우쳐 주심과 힘 주심에 따라 이중 사랑 계명으로 요약되는 '그리스도의 법'을 지킴으로써 하나님의 통치를 받는 삶으로서 의의 열매를 맺고 영생을 얻는 길이라고 가르치는 것을 살펴보았습니다.

위 3장 6항목과 4장 1항목의 토론은 칭의론의 삼위일체적 구조를 밝히며, 칭의의 현재 단계(옛 신학의 구원의 서정의 틀에서는 '성화'의 단계)에서 그 삼위일체적 구원이 어떻게 일어나는가, 특히 성령이 어떻게 민는 자를 도와 의인의 삶을 살아가도록 하는가, 즉 삼위일체적 하나님의 은혜에 초점을 두고 한 토론이었습니다.

같은 토론을 4장 2항목의 '1) 믿음으로 얻는 칭의의 복음에 구조적으로 내포된 의로운 삶에 대한 요구'에서는 우리가 우리로 하여금 칭의를 얻게 한 믿음을 우리의 실존에서 실재화하면서 살아야 한다는 것, 즉 우리로 하여금 옛 아담적 인간으로서 그리스도와 함께 죽고 새 아담 그리스도의 부활의 삶에 참여하는 인간, 곧 의인이 되게 한 우리의 믿음을 실존에서 실재화하면서 살아야 한다는 것, 즉 칭의를 얻는 믿음의 의미를 밝히는 데 초점을 맞추어 토론했습니다. 이렇게 '은혜로만/믿음으로만 칭의 됨'의 복음은 (하나님의) 은혜 쪽에서 보든, (우리 인간의) 믿음 쪽에서 보든, 우리가 의로운 삶을 살아야 함을 구조적으로 요구하는 것입니다. 그러므로 그것을 방종을 위한 면허증으로 가르치는 자는 그가 누구이든 거짓 복음을 선포하는 이단자입니다.

우리는 지금까지 그리스도 예수의 대속의 죽음과 부활의 복음을 믿어 의인이라 칭함 받음은 죄를 용서받고 하나님과의 올바른 관계로 회복됨, 즉 하나님의 나라로 들어가 그의 통치를 받게 됨을 뜻한다는 것, 그런데 이 칭의는 종말에 하나님의 최후의 심판석 앞에서 하나님의 아들 주 예수 그리스도의 중보로 완성된다는 것, 그러므로 그리스도를 믿어 칭의 된 자는 칭의가 완성될 때까지 하나님의 통치를 대행하는 하나님의 아들 예수 그리스도의 주권에 성령의 도움을 받아 의지하고 순종함으로써 이제 회복된 하나님과의 그 올바른 관계(곧 하나님 나라) 속에 계속 서 있어야 한다는 것을 여러 번 살펴보았습니다. 그리하여 의인으로서의 삶은 칭의의 현재 단계로서 그러한 삶에 대한 요구가 칭의론의 한 구조적 요소라는 것을 깨달았습니다. 이렇게 칭의의 구원을 서술하는(indicative) 복음은 의인으로 살라는 요구 또는 명령(imperative)을 구조적으로 그 안에 담고 있는 것입니다.

바울은 이 사실을 "복음에 합당하게 살라(공동체의 삶을 이루어 가라)"(빌 1:27), 또는 "우리를 자신의 나라와 영광에로 부르시는 하나님께 합당하게 살라"(살전 2:12)라고 간단히 표현하기도 하지만, 로마서에서는 구조적으로 자세히 설명합니다. 그는 로마서 1~8장(또는 11장)까지 칭의의 복음을 서술하고는, 12~15장에서는 의인으로서 살기를 명령하는데, 그 명령의 부분을 '그러므로'라는 말로 시작합니다(12:1).

로마서 1~8장(또는 11장)까지 서술한 삼위일체적 하나님의 은혜에 의한 칭의의 복음을 믿어 의인 된 자는, "'그러므로' 의인으로 살아라" 하고 말하는 것입니다. 바울은 이 '그러므로'라는 접속사로 시작하여 의인으로서의 삶 전체를 한마디로 요약하는 명제를 천명하고(12:1~2), 의인의 삶을 위한 구체적 권면들 또는 명령들을 주로 예수께서 주신 **이웃 사랑의 계명**, 원수까지도 복수하지 말고 사랑하라는 계명을 풀어 적용하는 식으로 제시하고(12:3~13:10; 비교 마 5:38~48), 앞의 명제를 조금 다른 언어로 되풀이함으로써 의인으로서의 삶에 대한 일반적인 가르침을 일단 결론짓습니다(13:11~14; 12:1~2과 부분적으로 수미상관).

그러고는 바울은 14:1~15:13에서는 그 일반적인 가르침을 교회 내의 '강한 자들'(이방 그리스도인들)과 '약한 자들'(유대 그리스도인들)의 관계에 적용하여 권면합니다. 12:1~2에 제시된 의인의 삶에 대한 명제를 풀면 이렇습니다. "너희는 의인으로서 하나님과의 올바른 관계로 회복된 자이니, 즉 하나님께 바쳐진 자이니(즉, 성화된 자이니), 이러한 구원을 가져온 믿음을 활성화하여 날마다 자신을 하나님께 거룩한 제사로 바쳐라(여기 12:1에 칭의를 성화의 언어로 표현하고 있는 것에 유의). 즉, 사탄의 통치를 받는 이 세상의 삶의 방식을 따라 살지 말고, 그리스도의 형상으로 변화되어 새 마음으로 하나님의 선한 뜻을 분변하며 실행하는 삶을 살라(여기 12:1~2에 제시된 명제가 **하나님 사랑의 계명**의 표현임을 유의).

2) 개별화된 임무 수행의 요구 ― 바울의 소명 사상

육신의 사주를 따라 사탄의 통치에 순종하여 죄짓는 삶을 청산하고, 성령의 도움을 받아 하나님의 통치에 순종하는, 즉 그의 통치를 대행하는 하나님의 아들 주 예수 그리스도의 법을 지켜, 하나님을 사랑하고 이웃을 사랑하는 의인의 삶을 살라는 명령은 모든 그리스도인에게 공히 주어지는 일반적 요구입니다. 그런데 바울은 주 예수 그리스도께서 신자들에게, 이러한 일반적인 요구와 함께, 하나님 나라를 위해서 개별적으로 수행해야 할 임무를 주신다고 가르칩니다. 이것이 바울의 소명 사상입니다.

(1) 은혜

바울은 '은혜'라는 말을 두 가지로 씁니다. 하나는 하나님의 구원의 행위, 힘, 선물을 지칭할 때, 즉 우리가 하나님의 은혜로 구원 받는다는 사실을 말할 때 씁니다(예를 들어, 롬 3:24; 5:2, 15, 21; 6:2; 고후 8:9; 갈 1:6; 2:21; 엡 2:7~8). 또 하나는 자신의 사도직을 지칭할 때, 특히 '내게 주신 은혜'라는 말로 되풀이하여 씁니다(예를 들어, 롬 1:5; 12:3; 15:15; 고전 3:10; 15:10; 갈 2:9; 엡 3:2, 7~8; 빌 1:7). 갈라디아서 1:15~16에서 바울은 하나님의 은혜의 이 두 의미를 통합합니다.

그곳에서 바울은 하나님의 구원의 은혜(Gabe, 선물)가 자신에게 사도직에로의 소명의 은혜(Aufgabe, 의무)로 나타난 것으로 이해하고 있음을 암시합니다. 우리로 하여금 죄 사함을 받고 하나님과 올바른 관계로 회복되게 하는 칭의의 은혜는 바로 우리를 하나님과 올바른 관계로 회복시키는, 즉 하나님의 나라로 회복시키는 은혜이므로 그 속에 하나님의 통치에 순종해야 할 의무를 담고 있는 것임을 우리는 위에서 여러 가지 표현 방식들로 되풀이해 강조했습니다.

이것을 케제만(E. Käsemann)은 "하나님의 구원의 은혜(선물)는 우리에게 그분의 주권의 주장과 함께 온다", "그 구원의 선물을 주시는 이는 무시하고 그 선물만 받을 수는 없는 것이다" 등으로 표현했습니다. 전통적으로 개신교가 이 사실을 무시해서 하나님의 은혜를 '싸구려 은혜'로 전락시키고 의로운 삶이 없는 칭의론을 가르쳐 온 것입니다. 그런데 하나님의 구원의 은혜(Gabe, 선물)는 하나님의 통치에 순종하라는 일반적인 의무(Aufgabe)만을 담고 우리에게 오는 것이 아니라, 우리 개개인에게 특별한 양태의 순종을 요구하면서 오는 것입니다. 교회의 핍박자 바울에게 다메섹 도상에서 임한 하나님의 칭의의 은혜는 이제 이중 사랑 계명을 실천하며 하나님의 통치에 순종하라는 일반적 요구와 함께 왔을 뿐 아니라, 이방인들에게 복음 선포하는 사도직을 감당하라는 개별화된 요구와도 함께 온 것입니다.

(2) 소명

이 사실은 바울이 하나님의 '은혜'와 함께 하나님의 '부름/소명'이라는 말도 이중으로 쓰는 것과 상응합니다. 첫째로, 바울은 하나님의 '부름'을 구원과 관련지어 씁니다. 즉, 하나님이 우리를 구원에로 부르셨다는 것입니다(예를 들어, 롬 1:6~7; 8:28~30; 9:24; 고전 1:2, 9, 24; 갈 1:6; 살전 2:12). 둘째로, 바울은 하나님의 '부름'을 사명과 관련지어 씁니다. 하나님이 우리를 어떤 사명을 감당하도록 부르셨다는 것입니다. 바울은 하나님이 자신을 사도직으로 부르셨다는 것을 되풀이하여 강조합니다(롬 1:1; 고전 1:1; 갈 1:15 등). 그러니까 '은혜'를 구원에, 그리고 사명에 적용하듯이, 마찬가지로 '부름/소명'이라는 말도 구원에, 그리고 사명에 적용합니다.

고린도전서 7:17~24에서 바울은 '부름'이라는 말을 구원과 사명의 뜻을 한꺼번에 표현하도록 사용하기도 합니다.

17 오직 주께서 각 사람에게 할당한 대로, 하나님이 각 사람을 부른 대로 그대로 살아가라(Let every person walk as the Lord has assigned to him, as God has called him). 내가 모든 교회에서 이와 같이 명하노라.

18 누가 할례 받은 자의 상태에서 부름을 받았느냐? 그 자
국을 지우려 하지 말도록 하라.

무할례자의 상태에서 부름을 받았느냐? 할례를 받으려
하지 말도록 하라.

19 할례도 아무것도 아니고, 무할례도 아무것도 아니다. 그
러나 하나님의 계명들을 지킴(이 중요한 것이다).

20 *각 사람은 그가 부름을 받은 그 부름에서, 그곳에서 지내도록 하라*
(Let every person remain in the call to/in which he was called).

21 네가 종의 상태에서 부름을 받았느냐? 염려하지 말라(그
러나 네가 자유롭게 될 수 있거든 [그 기회를] 이용하라).

22 왜냐하면 주 안에서 부름을 받은 종은 주의 자유인이고,
마찬가지로 부름을 받은 자유인은 그리스도의 종이기
때문이다. (23 너희는 값을 치르고 산 자들이니, 사람들의 종들이 되
지 말라).

24 형제들아, *각 사람이 부름을 받은 곳, 그곳에서 하나님과 함께 지
내도록 하라*(Let every person remain in the state in which he was called, in it
with God).

여기 18절과 21절에 나오는 "할례 받은 자의 상태에서 부름을 받

았느냐?", "무할례자의 상태에서 부름을 받았느냐?", "종의 상태에서 부름을 받았느냐?" 등은 우리로 하여금 하나님의 부름을 믿음과 구원으로의 부름을 뜻하는 것으로 이해하도록 합니다. 그러나 20절은 '부름에서'라는 구문의 명사 '부름'이 처소(소명된 곳)를 뜻하는 것임을 '그곳'이라는 말을 덧붙여 부연함으로써 확실히 합니다.

그러므로 함께 나오는 '부름 받은'이라는 구문에 나오는 과거 수동태 동사('부름 받았다')는 일차적으로 믿음과 구원으로의 부름을 뜻하나, 그것이 소명된 곳의 의미로 쓰이는 '부름'이라는 명사와 함께 쓰이니, 이차적으로 사명으로 부름(즉, 소명)의 뜻도 함축하고 있다고 보아야 합니다. 17절은 하나님의 부름이 '주께서 할당한 대로'라는 말과 동의어로 사용하고 있으니, 소명의 뜻을 나타낸다고 할 수 있으나, 이어지는 18절에서 그것을 또 구원으로의 부름으로 부연하므로 그것도 구원으로의 부름이라는 뜻도 함축하고 있다고 보아야 합니다. 24절에서도 우리는 부름이 구원으로 부름과 사명으로 부름을 둘 다 뜻하는 것임을 알 수 있습니다.

바울은 하나님의 구원으로의 부름을 받은 신자 처녀들이 결혼하는 것도 나쁘지는 않으나, 되도록 그 독신의 처지에 남아 사는 것이 더 바람직하다는 가르침을 주기 위해(고전 7:25~40), 위와 같은 모든 신자에게 해당하는 일반적인 가르침을 먼저 천명합니다. 요지는 모든 신자는 하나님의 믿음과 구원으로의 부름이 임했을 때 각자가 있었던 처지를 하나님께서 사명을 감당하도록 부른 처소로 보고, 그곳에서 하나님의 계명들(하나님 사랑, 이웃 사랑)을 지키며 주를 섬기고 살라는 것입니다. 그러니까 신자는 하나님의 구원으로의 부름이 임했을 때 자신이 가지고 있었던 삶의 자리를 하나님이 주시는 사명을 감당하는 장으로 이해해야 한다는 것입니다.

바울은 여기서 그리스도 안에 있는 구속의 질서 속에서는 유대인과 이방인의 구분, 노예와 자유인의 구분이 없이 다 하나라는 복음의 대 원칙(갈 3:28)을 염두에 두고, 그들이 자신의 신분이나 처지를 바꾸려 하지 말고, 자신의 처지를 하나님의 소명의 장으로 여기고 그곳에서 주를 섬기는 일에 전념해야 한다고 가르칩니다.

그런데 바울이 하나의 예외를 둡니다. 노예일 경우 자유를 얻을 수 있거든 그때는 그 기회를 활용하라고 합니다(21절 하반). 어떤 학자들은 반대로 "네가 자유롭게 될 수 있더라도, 차라리 [너의 노예의 처지를] 이용하라"라는 뜻으로 해석하는데, 저는 그것이 옳지 않다고 봅니다. 여기 노예와 자유인의 구분을 근본적으로 부인하는 22절과 자신을 노예로 파는 당시의 일부 행태를 금하는 23절에서도 그렇지만, 특히 빌레몬에게 오네시모를 더 이상 노예가 아니라 사랑하는 형제로 영접하라고 하는 권면(몬 16)에서 우리는 바울이 당시 세상의 노예제도를 근본적으로 사악한 것으로 보았음을 깨닫게 됩니다. 그러면서도 바울은 복음의 대 원칙(갈 3:28)에도 불구하고 그것에 근거하여 그 사악한 제도를 공개적으로 비판하고 노예해방을 부르짖을 수는 없었습니다. 이는 당시 로마제국의 체제에 대한 도전으로써, 그런 주장을 하는 자는 스스로 다음 날 노예시장에 팔리게 되는 것이 당시의 현실이었으려니와, 당시 이제 겨우 싹이 튼 교회가 그런 주장을 한다 한들 실제적인 정치적, 사회적 변혁을 이룰 수는 없었기 때문입니다.

오늘날 많은 비판적인 사람들은 당시 그 몇 안 되는 그리스도인들이 예수를 메시아(왕), 주, 하나님의 아들로 고백하는 그들의 신앙 때문에 로마 황제에 대한 대역죄를 범한다고 의심받고 핍박을 받을 수 있어서 항상 살얼음판을 딛고 가듯이 신앙생활을 할 수밖에 없었던 상황을 무시하고 오늘 전 세계적으로 막강한 영향력을 가진 교회의 상황처럼 상상하면서, 노예해방의 구호를 명백히 외치지 않았다며 비판합니다. 일부 신학자들도 그런 비판을 제기하는데, 그것은 정말로 경솔한 행위입니다.

당시 현실적으로 바울은 갈라디아서 3:28 등에서 하듯이 복음의 대 원칙을 천명하면서, 여기 제가 해석한 대로 21~23절, 빌레몬서 16절 등에서 하듯이 노예제에 대한 부정적인 견해를 은근히 나타내고, 교회 안에서는 상전들과 노예들을 같은 주 예수 그리스도를 섬기며 서로를 형제로 사랑하고 섬기는 새로운 인간관계로 탈바꿈시키는 것 이상은 할 수 없었습니다. 그러나 바울의 이러한 가르침은 결국 노예제를 없애는 거대한 인권 운동을 잉태한 것이었습니다. 하지만 당시 실제로 아주 미미한 교회의 힘으로 노예제를 없애기는커녕, 많은 노예 신자들을 개별적으로 해방시킬 수도 없는 상황에서(고전 1:26 참조), 바울은 그들에게 세상 제도로는 노예이지만 주 안에서 자유인이 되었음을 감사하며 자신의 노예의 처지를 주를 섬기고 이웃을 섬기는 장으로 새롭게 이해하며 기쁨으로 사명을 감당해 가라고 권면하는 것입니다.

갈라디아서 1:13~17에서 바울은 자신에게 다메섹 도상에서 하나님이 자신의 아들 예수 그리스도를 계시하신 사건을 하나님의 '은혜'와 '부름'이라는 두 단어로 설명합니다. 바울이 이 두 단어들을 자신에게 적용할 때 대개 그렇듯이, 그곳에서도 바울은 그 단어들로 자신의 구원은 전제하고 주로 자신의 사도직의 사명을 뜻하도록 사용합니다. 이것은 15~16절에서 바울이 자신에게 구원의 사건이 된 자기에 대한 하나님의 은혜 베푸심과 부르심을 '이방인들에게 [하나님의 아들을 복음으로 선포하도록 하기 위한 것'이었다고 강조하는 데서 잘 드러납니다.

우리는 여기서 바울의 철저한 신본주의적 사고방식을 엿봅니다. 우리는 보통 우리의 회심과 구원의 체험을 경건주의–복음주의적 전통의 영향으로 인해 자기중심적으로 생각합니다. "내가 복음을 듣고 믿기로 작정하여 구원을 받았다." 이렇게 생각하면 우리는 "나는 구원받았다. 그러므로 I am OK!"라는 자만에 빠지고, 결국 하나님은 나를 구원하시기 위해, 곧 나를 섬기기 위해, 존재하는 분쯤으로 인식하게 됩니다.

그러나 우리의 구원이 창조주 하나님의 주권자적 행위였음에 초점을 맞추어, 즉 신본주의적으로 생각하면, 하나님이 우리에게 구원의 은혜를 베푸신 목적, 구원을 얻도록 부르신 주권자적 목적을 의식하게 됩니다. 그리고 우리는 그 목적을 성취하여 하나님을 섬겨야 한다는 사명감을 갖게 됩니다. 즉, 하나님의 우리에 대한 구원으로의 부름에서 우리는 그의 사명으로의 부름을 깨닫게 된다는 말입니다. 자기 우상화가 죄의 본질로서 하나님과의 관계를 뒤틀리게 하고, 반면에 하나님의 주 되심을 인정하고 그의 주권에 순종하는 것이 칭의의 근본 의미, 곧 하나님과의 올바른 관계로의 회복 아닙니까?

바울이 자신의 다메섹 도상에서의 하나님의 은혜와 소명 체험에 대해 '자신으로 하여금 이방인들에게 복음을 선포하도록 하기 위함이었다'라고 할 때, 그는 하나님이 이방인들을 복음으로 구원하시고자 하는 구원의 계획에 바울 자신을 일꾼으로 쓰시고자 한 것으로 깨달았음을 나타냅니다. 그러므로 하나님의 주권자적 경륜(오이코노미아, oikonomia) 가운데 이방인들의 구원이 우선하고, 바울의 구원은 그것을 위한 도구 마련의 의미가 있었던 것입니다(엡 3:7~12; 골 1:25~29). 따라서 교회의 핍박자로, 하나님의 원수(롬 5:10)로 날뛰던 바울은 하나님의 이방인들에 대한 구원의 계획 덕분에 구원받은 것입니다. 그것은 그가 이방인들 덕분에 구원을 받았다는 뜻도 내포합니다. 그러므로 바울은 이방인들에게 자신의 구원의 빚을 진 셈입니다. 이것이 로마서 1:14에 있는 그의 놀라운 선언의 진정한 의미입니다. "헬라인들에게 그리고 야만인들에게, 지혜 있는 자들에게 그리고 미련한 자들에게 내가 빚진 자(오페일레테스, opheiletes)이다."

그러므로 바울은 이방인들에게 복음 선포하는 것을, 즉 그들이 구원을 얻도록 그의 사도직으로 그들을 섬기는 것을 자신의 '숙명'으로 보았습니다. "숙명(아낭케, anangke)이 내게 지워졌다. 그러므로 만일 내가 복음을 선포하지 않으면 내게 화가 있을 것이다"(고전 9:16). 바울은 이방인들의 사도로서(롬 11:13; 15:15~16) 그들에게 복음 선포하는 것이 그에게 주어진 숙명이며, 그 숙명을 거역하면 자신에게 멸망의 재앙이 내리게 될 것이라고 합니다. 다메섹 도상에서 하나님은 그가 이방인들에게 복음을 선포하도록 하기 위해서 그에게 은혜의 부르심을 허락하셨습니다. 그러므로 그는 그 소명을 충실히 감당함으로써 구원을 받고, 그렇지 않으면 멸망을 당한다는 것입니다. 그러기에 그는 또 이렇게 말합니다. "나는 복음을 위하여 모든 것을 한다. 그것은 내가 (나의 복음 선포를 통하여 구원받는 모든 사람과) 함께 복음의 덕을 입는 자가 되기 위해서이다"(고전 9:23).

이것이 바로 종교개혁자들이 어느 정도 터득한 바울의 소명 사상입니다. 우리에게 베푸시는 하나님의 구원의 은혜와 소명은 우리 각자로 하여금 그의 주권자적 경륜(오이코노미아, oikonomia) 가운데 일부를 담당하는 일꾼(디아코노스<diakonos>; 둘로스<doulos>; 오이코노모스 <oikonomos>; 휘페레테스<hyperetes>)이 되라는 은혜와 소명입니다. 하나님의 우리에 대한 구원의 은혜와 소명은 항상 하나님이 구원하시고자 하는 사람들(곧 우리 '이웃들')을 섬겨 그들로 하여금 하나님의 구원을 체험하게 하라는 사명의 은혜와 소명입니다. 하나님의 우리에 대한 구원의 은혜와 소명은 항상 이웃들을 위하여 주어진 것이므로, 그들 덕분에 받은 것이라고 할 수 있습니다. 그러므로 우리는 우리의 이웃들, 즉 우리의 활동('직업'이라는 주된 활동을 포함한 모든 활동)의 대상들에게 구원의 '빚진 자'들입니다. 그러므로 우리는 그들을 성실히 섬겨(디아코니아, diakonia) 그들로 하여금 구원(해방과 치유로 오는 현재적 구원, 그리고 종말론적 구원)을 얻도록 함으로써, 그들에게 우리의 구원의 '빚'을 갚는 한편 우리 스스로도 구원을 받아 가야 하는 것입니다.

바울의 이 소명 사상은 그의 '은혜로만, 그리고 믿음으로만 의인 됨'의 복음과 모순되는 것이 아니라, 그 복음을 우리의 구체적 삶의 자리에 적용한 것입니다. 우리는 칭의가 죄의 용서(무죄 선언)와 함께 하나님과의 올바른 관계로 회복됨, 즉 하나님의 통치를 받고 사는 관계로 들어감을 의미한다는 것을 여러 번 살펴보았습니다. 그러므로 '은혜로, 그리고 믿음으로 의인 됨'의 복음은 삶의 구체적 현장에서 성령의 인도하심과 힘 주심을 받으며 '그리스도의 법'(하나님 사랑, 이웃 사랑)을 지킴으로써 '의의 열매'를 맺어 가는 의인의 삶을 살도록 요구한다는 것을 방금 살펴보았습니다. 지금 우리는 '은혜로, 그리고 믿음으로 의인 됨'의 복음은 모든 사람들에게 하나님의 통치에 대한 그런 보편적 순종만을 요구하는 것이 아니라, 각 사람에게 개별화된 형태의 순종을 요구함을 살펴보는 것입니다. 바울에게는 이방인들을 위한 사도직을 감당함으로써 하나님 나라를 섬기라는 개별화된 순종의 요구가 온 것입니다. 그것이 그에게는 하나님의 소명이었던 것입니다.

하나님이 바울에게 구원의 은혜와 소명을 베푸신 것은 그로 하여금 이방인들에게 복음을 선포하여 그들이 구원받고 하나님 나라가 확대되도록 하기 위함이었듯이, 아볼로에게 구원의 은혜와 소명을 베푸신 것은 그로 하여금 성경 강해를 잘하여 성도들을 신앙의 터 위에 더 굳건히 세우게 하도록 하기 위해서, 그리하여 하나님 나라가 든든히 실현되도록 하기 위해서였습니다(고전 3:5~15).

이렇게 하나님은 바울과 아볼로, 또는 모든 성도들에게 구원의 은혜와 소명을 베푸시면서, 각자가 특별히 하나님 나라를 위해 감당해야 할 임무(사명으로서의 소명)를 주시는데, 바울은 그것도 하나님의 '은혜'('내게 주신 은혜')라고 지칭하는 이유는 앞서 본 바와 같이 근본적으로 구원의 은혜 안에 그 임무가 내포되어 있기 때문이지만, 또 그 임무(소명)를 하나님의 은혜의 힘으로만 감당할 수 있기 때문입니다(참조. 고전 15:8~10). 바울은 우리로 하여금 우리의 소명을 감당하게 하는 하나님의 은혜의 힘을 '은사'라고 부릅니다. '은사'는 하나님이 우리 각자에게 주신 은혜가 그 은혜 속에 내포된 소명(사명으로서의 소명)을 감당하도록 돕는 구체적인 힘으로 나타나는 것입니다.

그러니까 '은사'(카리스마, charisma)는 '은혜'(카리스, charis)의 개별화되고 구체화된 힘인데, 하나님의 소명이 우리 각자에게 개별화되어 다양하게 나타나듯이, 은혜도 우리 각자가 받은 개별화된 소명을 감당하도록 다양한 은사로 나타납니다(롬 12:3~8; 고전 12:4~11; 엡 4:4~15). 그러므로 모든 성도들은 그들에 대한 하나님의 구원의 은혜와 소명에 담긴 사명으로의 소명을 그 은혜/은사로 잘 감당하여 하나님 나라(하나님의 구원의 통치)의 실현에 이바지해야 하는 것입니다.

"오늘날 우리도 하나님의 구원의 은혜와 소명을 받은 사람들로서 우리가 종사하는 각종 직업을 하나님의 소명으로 인식하고, 그곳에서 이웃에게 하나님의 구원의 전달자 노릇을 함으로써 하나님을 섬겨야 한다. 그리하여 하나님의 나라 또는 주권자적 경륜의 한 부분을 이루어 가야 한다." 이것이 루터가 바울의 소명에 대한 가르침을 발견하여 처음 설명하고, 칼빈이 발전시킨 개신교의 소명 사상입니다. 우리가 종사하는 일, 우리의 직업(vocatio; calling; Beruf)을 하나님의 소명(vocatio; Call; Ruf)으로 생각하라는 것입니다. 그 자리에서 그 직업 활동을 통하여 하나님을 섬기고 이웃에게 덕을 끼치는 삶을 살라는 것입니다. 중세에는 성직자들만 하나님의 소명을 받는다고 생각하고, 일반 직업은 단순히 생계 수단으로만 인식되었습니다. 그러나 종교개혁자들은 바울의 가르침에 근거하여 모든 사람들이 하나님의 소명을 받는다는 것과 모든 직업이 다 하나님의 소명의 장임을 깨달았습니다. 그리하여 그들은 모든 직업에 신학적 의미를 부여하면서, 각자의 직업을 이웃에게 하나님의 은혜의 전달자 노릇 하는 장으로, 곧 이웃에게 제사장 노릇 하는 장으로 보도록 가르쳤습니다.

이러한 가르침을 받은 개신교도들은 소명감을 가지고 자신들의 노동을 거룩하게 여기며 자신들의 직업 활동에 대해 하나님을 섬기는 자세로 성실히 이행했습니다. 그러다 보니 자연히 이익이 발생하게 되는데, 그것은 하나님의 소명에 대한 순종의 삶에 하나님이 내려주신 복으로 이해하게 되었습니다. 이렇게 직업 활동을 통해 얻는 이익이 신학적으로 정당화되자, 창의적이고 부지런한 노동으로 그것을 더 확대하고자 하는 자본주의의 정신이 싹트게 되었다는 것입니다. 20세기 초 당시 가장 큰 영향력을 가졌던 사회학자 막스 베버(Max Weber)는 루터와 칼빈의 하나님의 소명에 대한 가르침의 사회-경제적 의미를 이렇게 해석하면서, 그들이 재발견한 바울의 칭의론이 종교적 혁명을 가져왔다면, 그들이 재발견한 바울의 소명 사상은 북서유럽에서 사회-경제적 혁명을 가져왔다고 주장하고, 후자의 문명사적 의미는 전자의 것보다 결코 작지 않았다고 평가했습니다.

오늘날 우리의 상황에서 바울의 소명 사상을 문자 그대로 실천하기는 어려운 두 가지 이유가 있습니다. 첫째는 바울의 임박한 종말론에 근거한 '보수적' 직업윤리입니다. 바울은 당시 노예가 해방될 기회가 더러 있었으므로, 그런 기회가 주어지면 그것을 이용하라고 예외적인 가르침을 삽입하기는 하지만, 고린도전서 7:17~24에서의 그의 권면의 기조는 하나님의 구원으로의 부름이 임했을 때 각자가 있었던 처지를 하나님의 사명으로의 부름으로, 그러니까 그 처지를 소명지로 보고, 그것을 변경하려 애쓰지 말고 그 안에서 주를 섬기고 이웃을 섬기는 일에 힘쓰라는 것입니다. 그러니까 오늘날의 기준으로 말하면 바울이 일면 굉장히 보수적인 윤리를 가르친 셈입니다. 바울의 이러한 가르침에는 그의 임박한 종말론이 전제된 것입니다. 그가 고린도전서 7장에 그것을 두 번이나 표현하지 않습니까? "(종말의 구원의) 때가 단축되었다"(29절), "이 세상의 형체는 사라져간다"(31절), "그러니 종말의 환난이 임박한 상황에서 신분이나 처지를 바꾸어 어려움을 더할 필요가 없다"(26절). 바울이 그렇게 생각한 것은 주의 재림이 임박하여 어쩌면 자신이 살아서 주를 맞으리라고 생각했기 때문입니다(고전 15:51~52; 살전 4:13~18; 그러나 고후 5:1~10; 빌 1:21~24도 참조). 그러나 바울의 시대 이후 거의 2천 년이 지난 오늘날 우리는 그와 같은 임박한 종말론에 근거하여 우리의 직업 활동을 볼 수는 없습니다.

또 하나의 이유는 직업의 불안정성입니다. 유럽에서도 중세에는, 아니 산업혁명 전까지만 해도 직업의 종류가 다양하지 않았습니다. 또 사람들은 대개 평생 하나의 직업에 종사했고, 부모의 직업은 자식들에게 대를 이어 내려갔습니다. 그러나 오늘날에는 직업이 굉장히 많이 분화되어 있을 뿐 아니라 한 사람이 평생 한 직업을 유지할 수 없어 직업을 몇 번씩 바꾸지 않으면 안 되는 상황을 맞기도 합니다.

그러기에 오늘날 우리는 고린도전서 7장에 있는 바울의 가르침을 문자 그대로 우리의 상황에 적용하여, 우리가 하나님의 믿음과 구원으로 부름을 받았을 때 종사했던 직업, 직장을 바꾸지 않고 그곳에서 평생 하나님을 섬기고 이웃에게 덕을 끼치며 살 수는 없는 것입니다. 우리의 변화된 시대 상황에서는 바울의 그 가르침을 문자대로 적용할 수는 없습니다. 그러나 우리는 그것의 정신은 살려야 합니다.

우리가 금년에는 어느 직장에 있고 내년에는 어느 직장으로 옮겨가든, 항상 현재의 직장(또는 다른 활동의 장, 예를 들어, 가사, 자원봉사, 자유, 정의, 평화를 위한 운동 등)을 하나님의 소명의 장으로 생각하고, 그곳에서 이웃(나의 직업 활동의 대상)에게 하나님의 은혜의 전달자 노릇을 함으로써 하나님의 구원의 통치가 확대되게 해야 한다는 자세로 일하는 것입니다. 우리는 세속화된 사회에서 직업을 단순히 빵을 얻기 위한 수단으로만 생각하기 쉬운데, 그렇게 되면 직업의 의미 자체가 비하되고, 우리의 삶 자체도 겨우 빵의 노예로 비하되므로 기쁨과 보람을 가지고 성실히 직업에 종사하기가 쉽지 않습니다. 더구나 그런 직업관은 우리로 하여금 더 많은 재산을 모으기 위해 남을 억압하고 착취하는 죄인의 삶을 살게 하는 경우가 많습니다.

우리 신자들을 의인 되게 한 하나님의 은혜는 우리로 하여금 기본적으로 어느 처지에서든 하나님을 사랑하고 이웃을 사랑하여 의의 열매를 맺는 의인의 삶을 살도록 요구할 뿐 아니라, 우리의 주된 활동의 장(곧 직업)에서 그 직업 활동을 통하여 하나님과 이웃을 섬기라고, 즉 이웃에게 하나님의 은혜의 전달자 노릇을 하여 하나님의 구원의 통치가 더 크게 실현되도록 하라고 요구하는 것입니다. 하나님은 우리 각자에게 이러한 소명을 잘 감당하도록 재능도 주셨고, 적절한 교육과 훈련도 시켜 주셨고, 기회도 주셨으니, 그것들(그 은사들)을 잘 활용해서, 선생은 가르치는 일로, 의사는 의술로, 사업가는 그의 생산품으로, 공무원은 효율적인 행정으로 이웃의 삶을 평안하고 복되게 하라는 것입니다.

한국에는 자신의 기독교 신앙을 과시하는 정치가들, 고관들, 사업가들이 많습니다. 그러나 그런 대통령, 또는 국회의원 후보들을 보면 대개 기독교 신자들의 저열한 패거리 정신을 이용하여 표를 많이 얻어 권력을 얻을 생각만 하고, 권력을 얻으면 그것을 주로 자신들의 가족, 친지, 소속 그룹들(당, 지연 또는 학연 등으로 만들어진 그룹들)의 이익을 위해 사용하는 것을 봅니다. 불행히도 국회의원으로서 또는 대통령으로서 하나님 나라 실현에 있어 자신들에게 부여된 사명(곧 소명)을 감당하려는 의지를 가지고 현실 정치(Realpolitik)의 제약 속에서도 인애와 공의와 화평 등 하나님 나라의 가치들을 최대한 실현하기 위해 법제도를 만들고 정책을 수립하고 집행하려 노력하는 사람들은 찾아보기 어려운 것 같습니다. 그들이 사도 바울이 가르치는 소명 사상을 가지고 자신들의 직책을 수행하면 한국은 자유, 정의, 평화, 복지가 얼마나 크게 실현되는 나라가 되겠습니까? 그러면 세상에 대한 그들의 소금과 빛 노릇을 보고 얼마나 많은 사람들이 하나님을 찬양하며 스스로 주 예수 그리스도에 대한 '믿음의 순종'으로 나아오겠습니까?(마 5:13~16).

그러나 불행히도 기독교 정치인들과 고관들이 주의 이름을 헛되이 부르며 세상의 권모술수로 정치하고 사리사욕을 위해 권력을 휘둘러 한국을 불의와 갈등 그리고 부패의 문제들이 특히 심각한 나라로 만드는 데 공헌하고 있으니, 얼마나 안타까운 일입니까? 자신들에 대한 하나님의 소명을 저버린 많은 목사들, 특히 여러 대형교회들의 목사들의 비행과 추태와 더불어, 하나님의 통치, 곧 주 예수 그리스도의 주권에 순종함이 없이 정치하며 권력을 행사하는 그런 기독교 신자 정치가들과 권력자들이 세상 사람들로 하여금 한국 교회를 조롱하고 하나님의 이름을 욕되게 하는 데 가장 크게 공헌하는 것이 오늘 한국의 한 비극입니다(사 52:5; 롬 2:24). 추태를 부리는 목사들이나 부패한 신자 정치가들과 고관들의 문제의 근본 원인 한 가지는 그들이 바울의 칭의론의 복음을 구원파식으로 오해하고, 바울의 소명론까지 포함하는 칭의론의 복음을 제대로 믿고 순종하지 못했기 때문입니다.

하나님의 은혜로 의인 된 우리가 하나님 사랑/이웃 사랑의 기본자세를 가지고 살 뿐 아니라, 특히 우리의 직장에 대해 하나님을 섬기고 이웃을 섬기도록 우리를 부르신 장이라는 신념을 가지고, 우리의 직업 활동을 하나님이 주신 은혜/은사로 신실하게 감당하여 이웃을 잘 섬기면, 만인이 만인에게 자기주장 하며 늑대 노릇 하는 이 타락한 세상의 죄인들의 공동체(Thomas Hobbes)를 만인이 만인에게 종노릇하며 하나님의 은혜의 전달자(즉, 제사장) 노릇 하는 의인들의 공동체로 바꾸어 갈 수 있는 것입니다. 하나님의 통치를 받는 우리 의인들이 그렇게 사탄의 나라의 불의와 고난을 극복하고, 하나님 나라의 의와 샬롬을 실현해 갈 수 있는 것입니다.

종교개혁자들이 재발견한 바울의 소명 사상을 중심으로 한 개신교 윤리가 근대 유럽의 자본주의 정신을 낳았다는 막스 베버(Max Weber)의 논지가 맞다면, 우리 그리스도인들이 그렇게 큰 문화 변혁의 힘을 가진 바울의 소명 사상을 제대로 실천하여 이제 탈기독교 세속 사회에서 맘몬 우상숭배와 이웃 착취의 도구로 변질된 자본주의를 하나님과 이웃을 섬기는, 그리하여 의와 샬롬을 북돋우는 도구로 바꾸려 노력해야 할 것입니다.

3. 행위대로의 심판

1) 행위대로의 심판

우리는 앞(3장 6항목/4장 1항목)에서 '칭의의 삼위일체론적인 구조'를 살펴보았는데, 그것은 칭의는 하나님 나라의 관점에서 이해해야 된다는 것과, 동시에 칭의가 철저히 삼위일체적 하나님의 은혜로만 이루어진다는 것, 그리하여 믿음으로만 받는다는 것을 이해하기 위해서였습니다. 또한 우리는 방금(4장 2항목에서) 이 '은혜로만/믿음으로만'의 칭의는 우리로 하여금 하나님의 통치를 대행하는 그의 아들 우리 주 예수 그리스도의 통치를 성령의 도움으로 순종하여 '의의 열매'를 맺는 삶을 살기를 구조적으로 요구한다는 것을 살펴보았습니다.

더 나아가서 칭의/성화의 현재(즉, 하나님의 백성으로 살기)에서 주 예수 그리스도의 통치는 우리로 하여금 '하나님의 법'/'그리스도의 법', 즉 하나님 사랑/이웃 사랑의 이중 사랑 계명을 지켜 의를 이루라는 일반적인 요구와 각 사람에게 주신 소명, 즉 하나님 나라 또는 하나님의 구원의 경륜의 실현에 있어 각 사람에게 할당된 역할을 하나님이 주시는 은혜(곧 성령의 은혜/은사)로 잘 감당하라는 개별화된 요구로 나타난다는 것을 살펴보았습니다.

바울은 우리의 칭의가 종말에 주 예수 그리스도의 재림 때 하나님의 심판석 앞에서 완성된다고 가르칩니다. 그때 하나님의 아들 주 예수 그리스도의 중보로 우리의 칭의가 확인되어 우리가 하나님의 영광에 이르고 완전한 구원을 얻는다고 가르칩니다(롬 8:32~39). 그러나 바울은 그 최후의 심판에서 하나님이 우리를 우리의 행위대로 심판 하신다고도 가르칩니다. 그렇게 가르치는 구절들이 한두 개가 아니 라 아주 많습니다(롬 2:5~16; 14:10; 고전 3:11~15; 4:1~5; 5:5; 9:16~27; 고후 5:10 갈 6:8; 골 3:23~25 등).

바울은 그러기에 우리가 하나님의 심판대 앞에서 '책망할 것이 없 는 자' 또는 '흠 없는 자'로 서야 한다는 것을 강조합니다(예를 들어, 고전 1:6~8; 빌 1:10~11; 2:15; 골 1:22; 살전 3:13). 우리가 칭의된 자로서/의 인의 신분을 가진 자로서/죄 사함을 받고 하나님과 올바른 관계에 회복된 자로서/하나님 나라에 들어간 자로서, 지금 하나님의 통치 에, 즉 그 통치를 대행하는 하나님의 아들 주 예수 그리스도의 주권 에 순종하여 '의의 열매'를 맺는 삶을 살았는가, 그리고 각자에게 주 신 소명, 즉 하나님 나라 실현을 위하여 감당하도록 각자에게 할당된 역할을 제대로 수행하였는가(골 3:23~25 참조)를 판결하는 하나님의 최 후의 심판에서 우리가 '책망할 것이 없는' 의인으로, 또는 '흠 없이' 거룩한 제물(즉, 하나님께 온전히 헌신된 백성)로 확인되어야 한다는 것입 니다.

2) 행위대로의 심판과 상(고전 3:5~15; 9:15~18; 빌 4:1; 살전 2:19~20)

바울은 고린도전서 3:5~15에서 최후의 심판에서의 행위대로의 심 판을 자신과 아볼로를 예로 들어 설명합니다. 바울과 아볼로는 하나 님 나라 (그것의 땅 위의 체현인 교회) 건설을 위해서 일하는 동료 일꾼들로서, 주께서 각자에게 주신 소명에 따라 바울 자신은 그 기초 놓는 일(즉, 개척 선교 사역)을 감당하고 아볼로는 그 위에 쌓아 올리는 일(즉, 양육 사역)을 감당한다는 것입니다.

우리는 하나님의 나라(또는 집)의 건축에 있어 이렇게 다양하게 개별화된 역할을 부여받는데, 각자 자기가 맡은 부분을 금, 은, 보석으로 짓기도(즉, 자신의 소명을 성실히 감당하기도) 하고, 돌, 나무, 지푸라기로 짓기도(즉, 자신의 소명을 부실하게 감당하기도) 한다는 것입니다. 주의 날, 곧 종말에 각자 한 행위들이 불의 심판에 의해서 환히 드러나게 되는데, 의를 행하여 샬롬을 실현하라는 일반적인 요구와 각자에게 주어진 개인적 소명을 성실히 감당한 사람이 지은 하나님 나라의 부분은 금과 은과 보석으로 지은 것 같아서 심판의 불에 타 없어지지 않고 남게 된다는 것이며, 그런 사람은 상을 받게 된다는 것입니다.

반면에 하나님의 통치에 잘 순종하지 않고 자신의 개인적 소명을 부실하게 감당한 사람이 지은 하나님 나라의 부분은 돌과 나무와 지푸라기로 지은 것 같아서 심판의 불에 타 없어져 버려 '잃어버린다(손실을 입는다)'는 것입니다(15절). 완성된 하나님 나라에 사악한 것, 불완전한 것은 존재할 수가 없기 때문입니다. 그러니까 후자가 지은 부분은 그의 하나님 나라에 대한 순종이 사탄의 통치에 대한 순종과 뒤섞여 진실과 의와 사랑으로 지어진 것이 못되고, 거짓과 불의와 증오로 뒤범벅이 된 것일 터이니, 그런 것은 심판의 불에 타 없어져 버릴 수밖에 없는 것입니다. 바울은 이렇게 가르치면서도 후자도 '불을 통과한 자같이' 구원은 받을 것이라고 합니다. 여기서 '불을 통과한 자같이'는 '겨우'라는 뜻을 가진 성경적 숙어입니다.

전통적으로 이 본문을 많은 주석가들은 이렇게 해석했습니다. "은혜와 믿음으로 칭의 된 모든 사람들은 최후의 심판에서 기본적으로 구원은 받는다. 의롭게 산 사람은, 즉 '성화'를 이룬 사람은 하나님 나라에서 기본적인 구원 위에 상(즉, 상급)을 받는다. 그러나 의롭게 살지 못한 사람은, 즉 '성화'를 잘 이루지 못한 사람은 구원은 받되 상(급)을 손해 본다(즉, 잃는다)." (여기 15절에 '잃어버리다<손실을 입는다>'라는 동사는 목적어가 없이 쓰였는데, 15절이 앞의 14절과 병행하니 14절의 '받는다' 동사의 목적어인 '상'을 그 동사의 생략된 목적어로 간주한 것입니다.) 그러니 일반 목사들도 이렇게 가르치는 것은 당연하고, 한국의 많은 부흥사들은 '성화'에 힘쓰고 교회를 잘 섬긴 사람은 최후의 심판에서 큰 면류관을 받고 하늘나라의 아파트 로열층에 들어가게 되고, 그렇지 못한 사람은 '부끄러운 구원'을 얻으며 냄새나고 햇볕도 잘 안 드는 1층에나 들어가게 된다고 현란한 비유의 언어로 설교한 것입니다. 이리하여 '상급' 신학을 가르치면서 교회에 대한 충성과 전도와 선교에의 열심을 불러일으킨 것입니다.

그런데 이 해석은 틀린 해석입니다. 왜냐하면 바울이 이러한 '상급' 신학을 가르친다고 생각하는 고린도전서 3장 뒤 9장에서 '상'을 또 언급하는데, 거기서 그런 식으로 가르치지 않기 때문입니다. 고린도전서 9장에서 바울은 자신이 사도로서 당연히 교회의 재정 지원을 받아 생계를 유지하면서 사도직을 감당할 권리가 있다는 것을 여러 가지로 논증합니다(9:1~14). 베드로 등 다른 사도들의 관행,

일반 사회의 상식, 모세의 율법, 성전의 사제들의 예 등에 호소하면서 자신도 그러한 권리가 있다는 것을 웅변하는데 그 클라이맥스에 '주의 명령'을 인용합니다. "이와 같이 주께서도 복음 선포자들에게 복음으로 말미암아 생계를 얻으라고 명령하셨다"(9:14; 눅 10:7/마 10:10; 참조. 갈 6:6). 바울이 예수의 말씀을 직접 인용하는 경우는 아주 드뭅니다. 이곳 외에 고린도전서 7:10; 11:23~26, 그리고 데살로니가전서 4:15~16에서만 그렇게 합니다. 이렇게 바울이 예외적으로 주의 말씀을 인용하여 자신이 다른 사도들과 마찬가지로 교회의 생계 지원을 받을 권리를 가지고 있다고 강력히 논증하고는, 이어서 뭐라고 말합니까? "그러나 나는 이 권리를 하나도 쓰지 않았다"라고 놀라운 선언을 하지 않습니까?(9:15) 그리고는 복음 선포가 자신에게 주어진 소명, 아니 자신에게 지워진 '숙명'(아낭케, anangke, 한글 성경에는 '부득불할 일'이라 번역되어 있음)이라는 것에 이어서 자신이 자비량하며 복음을 무료로 선포한다는 것을 강력하게 진술하지 않습니까?(9:16~18).

그러니까 바울이 예수의 말씀('명령')을 거슬렀던 것입니다. 바울의 역사적 예수에 대한 지식이나 의존을 최소화하려 한 불트만(R. Bultmann)과 그의 추종자들은 여기 9:14~15을 자신들의 논지를 뒷받침하는 것으로 즐겨 사용했습니다. "바울이 역사적 예수의 가르침이나 행태를 잘 알지 못하였고 거의 무시하였는데, 어쩌다가 이렇게 한 번 인용해 놓고도 금방 자신은 그것을 지키지 않는다고 한다. 그가 예수의 말씀을 인용하는 또 하나의 구절을 봐라. 7:10에서도 '이혼하지 말라'라는 예수의 말씀을 인용하고는, 7:15에서는 혼합 결혼의 상황에서 신자 배우자에게 비신자 배우자가 이혼을 요구하거든 이혼하라고 가르치지 않느냐?" 불트만(Bultmann) 학파는 이런 식으로 해석한 것입니다. 그러나 그것은 경솔한 해석입니다. 두 곳에서 우리가 배워야 할 점은 바울이 예수의 명령을 문자적으로 율법적으로 적용하지 않는다는 것과 함께, 그러나 그 정신(의도)을 철저히 따른다는 것입니다(7:10~16에 대한 자세한 설명을 위해서는 제 책 「고린도전서 강해」(두란노)를 참조하시오).

바울은 복음 선포자의 생계에 대한 예수의 말씀을 자기의 상황에서 문자 그대로 순종했다가는 예수께서 그 말씀을 주신 의도와는 반대 효과가 날 것을 우려했기에 그것을 문자주의적으로, 율법주의적으로 적용하지 않은 것입니다. 그러니까 우리 한국의 근본주의자들, 다양한 상황들에 다양하게 주어진 성경 말씀들을 역사 비평, 문서 비평 등 중요한 비평 방법들을 건설적으로 쓰기를 거부하고 항상 문자적으로, 율법적으로만 해석하려 하는 사람들이 이러한 바울의 예수의 말씀 사용의 예에서 중요한 해석학의 원칙 하나를 배워야 합니다. 그리고 항상 복음의 원칙에 근거해서 신학적인 사고를 해야 합니다. 그것이 바울이 보여 주는 좋은 예입니다.

왜 바울이 데살로니가(살전 2:1~11), 고린도 등에서 복음 선포자의 생계에 대한 예수의 말씀에 역행하여 교회의 생계 지원을 거부하고, 그 도시들의 가죽 공장, 천막 공장에서 일을 해서 그 노임으로 어렵게 살면서 복음을 무료로 선포하였는가를 제대로 이해하기 위해서는 예수의 말씀에나 바울의 이러한 행태에나 사회학적 비평 방법을 적용해야 합니다. 예수께서 가령 마태복음 10장/누가복음 10장에 그의 제자들을 복음 선포를 위해 갈릴리의 동네들로 보내면서 "금, 은, 전대나 옷, 신발 등 준비하지 말고 그냥 가서 어느 집에나 너희들을 환영하는 집이 있으면 그 집에 들어가서 유숙하고 제공되는 음식을 먹으면서 그 동네에 하나님 나라 복음을 선포하라. 일꾼이 노임을 받을 권리가 있다"라고 말해 줍니다. 당시 갈릴리와 유대 땅에는 예수의 하나님 나라 운동에 심정적으로 동조하는 사람들이 많았습니다. 그러나 예수의 떠돌이 전도단에 합류하여 동행할 수 있는 사람들은 얼마 되지 않았습니다. 하층민, 즉 남에게 매인 노예들이나 농노들도 그렇게 할 수 없었고, 권문세가의 사람들도 할 수 없었습니다. 아무 강이나 호수에라도 가서 그물을 쳐서 하루 양식('일용할 양식')을 얻을 수 있는 어부들이나, 어떤 건축 장에나 가서 망치질, 대패질하여 '일용할 양식'을 얻을 수 있는 목수들 등만 할 수 있었습니다. 그래서 예수는 자신의 순회 전도단에 동행할 제자들을 이렇게 손 기술을 가지고 자영업 하는 사람들, 당시로 말하면 중산층의 사람들 중에서 뽑은 것입니다.

그러나 이들 외에 갈릴리와 유다의 곳곳에 상당한 부와 지위를 가진 사람들 중 예수의 하나님 나라 운동을 지지하는 사람들이 더러 있었습니다. 우리가 지금 그중 몇 명의 이름을 압니다. 요한복음에 보면 이 예수 전도단이 예루살렘에 갈 때마다 어느 집에 가서 머무릅니까? 예루살렘 바로 앞에 있는 베다니의 나사로 집안에 가서 유숙

합니다. 니고데모도 그런 집안입니다. 또 예수의 시신을 수습한 아리마대의 요셉도 그런 집안입니다. 그리고 누가복음 8:1을 보면 거기에 부유한 여자들이 예수의 운동을 도왔다고 하는데, 그중에 하나는 헤롯 궁전의 재무상의 부인이었다는 것입니다.

그러니까 예수께서 제자들을 보내면서 "어느 고을에 마침 그런 사람이 있으면, 그 사람이 '아! 우리 선지자, 우리 랍비 예수의 제자들 오셨네. 이 고을에서 하나님 나라 복음 선포하는 동안 우리 사랑채에 와서 지내시오' 하고 방을 내주고 식사 대접을 할 테니까, 그때 미안한 마음으로 주저하지 말고 그냥 가서 먹고 자며 그 동네에 복음 선포하라. 하나님 나라가 임박했으니 선교비 마련하고 장비 갖추려 낭비할 시간도 없다. 여기저기 인사치레하고 다닐 시간도 없다. 어서 가서 너희를 환영하는 사람들의 도움을 받으며 복음 선포에 집중하라"라고 말씀하신 것입니다. 그러니까 복음 선포자의 생계에 대한 예수의 말씀은 이런 사람들이 여러 고을들에 있는 것을 전제하고 하신 말씀이며, 그것의 정신 또는 의도는 복음 선포자들을 새로운 사제 계급으로 만들기 위해서 그런 것이 아니고, 그들이 생계 걱정을 하지 않고 복음 선포에 집중할 수 있도록 하기 위한 것이었습니다. 즉, 복음의 효과적인 선포를 위한 것이었습니다.

바울의 이방 선교 상황은 예수의 유다/갈릴리의 상황과 전혀 달랐습니다. 데살로니가는 마게도냐의 수도로 부유한 항구도시였고, 고린도는 아가야의 수도로 더 부요한 항구도시였습니다. 당시 그런 곳들에는 떠돌이 스토아, 냉소주의 철학자들, 소피스트들, 수사가들이

몰렸습니다. 그들은 사람들이 많이 모이는 시장에서 지혜롭고 행복한 삶에 대한 철학 강연을 했습니다. 그들의 강연은 당시 인기 있는 엔터테인먼트였습니다. 6·25 직후 한국에서 텔레비전도 없고 라디오도 많이 보급되지 않은 때에 약장수들의 쇼가 중요한 엔터테인먼트였듯이 말입니다. 그때 약장수가 사람들을 많이 모아 놓고 유창한 변사의 목소리로 재미있는 만담도 하고 노래도 하며 무엇이든지 잘 믿는 어머니, 할머니들한테 엉터리 비누도 팔고, 약도 팔았습니다.

바울 시대 헬라의 주요 도시들에 떠돌던 철학자들이나 소피스트들도 광장에 사람들을 많이 모아 놓고 "내가 여러분들에게 진정한 행복의 길을 가르쳐 드리겠습니다. 재물이 행복을 주지 않습니다. 권력이 행복을 주지 않습니다. 내가 이렇게 하늘을 지붕 삼고, 땅을 침대 삼아 살듯이 자연에 순응하여 단순히 사는 삶이 진정한 행복입니다" 하고 멋진 수사적 강연을 하고는, "그러니까 나는 집도 절도 없으니 여러분들 한 푼씩 보태시오" 하고 모자를 벗어 돌린 후 돈을 받아서 그것으로 생계를 유지하고 살았습니다. 그들 중 더러는 제자들을 모아서 가르치고 학비를 받기도 했습니다.

바울의 선교단이 고린도에 갔습니다. 그곳에서 그가 복음 선포자의 생계에 대한 예수의 말씀을 순종한답시고, 광장에 서서 복음에 대한 일장 강연을 하고는 모자 돌려서 생계를 위한 돈을 받으면 고린도인들의 눈에 바울이 어떻게 보였겠습니까? 냉소주의 철학자들이나 소피스트들 중 하나로 보였을 것이 아닙니까? 그러면 그의 복음도 그들의 행복한 삶, 구원을 가져다준다는 지혜의 가르침들 중 하나로 보였을 것이 아닙니까? 그러면 바울이 복음을 효과적으로 선포할 수 있었겠습니까? 아니지요. 이런 상황 속에서 바울은 복음을 효과적으로 선포하기 위해서는 자신이 행태에서 냉소주의 철학자들이나 소피스트들과는 전혀 다른 모습을 보임으로써 복음을 그들의 가르침들로부터 확실히 차별화해야 한다고 깨달은 것입니다.

그러니까 바울은 헬라 선교의 상황 속에서 예수님의 가르침을 문자대로 이행할 수가 없었던 것입니다. 그러기에 바울이 성취하려 했던 것은 예수님의 가르침의 정신, 그 의도였습니다. 그 정신, 그 의도가 무엇입니까? 복음의 효과적인 선포 아닙니까? 그러니까 바울은 예수의 말씀의 정신/의도를 실현하기 위해서 그 문자를 어길 수밖에 없었던 것입니다(고후 3:6 참조). 그래서 자신의 생계는 천막 공장에서 자신의 육체적 노동으로 벌면서, 그 공장의 일꾼들에게 그리고 광장이나 회당에 모인 사람들에게 복음을 무료로 선포하여 자신을 냉소주의 철학자들과 차별화하면서 동시에 복음을 그들의 가르침들과 차별화하되, 은혜의(값없는) 복음을 값없이, 무료로 선포하여 복음의 은혜성을 효과적으로 시위한 것입니다. 이렇게 복음, 즉 하나님이 무료로 주시는 그리스도 안에서의 구원의 선물을 무료로 제공하여 복음의 은혜성, 선물성을 효과적으로 시위함으로 말미암아 복음을 효과적으로 선포하고자 한 것입니다. 이것이 헬라 도시들에서 선교하던 바울의 상황에서는 복음 선포자의 생계에 대한 예수의 말씀을 진정으로 순종하는 것이 아니겠습니까?

이러한 배경적 이해를 가지고 고린도전서 9:15~18의 토론으로 돌아가겠습니다. 바울의 이러한 자비량의 선교 원칙은 그 자신에게는 엄청난 희생과 고난의 길이었습니다. 그래서 고린도전후서에 다섯 번이나 되뇌는 그의 '고난 목록'에서 그는 항상 자신의 중노동과 헐벗음, 굶주림에 대해서 언급하는 것입니다(고전 4:11~13; 고후 4:7~10; 6:4~10; 11:23~27; 12:10; 참조. 살전 2:9~10). 그의 이러한 희생적 자비량의 선교로 데살로니가에, 그리고 고린도에 교회가 세워져서 이제 그 교회들의 생계 지원을 받을 수 있었는데도, 바울은 그 교회들에 누를 끼칠까 봐, 그래서 혹 복음 선포에 지장을 초래할까 봐 계속 무료로 복음 선포 사역을 감당한다고 합니다(고전 9:12; 고후 11:7~9; 살전 2:3~11).

고린도전서 9:15~18에서, 복음 선포자의 생계에 대한 예수의 말씀을 잘 활용하며 선교한 다른 사도들과는 달리, 자신은 희생적 자비량 선교로 그 말씀의 의도대로 복음을 가장 효과적으로 선포하려 한다는 것을 설명하고는, 바울은 고린도인들에게 묻습니다. "그러면 나의 상이 무엇이냐?"(9:18).

여기 앞서 고린도전서 3:14에서 사도들의 사역과 관계하여 썼던 '상'이라는 말을 다시 씁니다. 앞에서 우리는 고린도전서 3:10~15에 대한 다수 주석가들이나 설교가들의 해석을 살펴보았습니다. 고린도전서 3:14의 '상'에 대한 그들의 해석이 옳다면, 이곳 9:18에서도 '상'이 같은 뜻을 가지고 있다고 해석해야 하지 않겠습니까? 그러면 바울은 자신의 질문에 당연히 이렇게 답해야겠지요. "나의 상은 (다른 사도들이 받을 것과는 비교가 되지 않게) 큰 '면류관'이나 하나님 나라에서 가장 좋은 아파트이다."

그런데 바울이 정작 무엇이라 답합니까? "내가 복음에 있어서 나의 권리를 다 쓰지 않고 복음을 무료로 선포하는 것이다"(고전 9:18). 상급 신학에 익숙한 우리에게는, 특히 하늘나라에서 남보다 더 큰 상급을 받기를 바라는 사람들에게는, 이 얼마나 허망한 답입니까?

바울은 왜 자신이 무료로 복음 선포하는 것 자체를 '상'이라 합니까? 그것은 고린도전서 3장에서의 '상'과 연결해서 보아야 이해할 수 있는 것입니다. 그런데 이 3장의 언어를 제대로 이해하려면 앞에서 설명한 바울의 소명 사상과 연결해서 보아야 합니다. 바울은 거기서 사도들이 하나님의 집으로 형상화된 하나님 나라를 건설하는 데 있어 각각 다른 임무를 받은 것으로 말합니다. 자신은 개척 선교사로서 기초를 놓는 임무를 받았다는 것이고, 자기 뒤에 고린도에 온 다른 사도들, 베드로와 아볼로는 바울이 놓은 기초 위에 쌓아 올리는 임무를 받았다는 것입니다.

이 그림에서 베드로는 기둥을 놓는 임무를 부여받았다고 합시다. 아볼로는 벽을 쌓는 임무를 맡았다고 합시다. 그들은 같이 사도직으로 소명을 받되, 그 구체적 역할에서 이렇게 각자 다른 소명을 받은 것입니다. 바울 자신은 하나님의 은혜/은사로 자기가 맡은 기초를 잘 놓았다고 합니다(3:10). 즉, 올바른 복음을 복음에 합당한 방법으로, 즉 복음이 요구하는 하나님에 대한 전적인 헌신과 사람들에 대한 온전한 사랑으로 선포하여, 많은 사람들로 하여금 하나님을 올바로 믿고 순종하는 의인들, 즉 하나님의 백성이 되게 했다는 것입니다.

고린도전서 9장의 언어와 데살로니가전서 2:3~11, 그리고 빌립보서 2:15~16 등의 언어로 풀어 말하자면, 누구에게도 오해받거나 누를 끼치는 일이 없도록 자비량하는 희생적 사역으로 그 교회들이 '책망할 것이 없는' 또는 '흠 없는' 교회 공동체들로 자라도록 기초를 놓았다는 것입니다. 고린도전서 3장의 언어로 말하자면, '금과 은과 보석으로' 기초를 놓았다는 것입니다.

　그런데 어떤 사도는 올바른, 순수한 복음이 아니라 세상 지혜와 세상의 가치를 섞은 '복음'을 선포하고, 또 복음이 요구하는 하나님에 대한 전적인 헌신과 양 떼에 대한 온전한 사랑으로 하지 않고 자신의 이해관계에 대한 고려를 섞어서 할 수도 있다는 것입니다. 만약에 그렇게 했다면 그가 하나님의 집 건축에 있어 자신이 맡은 부분을 '돌, 나무, 지푸라기로' 지은 것입니다. 그런 사도 또는 목사가 세워 올린 교회는 죄악이 섞인 '책망할 것이 많은' 또는 '흠투성이'의 교회가 될 것입니다. 최후의 심판 때 하나님은 주의 종들의 사역을 '행위대로 심판'하실 터인데, 그때 심판의 불이 하나님의 집의 그런 부분 또는 그런 교회를 태워 버릴 것입니다. 아까 말한 대로 완성된 하나님 나라에 죄악이 섞인 것은 남아 있을 수 없기 때문입니다. 그래서 그런 교회를 지은 사도 또는 목사는 자신은 구원을 받되, 하나님 건축에 있어서 자신이 맡아 쌓아 올린 부분, 또는 자신이 평생 지어 올린 교회를 잃어버리는 것입니다.

　이것이 3:15의 의미입니다. 즉, 3:15에서 '잃어버리다' 동사의 생략된 목적어는 '상'이 아니라 돌과 나무와 지푸라기로 지어져 심판의 불에 타 버리는 것입니다. 반면에 심판의 불이 하나님의 집 건축에 있어 바울이 맡은 기초는 '금과 은과 보석으로' 지은 것으로 찬란히 드러나게 할 것입니다. 즉, 바울이 세워 올린 빌립보 교회와 데살로니가 교회는 '책망할 것이 없는' 또는 '흠 없는' 교회로 찬란히 드러나게 될 것입니다. 이렇게 최후의 심판 때 불에 의해서 태워져 버리지 않고 남되, '금과 은과 보석으로' 지은 것으로 찬란히 드러나는 것, 그것이 바로 바울과 같은 신실한 사역자가 받는 '상'입니다.

그러기에 바울은 데살로니가 교회와 빌립보 교회를 자신이 하나님의 최후의 심판 때 자신이 받을 '면류관'이라고 말하는 것입니다. "우리의 소망이나 기쁨이나 자랑의 면류관이 무엇이냐? 그의 강림하실 때 우리 주 예수 앞에 너희가 아니냐? 너희는 우리의 영광이요 기쁨이니라"(살전 2:19~20). "… 나의 사랑하고 사모하는 형제들, 나의 기쁨이요 면류관인 사랑하는 자들아…"(빌 4:1).

바울 자신이 데살로니가 교회와 빌립보 교회를 '책망할 것이 없는' 또는 '흠 없는' 교회로, 즉 '금과 은과 보석으로' 세워 올렸으니, 하나님이 그 공로를 인정하여 큰 면류관을 씌워 주시리라는 것이 아닙니다. 그 교회들이 바울이 큰 면류관을 받을 근거가 된다는 것이 아닙니다. 그 교회들 자체가 그의 면류관이라는 것입니다. 그 교회들이 심판의 불에 의해 바울 자신이 '금과 은과 보석으로 지은' 것으로, 즉 '책망할 것이 없는' 또는 '흠 없는' 교회로 찬란히 드러나는 것, 그것이 그에게 큰 자랑거리가 되고, 기쁨을 주는 면류관이라는 것입니다.

그러니 이제 우리는 고린도전서 9:18의 '상'이 3:14의 '상'과 같은 의미를 가진 것임을 이해할 수 있게 되었습니다. 자신의 자비량적 희생으로 복음을 무료로 선포하는 것 자체가 그에게 '상'인 이유는 그것이 곧 교회를 '금과 은과 보석으로' 세워 올리는 것이어서, 그렇게 세워 올린 교회가 최후의 심판 때 심판의 불에 의해 소실되지 않고 남되, '금과 은과 보석으로' 지은 것으로 찬란히 드러나게 하기 때문입니다.

지금 이 책을 읽고 계시는 분들은 많은 혼란을 느낄 것입니다. 왜냐하면 너무나 오랫동안 최후의 심판 때의 의로운 삶과 봉사에 대한 '상'을 구원 위에 덧붙여 받는 어떤 좋은 것(면류관, 아파트 로열층)으로 생각하도록 교육을 받아 왔기 때문입니다. 복음을 믿어 칭의 된 사람들은 다 구원을 받되, '성화'를 잘 이룬 사람들 또는 하나님 나라에 특별히 크게 공헌한 사람들은 구원에 더하여 '상급'을 받는다는 설교를 수없이 들어 왔기 때문입니다.

그런데 조금만 신학적으로 사고할 줄 아는 사람은 그런 가르침이 옳지 않다는 것을 알게 됩니다. 우리가 하나님으로부터 받는 구원 자체가 하나님의 신적 충만에 들어감, 그리하여 신적 생명을 얻음, 즉 하나님의 영광을 얻음, 하나님의 형상을 얻음, 즉 하나님과 같이 됨인데, 거기에 무엇을 더할 수 있다는 것입니까? 하나님의 무한(한 지혜, 능력, 사랑, 영원)에 참여함인데, 거기에 무엇을 더 얻는다는 것입니까? 이것은 초등학교 산수만 배워도 압니다. 무한대에 1000을 덧붙인다고 더 커지는 것입니까? 하나님의 영광을 얻은 사람이 황금

1000냥짜리 면류관을 쓴다고 하나님의 영광보다 더 큰 영광을 얻는 것입니까?

바울은 '상' 또는 '면류관'이라는 말을 이렇게 자신의 사도적 사역이 최후의 심판의 불에 의해서, 바르고 헌신적인 복음 선포로 하나님 나라의 총체적 실현(하나님의 집을 건축함)에 있어 그가 맡은 부분을 온전히 감당했음(즉, '금과 은과 보석'으로 지음)이 드러나는 것, 그가 세운 교회들(예를 들어, 빌립보 교회, 데살로니가 교회)이 흠 없고 영광스런 교회로 환히 드러나는 것을 지칭하여 씁니다(고전 3:14~15; 9:18; 빌 4:1; 살전 2:19~20).

그러나 바울은 '상' 또는 '면류관'이라는 말을 우리가 종말에 얻을 구원 자체를 지칭하여 쓰기도 합니다(고전 9:23~27; 빌 3:12, 14; 롬 2:5~10; 골 3:24; 참조. 딤후 4:8). 우리가 칭의 된 자들로서, 즉 하나님의 나라로 이전된 자들로서, 이중 사랑 계명(하나님/그리스도의 법)을 지키라는 요구의 형태로 오는 하나님/주 예수 그리스도의 통치에 순종하여 의의 열매를 맺는 삶을 사는 것, 또 각자에게 하나님 나라 실현을 위해 부여된 하나님의 소명을 충실히 감당하는 삶을 사는 것을 바울은 경주 등 운동 경기의 그림으로 즐겨 비유하면서, 그러한 삶을 성공적으로 살아 '상' 또는 '면류관'을 받으라고 권면합니다.

이렇게 칭의의 현재 과정(구원의 서정의 언어로 말하자면 '성화'의 과정)을 경주로 비유하는데, 이때 '상' 또는 '면류관'은 그 과정의 끝에 있을 최후의 심판 때 주어지는 칭의의 완성, 곧 구원 자체를 지칭하는 것입니다. 바울이 '상' 또는 '면류관'이라는 말을 이와 같이 두 가지로 사용하되, 구원 위에 덧붙여 주는 '상급'의 의미로는 쓰지 않습니다. 바울이 '상' 또는 '면류관'이라는 말을 이와 같이 우리의 구원과 우리의 사역의 열매, 둘 다에 적용하여 쓰는 것은 그가 '은혜'와 '소명'을 앞서 본 바와 같이 구원과 사명, 둘 다에 적용해서 쓰는 것과 맥을 같이 하는 것으로서, 사실은 하나로 통합되는 것입니다. 그 사실을 잘 이해하는 것이 아주 중요한데, 그것을 위해서는 상당히 긴 설명이 필요하므로 여기서는 생략하겠습니다.

바울은 '상' 또는 '면류관'이 하나님으로부터 '칭찬'을 듣게 하는 것이고(롬 2:29; 고전 4:5) '자랑'할 수 있는 것이라고 합니다(빌 4:1; 살전 2:19~20). 그러나 이 '자랑'과 관련해서 바울이 자신의 '육신'(자신의 지혜, 능력, 의, 가문, 학벌, 성취 등)을 자랑하는 것을 죄의 본질로 경계하며, 오직 "주(만)을 자랑하라"라고 거듭 당부한 것을 잊지 말아야 합니다 (고전 1:31; 고후 10:17; 롬 5:11; 갈 6:14; 빌 3:3; 렘 9:22~23). 즉, 우리의 하나님 나라를 위한 사역의 열매를 자랑스럽게 여긴다 해도, 그것이 자신의(육신의) 성취인 양, 그리하여 남에 대해서 우월감을 가지고 할 것이 아니라, 그것도 하나님의 은혜에 의한 것으로 인식하며, 자신을 통하여 나타난 하나님의 은혜/은사를 자랑한다는 자세로 해야 한다는 것입니다.

고린도전서 15:10에서 바울이 그런 자랑의 모범을 보입니다. "나의 나 된 것은 하나님의 은혜로 된 것이니 내게 주신 하나님의 은혜가 헛되지 아니하여 내가 모든 사도들보다 더 많이 수고하였으나 내가 아니요 오직 나와 함께하신 하나님의 은혜라."

바울이 고린도전서 3장에서 사도들의 사역을 예로 들어 설명한 '행위대로'의 최후의 심판과 '상'에 대한 가르침을 일반화하여 우리 모두에게 적용해 봅시다. 우리가 칭의 된 사람들로서, 즉 하나님 나라에 들어가 하나님의 통치를 받고 사는 사람들로서, 날마다 그 통치를 대행하는 하나님의 아들 주 예수 그리스도의 주권에 순종하는 '믿음의 순종'을 하면(롬 1:5; 16:26), 즉 윤리적 선택의 순간마다 '하나님의 법'/'그리스도의 법', 즉 이중 사랑의 계명을 지키는 삶을 살면 우리는 '의의 열매'를 맺게 되는데, 그 '의의 열매'가 결국은 무엇입니까? 인권을 증진하고, 정의를 세우며, 화평을 이루는 것, 즉 공동체의 삶에 샬롬이 이루어지게 하는 것 아닙니까? 결국 이 세상에서 하나님 나라의 샬롬을 임시적이고 불완전한 형태로나마 실현하는 것입니다.

그런데 이렇게 하나님의 통치에 '믿음의 순종'을 하여 의를 이루고 하나님 나라의 샬롬을 실현하라는, 모든 성도에게 공히 요구되는 일반적인 요구와 함께, 우리 각자가 하나님 나라(집) 건설에 있어 다양한 부분을 맡도록 개별화된 소명을 받았다는 것을 위에서 설명했고, 바울과 다른 사도들의 예에서 방금 살펴보았습니다. 우리 모두는 목사로서, 선생으로서, 의사로서, 엔지니어로서, 사업가로서, 농부로서, 정치가로서, 예술가로서, 주부로서 각자 하나님의 집의 한 귀퉁이

씩 쌓아 올리도록 소명되었습니다.

또한 바울은 자신이 하나님의 구원의 경륜 가운데 이방인들에게 복음을 선포하도록 하기 위해서 사도로 소명 받은 것을 인식하고(갈 1:15~16), 이방인들에게 (자신의 구원의) '빚을 진 자'의 심정으로(롬 1:14) 그들에게 복음을 선포하되 자비량의 희생적 자세로 그들을 섬겼다는 것(고전 9:15~18; 살전 2:3~11; 등), 그리하여 하나님 나라 건축(또는 하나님의 구원의 경륜)에 있어서 그에게 맡겨진 부분을 '금과 은과 보석으로' 지었다는 것, 즉 예를 들어, 빌립보 교회와 데살로니가 교회를 흠 없고 영광스런 교회로 세워 올렸다는 것, 그 사실들이 후의 심판의 불에 의해 찬란히 드러나게 된다는 것 등을 살펴보았습니다.

우리 모두에게도 똑같은 원칙이 적용됩니다. 바울과 같이 우리도 하나님 나라 건축(또는 하나님의 구원의 경륜)에 있어서 우리 각자에게 주어진 소명에 대한 뚜렷한 인식을 가지고, 우리의 소명의 대상을 '빚진 자'의 심정으로 섬기라는 것이 하나님/주 예수 그리스도의 주권자적 요구입니다. 그래서 우리도 목사로서 양 떼에게, 선생으로서 학생들에게, 의사로서 환자들에게, 공무원으로서 시민들에게, 사업가로서 고객들에게, 각자의 소명/직업을 잘 수행하도록 주시는 성령의 은혜/은사의 힘으로 성실한 섬김의 삶을 살면, 우리는 그만큼 의와 사랑과 화평을 증진시켜 하나님 나라의 샬롬의 실현에 이바지하게 되는 것입니다. 우리가 하나님 나라 건축에 있어서 우리에게 맡겨진 부분을 '금과 은과 보석으로' 짓는 것입니다.

그러나 우리가 우리의 소명/직업을 그것의 대상 위에 군림하며 착취의 수단이나 장으로 삼는다면, 우리는 불의와 갈등을 낳아 도리어 사탄의 나라에 공헌하는 것이 됩니다. 그러면 우리가 하나님 나라 건축에 있어서 우리에게 맡겨진 부분을 '돌과 나무와 지푸라기로' 짓는 것입니다.

최후의 심판 때 하나님이 불로 우리의 행위 전체를 심판하실 텐데, 그때 우리가 하나님의 통치에 순종하여 맺은 '의의 열매', 하나님 나라 건축(또는 하나님의 구원의 경륜)의 실현에 우리가 한 이바지는 남아 찬란히 빛날 것입니다. 그것이 우리가 받을 '상'이요 '면류관'입니다. 반면에 하나님의 통치를 저버리고 사탄의 통치에 대해 순종하며 살았으면, 우리의 열매가 '돌과 나무와 지푸라기로' 지은 것으로 드러날 것이고, 그것은 다 타 없어져 버릴 것입니다. 우리는 그렇게 우리의 사역의 열매를 잃어버릴 것입니다.

3) 성령의 도움에 의한 순종과 주 예수 그리스도의 중보

강의 중에 제일 많이 들었던 질문은 이것입니다. "지금까지 칭의론을 법정적 개념으로만 생각해서, 우리가 하나님의 은혜로 그리고 우리의 믿음으로 무죄로 선언되고 의인이라 칭함 받았으니, 최후의 심판 때 그것이 확인되어서 우리가 구원의 완성을 받을 것이라고 생각했습니다. 그래서 '그러므로 이제 그리스도 예수 안에 있는 자에게는 결코 정죄함이 없다'(롬 8:1)라는 바울의 선언이 주는 구원의 확신을 가지고 자유롭게 살아왔습니다. 그런데 듣고 보니까 칭의론은 관계론적 평면도 있어서 하나님과 올바른 관계로 회복되었음을 의미하고, 그것은 하나님의 하나님 노릇 해 주심을 덕 입으면서 하나님의 통치에 실제로 순종해서 사는 것을 요구한다고 하셨습니다. 그리고 하나님의 통치, 그것을 대행하는 하나님의 아들 예수 그리스도의 주권에 순종하는 것은 구체적인 삶의 현장에서 '하나님의 법'/'그리스도의 법'(고전 9:21)을 지키며 산다는 것을 의미한다고 하셨습니다. 그리하여 '의의 열매'를 맺어야 행위대로 심판하시는 하나님의 최후의 심판에서 우리의 칭의가 완성되어 구원을 받는다고 하셨습니다. 그렇다면 우리가 더 이상 모세의 율법에 따라 음식 가리기, 손 씻기 등의 율법들을 다 지키지는 않더라도, 하나님을 사랑하고 이웃을 사랑하라는 이중 사랑의 계명을 내용으로 하는 '하나님의 법'/'그리스도의 법'을 지켜야 하니, 결국 우리가 다시 율법을 지키는 선행으로 의인이 되고 구원받는다고 하는 것이 아닌가요?"

이런 질문이 당연히 제기될 줄 알고, 앞에서 칭의론의 삼위일체적 구조를 두세 번씩 반복해 설명한 것입니다. 거기서 강조한 것들 중 특히 두 가지 요소들을 상기시키면, 하나는 하나님의 최후의 심판석 앞에서 우리는 결국 하나님의 아들 주 예수 그리스도의 중보로 칭의의 완성을 얻는다는 것(롬 8:32~39)과, 다른 하나는 칭의의 현재의 과정에서도 우리는 오로지 성령의 깨우쳐 주심과 힘 주심에 의해서 하나님의 통치/예수 그리스도의 주권에 순종할 수 있다는 것, 즉 하나님을 사랑하고 이웃을 사랑하는 삶을 살 수 있다는 것, 그리하여 '의의 열매'를 맺을 수 있다는 것이었습니다(롬 8장; 갈 5~6장).

맘몬주의와 이기주의가 압도하는 오늘날 우리가 어떻게 맘몬 우상승배를 배격하고 하나님을 사랑할 수 있으며, 이웃을 착취하지 않고 이웃을 사랑할 수 있습니까? 사업가로서 어떻게 부당한 이득 취하기를 거부하고, 좋은 상품을 만들어 이웃의 삶을 안전하고 풍요롭게 할 수 있으며, 공무원으로서 어떻게 뇌물을 거절하고, 공정하고 능률적인 행정으로 시민들의 삶을 행복하게 할 수 있습니까? 이 살인적인 경쟁의 시대에 상사에게 나를 모함하고 자신의 이익을 취하는 동료를 어떻게 복수하지 않고 도리어 사랑할 수 있습니까?

나 스스로는(바울의 언어로 말하자면, '육신'으로서의 나는) 이런 것을 도저히 할 수 없습니다. 성령에 힘입지 않으면 나한테 해코지한 사람을 한 번도 용서할 수 없습니다. 예수님은 그런 사람을 일곱 번씩 일흔 번, 그러니까 무한히 용서하라고 하십니다. 그러나 한 번 용서하기도 힘들지요? 그래도 우리 안에 한 번이라도 용서하려는 마음이 생기면, 그것은 성령이 주신 것입니다.

우리가 날마다 이런 윤리적 선택의 갈림길에 놓일 때마다 성령이 우리에게 하나님의 뜻/주 예수 그리스도의 뜻을 깨닫게 하고, 그것에 순종할 수 있는 믿음과 능력을 주심으로써 할 수 있는 것입니다. 그러므로 우리는 평소 목사님의 설교를 통해서, 아침 QT 말씀 묵상을 통해서, 주 안에서 사귄 형제들의 권면을 통해서, 좋은 책들을 통해서, 음악이나 미술을 통해서, 또는 다른 여러 가지 방법들로 성령이 하나님의 통치에 대해서 우리에게 말씀하시는 것에 귀를 기울이고 살면서, 윤리적 선택의 순간에는 성령의 인도하심을 더욱 민감히 헤아리며 그것에 순종할 수 있는 믿음과 능력을 주시기를 더욱 절실히 기도해야 하는 것입니다. 이렇게 사는 것이 '죄와 죽음의 법'(즉, 우리의 '육신'을 자극하여 죄를 짓게 하고 죽음을 품삯으로 얻게 하는 법 – 롬 7장)으로부터 해방된 의인인 우리가 '그리스도 예수 안에 있는 생명의 성령의 법'(즉, 생명을 가져다주는 성령에 힘입어 지키는 하나님의 법)을 지키며 삶으로써 '율법의 정당한 요구'를 성취하는 것입니다(롬 8:2, 4).

날마다 이렇게 성령의 인도하심과 힘 주심을 간곡히 구하면서 살아도, 또는 "당신의 나라가 임하게 하소서 … 우리를 (사탄의) 시험에 굴러 떨어지지 않게 하시고, 그 악한 자로부터 구원하소서"라고 매일 주기도문을 되뇌면서 살아도, 우리는 때때로 사탄의 통치에 굴복하여 하나님과 이웃에게 죄를 짓게 됩니다. 그리하여 누구도 칭의의 현재 과정(구원의 서정의 언어로 말하자면 '성화'의 과정)에서 완벽한 의를 이룰 수가 없습니다.

그래서 사실 우리 모두는 행위대로 심판하는 하나님의 최후의 심판에서 '의의 열매'와 '육신의 열매'가 뒤범벅된 자들로, 하나님 나라 건설에 있어 우리에게 맡겨진 부분들을 금과 은으로만이 아니라 돌과 나무를 섞어 지은 자들로 드러날 것입니다. 그때 '육신의 열매' 또는 돌과 나무의 요소들은 심판의 불에 타 없어져 버릴 것입니다. 그럼에도 하나님의 아들 주 예수 그리스도의 중보로 말미암아 우리는 칭의의 완성을 받고 구원을 얻을 것입니다. 그것이 고린도전서 3:15에서 바울이 말하는 것 아닙니까?

하나님의 은혜에 힘입어 칭의 되고 하나님 나라로 이전되어 그리스도의 주권에 성령의 도움으로 순종하려는 기본자세를 가지고 산 사람은, 때때로 사탄의 시험에 빠져 죄악을 저질렀다 해도, 하나님께 완전히 등 돌리고 사탄의 나라로 가 버리지 않은 한, 그리스도의 중보의 은혜로 구원받는다는 것입니다. 그러므로 우리의 칭의/구원은 우리 믿음의 시작점부터, 믿음 생활의 현재를 거쳐, 종말의 완성 때까지 철저히 삼위일체적 하나님의 은혜에 의한 것입니다.

4. 예정과 성도의 견인, 그리고 탈락의 가능성[13]

1) 탈락의 가능성

그렇다면 믿음의 시작점에 칭의 된 모든 사람들은 결국 구원을 받는 것입니까? 그런 사람들 중 구원에서 탈락하는 사람은 없습니까? 결론적으로 한마디로 답한다면, 칭의의 현재('구원의 서정'의 언어로 말하자면 '성화') 단계에서 하나님 나라의 백성으로서 하나님의 아들 예수 그리스도의 주권에 성령의 도움으로 순종하려는 기본자세를 가지고 살지 않는 사람은 설사 그가 예전에 믿음으로 예수를 주로 고백하여 칭의/구원을 받았다 한들(롬 10:9~10), 종말의 칭의/구원의 완성에 이르지 못하고 탈락한다는 것이 성경의 가르침입니다.

즉, 그런 사람은 주 예수 그리스도의 주권에 성령의 도움으로 순종하려는 기본자세를 가지고 살지만 종종 사탄의 시험에 빠져 죄를 짓는 사람과는 달리 보다 근본적으로 "예수가 주이시다"라는 신앙을 저버리고 사실상 사탄을 주로 섬기는 기본자세를 가지고 사는 사람이 되었기 때문입니다. 본인이 의식적으로 그리고 명백히 했든 아니든 실제 삶에서 그가 배교한 사람임을 보여 주기 때문입니다.

성경은 이런 사람에 대해서 엄중히 경고합니다. 앞에서 이미 살펴본 대로 고린도전서 10:1~12에서 바울은 출애굽한 이스라엘을 예로 들어 경고합니다. 은혜로/믿음으로 의인 된 사람은 구원의 첫 열매

---

13 이 부분은 김세윤, 김회권, 정현구 공저, 『하나님 나라 복음』(새물결플러스, 2013), pp. 321~328에 있는 필자의 글을 조금 보완한 것입니다.

를 받고 종말에 완성될 칭의/구원을 향하여 나아가는 사람으로서, 즉 하나님 나라에 진입하여 하나님의 하나님 노릇 해 주심을 받으며 종말에 완성된 하나님 나라의 구원을 향해 나아가는 사람으로서, 계속 하나님 나라에 서 있어야 하는데(롬 5:1~2), 즉 주 안에 굳건히 서 있어야 하는데(빌 4:1; 살전 3:8 등), 즉 하나님의 통치를 대행하는 하나님의 아들 주 예수 그리스도의 통치를 받으면서 살아야 하는데, 그렇지 않으면 넘어져 종말의 구원의 완성에서 탈락할 수 있다는 것입니다.

출애굽한 이스라엘 백성도 구원의 첫 열매를 받았습니다. "홍해를 건넜고, 구름 아래 있었습니다." 즉, 우리의 세례와 성령 받음에 해당하는 구원의 체험을 했다는 말입니다. 그들은 만나와 므리바의 물, 즉 성령이 공급하는 영의 양식을 먹었습니다. 그들도 우리의 성만찬에 해당하는 체험을 했다는 말입니다. 그러나 그들은 약속된 구원의 땅 가나안을 향하여 나아가는 도정에서 광야를 지나는 동안 우상숭배와 음행에 빠져 하나님과의 올바른 관계에 서 있지 못하고 다 넘어져 죽었습니다.

바울은 이것이 우리를 향한 '경고의 예표'라고 하면서, 이렇게 경고합니다. "그런즉 선 줄로 생각하는 자는 넘어질까 조심하라"(고전 10:12). 우리도 세례를 통해 하나님 나라로 회복되었습니다. 그 결과 성령을 받고 영의 양식을 먹는 하나님의 백성이 되어 종말에 있을 구원의 완성을 향해 나아가는데, 계속해서 하나님의 통치를 받아 하나님의 은혜를 덕 입는 관계에 서 있어야 합니다. 그래야 종말에 하나님 나라의 완성에 이릅니다. 지금 여기서 하나님의 통치를 더 이상 받지 않고 그래서 하나님과 올바른 관계에 서 있지 않으면 넘어지고 맙니다.

바울은 똑같은 경고를 로마서 11:17~24에서도 하고 있습니다. 하나님은 이스라엘에게 주신 자신의 언약을 신실히 지켜 메시아(종말의 구원자) 예수를 보내시고 그를 통해 구원을 이루어 주셨는데, 유대인들은 그 메시아 예수를 믿지 않고 거부했습니다. 그것은 그들이 그 언약의 관계에서 자신들 쪽의 의무, 곧 하나님의 은혜를 믿고, 의지하고, 그의 선한 뜻에 순종하는 일을 하지 않은 것이요, 그 언약의 관계에 '서 있음' 또는 '머무름'을 하지 않은 것입니다.

그래서 바울은 그들이 하나님의 백성의 줄기에서 떨어져 나간 가지들이 되었다는 것을 밝히고, 하나님의 의(언약에 신실하심)에 의해 의인 된 우리에게 경고하는 것입니다. "우리도 하나님의 은혜에 힘입어 사는 그 의의 관계에 신실히 서 있기를 지속하지 않으면(곧 의롭게 살지 않으면, 즉 하나님께 의지하고 순종해야 하는 우리 쪽의 의무를 다하지 않으면), 우리도 유대인들과 마찬가지로 내쳐지게 될 것이다." 그러기에 우리는 '계속 믿음의 반석 위에 굳건히 서서 우리가 들은 복음의 소망에서 흔들리지 않아야만' 최후의 심판 때 '거룩하고 흠 없고 책망할 것이 없는 자'로 하나님 앞에 세워지게 될 것입니다(골 1:21~23).

우리의 현재적 실존에서 하나님의 통치를 받지 않으면서, 즉 하나님께 의지하고 순종하는 삶을 살지 않으면서, 주 예수 그리스도를 '믿는다'고 하면, 그것은 '헛되이 믿는 것'인데, '헛된 믿음'으로 하나님의 구원을 덕 입을 수 없는 것은 자명한 이치입니다. 복음이 약속하는 하나님의 구원을 덕 입게 하는 진정한 믿음은 복음을 받아들여 세례 때 한 번 "예수 그리스도가 우리(죄)를 위해서 죽고 부활하셨다", 그래서 "예수가 주이시다"라고 고백하는 데서 끝나는 것이 아니라, 그의 죽음과 부활의 복음을 받아들임으로 얻게 된 하나님과의 올바른 관계 속에 계속 서 있는 것까지 포함합니다. 이것이 바울이 고린도전서 15:1~2에서 강조하는 바입니다(롬 5:2 참조).

구원의 은혜에서 탈락할 가능성을 바울 서신 이외에 제일 무서운 언어로 가르치는 구절은 히브리서 6:1~10입니다(히브리서도 출애굽 세대의 이스라엘을 경고의 예로 사용하기도 함, 4장). 여기 보면 한 번 세례를 받아 빛을 체험하고(곧 진리를 알고) 죄 씻음을 받은 자가 배교하면, 신앙에서 뒷걸음치면 다시 회개하게 할 수 없다고 합니다. 매우 엄중한 경고가 아닐 수 없습니다. 그래서 그 구절을 읽고서 크게 당황하는 사람들이 가끔 있습니다. 그런 사람들은 구원의 은혜에서 탈락할 수 있다고 되풀이해 경고하는 히브리서 저자가 그것 때문에 걱정하는 사람들에게 하나님의 신실함이 우리의 구원을 지켜 준다고 확신을 주며 살살 달래기도 한다는 사실을 유념해야 합니다. 히브리서는 이 경고와 달램의 형식이 2장부터 12장까지 계속 반복됩니다.

저자는 1장에서 하나님의 아들 예수 그리스도의 복음을 요약하고는, 곧 2장 초두(1~4절)에서 너희가 이 위대한 복음을 저버려 멸망의 강물에 떠내려갈까 봐 걱정이라는 경고를 합니다. 그러고는 곧 하나님이 너희를 위해 예수를 하늘에서 변호하고 중보하시는 대제사장으로 세우셨다는 대제사장 기독론을 펼치며 자꾸 확신과 위안을 주며 달랩니다(2:17~3:1). 이러한 경고와 달램이 편지 내내 계속 교차합니다. [2:1~4/2:17~3:1]; [3:12; 4:1, 11~13/4:14~16+5:1~10]; [6:1~8/6:20+7:1~10:18]; [10:26~31/32~39]; [12:14~17/18~24]; [12:25~27/28~29]. 그래서 저는 히브리서를 '경고와 달램의 시리즈' 라고 합니다.

탁월한 설교자 또는 훌륭한 교사는 양쪽을 다 가르칩니다. 신자가 믿음에서 뒷걸음칠 때마다 하나님은 오래 참으시는 가운데 성령으로 그를 회개시키고 되돌려 놓지만, 그러나 실존의 선택의 순간마다 성령의 인도하심에 따르기를 계속 거부하고 끝까지 신앙에서 뒷걸음치면 언젠가는 되돌아올 수 없는 낭떠러지로 떨어질 수도 있다는 것이 엄연한 성경의 가르침입니다.

그러므로 우리의 온전한 구원/칭의가 종말에 얻는 것으로 유보된 상태에서, 오늘 우리는 두렵고 떨림으로 하나님과의 올바른 관계에 서 있어야 합니다. 우리 실존의 순간순간마다, 가치판단과 윤리적 선택의 순간마다, "예수가 주이시다"라는 우리의 신앙을 실재화(actualization)하여 주 예수가 대행하는 하나님 나라의 통치에 순종해야 합니다. 삶의 매 순간 우리는 사탄의 통치를 받을 것인지 하나님의 통치를 받을 것인지의 갈림길에 서게 되는데, 이때 초월의 성령님께 은혜와 힘을 구해야 합니다. 그러면 성령께서 우리의 실존의 윤리적 선택의 순간마다 하나님을 사랑하고 이웃을 사랑하는 길을 깨우쳐 주면서, 맘몬 우상숭배와 이웃 착취로 자신의 안녕과 행복을 꾀

하라는 사탄의 통치를 거부하고 주 예수 그리스도의 이중 사랑의 계명을 지켜 하나님의 통치에 순종할 수 있는 힘을 주십니다. 그럴 때에만 우리는 칭의 된 자들로서 '율법의 정당한 요구'를 성취하는 의인의 삶을 살게 됩니다(롬 8:3~4).

2) 예정과 성도의 견인, 그리고 탈락의 가능성

우리가 얻은 구원의 탈락의 가능성을 언급하면 많은 성도들은 교회에서 그렇게 배우지 않았다고 이야기합니다. 그러나 한 번 받은 구원은 영원한 구원이고, 한 번 칭의 되면 최후 심판에서 그 칭의가 자동적으로 확인된다고 믿는 것은 실은 구원파적 신앙입니다. 방금 살펴본 대로 성경은 우리가 구원의 은혜로부터 탈락할 가능성에 대해 엄중히 경고하고 있는데도, 일부 신학자들이나 목사들이 그렇게 가르치는 것은 그들이 로마서 8:28~39와 같은 구절들에 일방적으로 의존하고 있기 때문입니다.

로마서 8:28~39을 보면 하나님이 우리를 끝까지 지켜 주신다고 합니다. 하나님이 우리를 만세 전부터 구원으로 예정하시고, 우리를 부르시고, 의인으로 만들 계획이 있었으므로 우리가 하나님의 영광에 이를 때까지, 구원의 완성에 이를 때까지 지켜 주신다고 말합니다. "누가 우리를 그리스도 안에 있는 하나님의 사랑에서 끊을 수 있으리요!"라고 외치며 바울이 웅변을 쏟아 냅니다. 이 우주 안에 있는 어떤 세력도 하나님의 사랑에서 우리를 끊을 수 없다는 것입니다. 전통 신학에서는 이런 하나님의 지켜 주심을 '성도의 견인'이라고 합니다. 그러나 앞서 살펴본 것처럼 '타락의 가능성' 또한 엄연한 성경의 가르침입니다(히 6:9~20 참조). 그렇다면 하나님이 지켜 주시는데 어떻게 구원의 은혜로부터의 타락/탈락이 가능합니까?

표면적으로 보면 논리적 모순이 있습니다. 이렇게 성경에는 표면적으로, 논리적으로 서로 모순되는 가르침들이 여럿 있습니다. 이런 때 이 둘 사이의 논리적 긴장을 해소하기 위해 그중 어느 하나만을 택하고 다른 하나를 약화시켜서는 안 됩니다. 아르미니안주의식으로 예정과 성도의 견인의 교리를 약화시켜서도 안 되고, 칼빈주의식으로 타락의 가능성을 사실상 부인해도 안 됩니다.

후자는 사변적이고 기계적인 예정론을 견지하기 위해서 다음과 같은 논리를 펴기도 합니다. "진정으로 예정된 자는 타락할 수 없다. 고로 신앙생활을 하다가 배교하고 방탕한 삶을 살고 있는 저 목사나 장로는 원래 진정한 믿음을 가지고 산 것이 아니라 '단지 겉으로 믿는 자같이 보이는 생활'(only apparent faith)을 한 것이다. 아니면 현재 그의 방탕한 삶은 '단지 겉으로 타락/탈락으로 보이는 것'(only apparent fall)이고 결국은 하나님의 지켜 주심으로 돌아서서 구원을 받게 된다." 이런 식으로 성경의 타락/탈락의 가능성에 대한 경고를 무력하게 만드는 것은 성경을 바르게 공경하는 태도가 아닙니다.

적어도 우리 개신교도들에게는 어떤 교회사의 인물도 성경보다 더 위대하고 더 큰 권위를 가지고 있지 않습니다. 예를 들어, 칼빈이 가르쳤다고 생각하는 (좀 일방적인) 예정론을 추종하기 위해 성경에 분명히 구원의 은혜로부터 탈락할 가능성이 있다고 하는 가르침을 피하거나 경시하는 것은 옳지 않습니다. 종교개혁의 대 원칙들 중 하나가 '성경대로만'(sola scriptura)입니다. 교회의 전통보다 성경이 더 중요한 것입니다. 그런데 (한국) 장로교의 일부가 자신도 정확히 인지하지 못하는 사이에 중세 가톨릭교회의 신학 방법에 빠졌습니다. 중세 신학자들이 토마스 아퀴나스의 신학이나 교회의 전통에 맞추어 성경을 해석했던 것처럼, 지금 (한국) 장로교의 일부는 오로지 칼빈 또는 이른바 '칼빈주의' 신학에 맞추어 성경을 해석하려고 합니다. 칼빈이 위대한 성경학자이고 신학자인 것은 분명하지만, 그가 모든 진리를 다 터득한 것은 아닙니다. 칼빈 이후 지난 500년 동안에 많은 신학자들도 성경의 상당한 진리들을 새롭게 발견했습니다. 우리는 '성경대로만'의 원칙에 굳건히 서서, 우리 이전의, 또 우리와 동시대의 신학자들이 산고(産苦) 끝에 찾아낸 신학적 진리들을 겸허하게 경청하고 수용하면서 동시에 성경을 더 깊이 연구하여 새로운 진리들을 부단히 터득해 가야 하는 것입니다.

성경이 가르치는 '예정론/성도의 견인론'과 '타락/탈락의 가능성에 대한 경고'는 그것들이 주어진 의도를 존중하면서 통합하여 이해해야 합니다. 그렇게 하여 두 가르침들을 논리적 긴장 가운데 함께 유지하는 것이 건강한 신앙입니다. 탈락의 가능성을 말하는 고린도전서 10:1~12이나 히브리서 6:1~10 등의 의도는 신실한 제자도, 또는 의인/성화의 삶을 촉구하기 위한 것입니다. 그렇게 살지 않으면 하

나님과의 올바른 관계에서 탈락할 수 있다고 출애굽 세대의 예를 들어 경고하는 것을 우리는 앞에서 살펴보았습니다.

예정론/성도의 견인론을 펼치는 로마서 8:28~39의 의도는 칭의/구원의 첫 열매를 받았지만 종말의 완성을 향해 가는 동안 여전히 사탄의 죄와 죽음의 통치에 노출되어 고난을 받는 성도들에게 구원의 확신과 위로를 주고자 하는 것입니다. 이 가르침은 하나님의 주권자적 은혜에 기초를 둔 본문입니다. 이 본문이 말하고자 하는 바, 하나님이 우리를 지켜 주신다는 것을 확실히 하기 위해 예정론을 먼저 펼칩니다. "내가 의인이라 칭함 받음은, 그래서 지금 하나님과 올바른 관계에 서 있음은 하나님이 영원 전부터 나를 택하여 부르시고, 그가 정한 때가 되어 복음을 듣게 하시고, 자신의 영(성령)으로 나의 눈을 뜨게 해 복음의 진리를 깨닫게 하시고, 그리스도를 믿게 하시어 그 구원의 덕을 입게 하심에 의해서이다. 그러니까 나의 구원은 전적으로 하나님의 은혜에 의한 것이다." 우리가 알기 전에 성령이 이렇게 미리 오셔서 구원의 은혜를 베푼 것을 '미리 와서 역사하시는 은혜'(prevenient grace)라고 합니다.

우리의 구원은 처음부터 끝까지 전적으로 하나님의 은혜에 의한 것이므로 신적 구원이고, 그것이 신적 구원이기에 온전한 구원이며 확실한 것입니다. 만약 우리의 구원에 우리의 인간적 지혜나 선행이 조금이라도 공헌해야 한다면 그것은 구원이 될 수 없습니다. 모든 인간적인 것은 불완전하기 때문입니다. 우리의 구원은 전적으로 하나님의 은혜에 의한 것이므로, 그것은 하나님의 충만에 의한 구원이고,

그러기에 그것은 온전하고 확실한 구원인 것입니다. 그러므로 예정론/성도의 견인론을 약화시키는 구원론은 '은혜로만'의 진리를 약화시키며 인간의 선행에 일부 의지하는 구원론이어서, 구원의 확신을 줄 수 없는 것입니다. 전통적으로 아르미니우스의 가르침을 따르는 신학이나 교단들이 그런 구원론을 가르친다고 의심을 받고 있는데, 그것은 성경적이지 않습니다.

그러니까 우리의 구원은 처음부터 끝까지 전적으로 하나님의 은혜에 의한 것이라는 진리를 표현하는 것이 예정론인데, 이 진리를 예정론으로 펼칠 때는 성도의 견인론을 말하여 우리에게 구원의 확신과 위안을 주기 위해서입니다. 우리의 구원이 처음부터 끝까지 하나님의 은혜에 의한 것이고, 하나님은 '미쁘신(신실하신)' 분이시니(고전 1:9), 그가 우리의 구원을 끝까지 지켜 주신다고 말하기 위함입니다. 언약의 관계에 신실한 하나님은 설령 내가 가끔 믿음이 약해져 하나님과의 관계에 신실하지 못해도(하나님의 통치에 잘 순종하지 못해도) 그런 나를 버리지 않고 끝까지 지켜 주신다는 것입니다.

예정론은 우리가 사탄의 죄와 죽음의 통치에 노출되어 시험과 고난 속에 있을 때, 그리하여 우리의 구원에 대해 회의가 생기고 불안해질 때, "나의 구원은 영원한 하나님의 예정에 의한 것인데, 하나님은 신실하셔서서 자신의 약속(또는 뜻한 바)을 끝까지 지키시는 분이다"라는 것을 상기시키기 위해 펼치는 교리입니다. 하나님이 나에게 끝까지 하나님 노릇 해 주셔서 나로 하여금 구원의 완성에 이르게 하시는 분임을 가르치기 위해 펼치는 교리입니다. 따라서 예정론은 구원이란 알파부터 오메가까지 오로지 하나님의 은혜로만 이루어지는 것이라는 복음의 진리와 하나님은 신실하신 분이라는 복음의 진리, 이 두 교리들의 산물입니다.

바울이(바울만 아니라 성경 전체가, 특히 히브리서가) 하나님이 베푸시는 전적인 은혜에 의한 구원과 더불어 타락의 가능성이라는 두 가지 가르침들을 함께 가르치는데, 이들이 일으키는 논리적 긴장을 의식하며 그들을 함께 견지할 때 우리는 건전한 신앙을 가질 수 있습니다. 지금 우리가 하나님의 주권을 의식하고 거기에 순종해야 함을 의식하면서, '내가 이렇게 살면 안 되는데…', '내가 과연 성령의 인도하심에 따라 하나님과 이웃을 사랑하고 살고 있는가?'라는 마음을 갖는 것이야말로 우리가 하나님과의 올바른 관계에 서 있고 성령의 깨우침을 받고 있다는 증거입니다. 성령이 우리의 실존의 매 순간마다 우리의 죄를 일깨워 주고, 그 죄를 회개하게 하고, 올바로 살고자 하는 의지를 주기 때문에 우리는 이렇게 자신을 성찰할 수 있습니다. 그런 때는 우리의 구원에 대해서 과도하게 걱정하고 불안해하는 대신, 예정론과 성도의 견인론을 가르치는 성경의 본문들을 읽으면서 구원의 확신을 회복하고 위로를 받으며, 성령의 인도함에 따라 의인으로서의 삶을 더 신실하게 살겠다고 결단하면 됩니다.

반면에 형식적으로 신앙생활은 하되 죄악에 곧잘 빠지는 자신의 모습을 의식하면서도(즉, 성령의 그러한 지적을 받으면서도, 성령의 지적을 뿌리치고) '나 예수 믿어, 이미 구원받았어. 그것은 하나님의 예정에 의한 것이고 하나님이 그것을 끝까지 지켜 주시기에 한 번 구원은 영원한 구원이라고 하지 않아? 그러니 이렇게 살면 어때?'라고 자위하면서 계속 자만과 방종에 빠져 있는 사람은 자신이 과연 하나님과의 올바른 관계에 서 있는가, 그의 통치를 받고 있는가, 이렇게 살다가 하나님의 은혜를 떠나 넘어지는 것은 아닌가 반성해야 합니다. 그런 사람은 한 번 빛을 보고 구원을 맛본 자가 배교하면 두 번째 구원이 없다는 히브리서 6:1~10의 경고를 심각히 받아들여야 합니다.

하나님의 은혜를 헛되이 믿을 수 있음, 그래서 넘어질 수 있음을 가르치는 바울의 말씀들을 진지하게 읽고 회개하는 가운데 신실한 믿음의 순종으로 돌아서야 합니다. 이렇게 예정론/성도의 견인론과 타락/탈락의 가능성에 대한 교리 간에 생기는 논리적 긴장을 유지하면서 두 교리들을 함께 견지할 때, 이것이 건강한 신앙입니다. 그렇지 않고 이성적, 합리적으로 둘을 조화시키기 위해서 어느 한쪽을 약화시키려고 하는 것은 옳지 않습니다.

우리가 주변에서 흔히 볼 수 있듯이, 어떤 사람들은 성경의 예정론에 대해 그것이 의도하는 바와 관계없이 "왜 하나님은 어떤 사람들은 구원하기로 예정하고 어떤 사람들은 그렇게 하지 않았는가?"라는 식의 쓸데없는 질문을 하면서 스스로 미로로 빠져들어 가는데, 이 역시 바람직한 태도가 아닙니다. 너무나 오랫동안 일부 신학 전통에서 예정론을 그 의도와 관계없이 사변적으로 가르침으로써 많은 성도들로 하여금 그런 질문을 갖고 괴로워하게 합니다.

로마서 8장에서 바울은 신자들에게 구원의 확신과 위안을 줄 목적으로 예정론을 전개합니다. 즉, 구원의 첫 열매 받은 우리가 성령을 좇아 살아가는 한(즉, 하나님의 통치를 받고 살려는 기본자세를 견지하는 한) 사탄의 시험과 고난이 있다 하더라도 하나님이 끝까지 우리를 지켜주셔서 종말의 구원의 완성을 받도록 할 것이니 걱정하지 말라고 말하는 것입니다.

그런데 예정론을 잘못 배운 많은 한국의 그리스도인들은 그 예정론 때문에 더 불안해하기도 합니다. 사실 한국에서나 외국에서나 성경과 교리를 편협하게 배운 그리스도인들이 하나님의 평강을 누리지 못하고, 불신자들보다 더 불안해하는 것을 쉽게 볼 수 있습니다. 진정한 그리스도인은 구원의 안위와 기쁨을 누려야 합니다. 마치 어린아이가 엄마 품에서 아무 근심과 걱정 없이 평안함을 누리는 바로 그 모습이 우리 삶에 있어야 합니다. 전능하고 신실한 삼위일체적 하나님의 은혜의 손에 내가 붙들려 있다는 사실, 하나님의 아들 주 예수 그리스도께서 그의 영으로 나를 보호시고 인도하실 뿐만 아니라, 하나님의 최후 심판석 앞에서 나를 변호하시어, 나로 하여금 하나님의 영광에 이르도록 하리라는 것이 복음 아닙니까? 그러니 그 복음의 은혜를 누리는 그리스도인들이 삶 가운데 참된 평안과 기쁨을 누리는 것은 너무나 당연하지 않습니까?

사도 바울은
칭의가 철저히 삼위일체적 하나님의 은혜에 의한 것으로서,
그것은 하나님의 태초의 예정으로 시작된 것이고
종말에 하나님의 최후의 심판석 앞에서
하나님의 아들의 중보로 완성되는 것이니
안전한 것이라고 우리에게 확신과 안도를 줍니다.
그러나 바울은 동시에 믿는 자가
현재 하나님의 아들 주 예수 그리스도의 통치를 받는 삶을 살지 않으면
하나님의 구원의 은혜에서 탈락한다고 경고하고,
최후의 심판 때 우리의 행위에 따라 우리가 심판을 받게 된다고 강조합니다.
이 상호 모순되는 것 같은 가르침들을 제대로 이해하기 위해서는
현재 성령의 도움(은혜)을 받아, 이중 사랑 계명의 요구로 오는
주 예수 그리스도의 통치에 순종해서 삶으로써
'의의 열매'를 맺는 믿음의 삶의 구조도 제대로 이해해야 하며,
하나님의 주권자적 경륜 가운데 각자에게 주신
특별한 사명('소명')의 수행에 대한 이해도 분명히 해야 하고,
최후의 심판 때 얻는 '상'에 대한 이해도 바르게 가져야 합니다.
동시에 상호 모순되는 것 같은
'예정과 성도의 견인론'과 '탈락의 가능성'을
그들의 의도의 평면에서 통합하여,
그들을 논리적 긴장 가운데 함께 견지하는 것이
건강한 신앙입니다.

CHAPTER 05
요약과 결론

1) 칭의론에 대한 학계의 토론

칭의론, 곧 율법의 행위 없이, 오직 하나님의 '은혜로만' 그리고 우리의 '믿음으로만' 우리가 '의인이라 칭함 받음'(곧 무죄 선언되고 의인의 신분을 얻음)의 교리는 사도 바울이 그리스도 예수의 복음을 구원론적으로 선포하는 데 사용한 한 중심적 범주로서, 16세기 종교개혁자들에 의해 그것이 재발견됨으로써 유럽에서 하나의 종교적 혁명을 일으켰고, 유럽과 북미주 그리고 점차 전 세계에 걸쳐 개신교적 영성과 문화를 낳았습니다. 그리하여 그것은 개신교의 표징 교리가 된 것입니다.

그러나 그것이 법정적 의미로만 이해됨으로 인해서, 그리스도의 구원의 은혜성을 잘 드러내 믿는 자에게 구원에 대한 확신(assurance)을 주는 장점에도 불구하고, 윤리에 대해 소홀하게 하는 단점을 갖게 된 것입니다. 그래서 옛 신학자들은 하나님의 구원에 여러 단계들이 있다는 '구원의 서정론'을 펼치면서, 하나님의 선택과 예정, 그리고 소명으로 시작되는 구원을 얻게 된 믿는 자는 먼저 '칭의'를 받고, 그 이후 거룩하고 의로운 삶을 사는 '성화'의 단계를 거쳐, 최후의 심판에서 칭의가 확인되면서 하나님의 영광에 이르게 된다('영화')고 가르침으로써, 칭의 된 그리스도인은 거룩하고 의로운 삶을 살아야 함을 강조했습니다.

그러나 이러한 '구원의 서정론'은 사도 바울이 '성화'라는 말을 '칭의'라는 말과 마찬가지로 믿음과 세례 때의 구원의 시작점에도 적용하고, 최후의 심판 때 있을 구원의 완성점에도 적용한다는 사실,

그리고 '칭의'와 '성화'는 동의어들로서, 법정적 그림 언어인 '칭의'가 인간의 근본 문제인 죄를 '하나님의 법을 거스름(transgression)'으로 보고 하나님의 진노를 유발하는 것으로 볼 때 적용하는 구원론적 언어인 반면, 제의적 그림 언어인 '성화'는 죄를 '세상에 오염됨, 더러워짐(defilement)'으로 보고 우리로 하여금 거룩한 하나님께 나아가지 못하게 하는 것으로 볼 때 적용하는 구원론적 언어라는 사실을 간과한 것입니다.

더구나 '구원의 서정론'은 '칭의'와 '성화'를 구조적으로 구분되는 구원의 두 단계들로 설정하며 동시에 예정론/성도의 견인론도 함께 가르치는 교리이기에, 많은 목사들이 개신교의 표징으로 보는 '칭의론'을 강조하되 예정론/성도의 견인론으로 뒷받침해 강조하다 보니, 자연히 '성화론'은 유명무실하게 되는 역효과를 낳기도 했습니다.

이렇게 법정적 의미로만 이해된 칭의론이 윤리, 곧 의로운 삶이 없는 칭의론, 심지어 의로운 삶을 방해하는 칭의론으로 변질되자, 19세기 말부터 슈바이처(Schweitzer) 같은 개신교 신학자들에 의해서도 그 구원론의 한계성이 많이 지적되어 온 것입니다. 그러나 다른 한편 19세기 말부터 성경학자들이 성경에서 '의'라는 개념은 근본적으로 관계론적 의미를 가지고 있다는 사실을 발견하게 되면서, 바울의 칭의론도 법정적 의미로만 해석할 것이 아니라 관계론적 의미로도, 즉 '무죄 선언받음'의 뜻으로만이 아니라, '하나님과의 올바른 관계로 회복됨'의 뜻으로도 해석해야 함을 점차 깨닫게 된 것입니다.

그래서 대표적으로 1960년대 케제만(Käsemann)은 "칭의를 '주권의 전이'(Lordship-transfer)로 이해해야 한다. 즉, 하나님이 우리 죄인들을 사탄의 나라에서 구속하여 자신의 나라로 회복시킴, 그리하여 우리 피조물들이 이제 창조주 하나님의 통치를 받고 살게 함이라는 뜻으로 이해해야 한다"라고 설명했습니다. 이후 1970년대 말에 나온 샌더스(Sanders)의 유대교에 대한 새 연구에 근거하여 던(Dunn), 라이트(Wright) 등에 의해 전개된 '바울신학에 대해 새 관점을 갖기 운동'이 칭의론을 이방인들이 모세의 언약/율법 체계에 들어옴이 없이, 즉 유대교로 개종함이 없이, 그리스도를 믿음으로만 하나님의 백성이 된다는 교리로, 즉 주로 교회론적으로 해석하여 격렬한 논쟁을 불러일으켰습니다.

30여 년간의 '새 관점'에 대한 논쟁은 그것의 주창자들인 던(Dunn)과 라이트(Wright)로 하여금 자신들이 칭의론의 법정적 의미를 경시하고 선교적, 교회론적 의미만을 강조한 것을 반성하게 하고, 다른한편 그것의 비판자들로 하여금 '새 관점'이 공헌한 점들, 특히 바울이 칭의론을 전개하는 선교적 맥락에 대한 더 실제적인 이해를 인정하게 하였습니다. 그 논쟁은 우리로 하여금 바울의 칭의론도 근본적으로 유대교와 비슷하게 하나님과의 올바른 관계에 '진입함'과 그 관계 속에 '머무름'의 구조를 가지고 있다는 사실, 그러나 그 구조가 칭의 된 자가 성령의 도움으로 그 관계 속에 '머무름'을 하게 되며 결국 최후의 심판 때 하나님의 아들 주 예수 그리스도의 중보로 칭의의 완성을 받는다는 삼위일체적 은혜의 구조로 변형되어 나타난다는 사실을 더 깊이 이해하게 했습니다. 그래서 그 논쟁은 결과적으로 우리로 하여금 칭의론에 대한 더 풍부한 이해를 얻게 했습니다.

2) 예수의 하나님 나라 복음과 바울의 칭의의 복음

이러한 학계의 토론들은 저로 하여금 로마서 1장 서론에 나오는 복음에 대한 두 개의 정의들, 즉 1:3~4에 나오는 기독론적 정의와 1:16~17에 나오는 구원론적 정의의 하나 됨을 새롭게 깨닫게 했습니다.

"하나님께서 자신의 아들을 세상에 보내시어 '다윗의 씨'(곧 메시아) 예수로 태어나게 하시고, 그를 대속의 제사로 바쳐지게 하신 후 죽은 자들 가운데서 일으키시어 자신의 우편에 높이시고 자신의 통치를 상속받아 대행하는 아들로 선포하셨다. 즉, 만유의 주로 선포하셨다"는 예루살렘 교회의 복음(롬 1:3~4)에는 '하나님의 의', 즉 하나님의 우리에 대한 하나님 노릇 해 주심, 우리 죄를 용서하시고 우리를 자신과의 올바른 관계로 회복하여 주심이 계시된다. 그러므로 이 복음은 모든 믿는 자에게 구원을 주시는 하나님의 힘이다. 그러므로 유대인이든 헬라인이든 이 복음을 믿는 자는 의인이 된다. 즉, 하나님과 올바른 관계를 가진 사람이 된다"(롬 1:16~17).

여기에 필자가 꽤 오랫동안 연구하여 오던 주제, 즉 바울의 예수 전승 사용에서 얻은 통찰이 덧붙여졌습니다. 예수께서 하나님 나라의 복음을 선포하시면서, "하나님께서 자신을 통해 사탄의 나라를 멸망시키신다"라는 묵시적 큰 틀을 유지하시되, 그것의 인간론적 적용,

즉 "그리하여 죄인들과 병자들을 사탄의 죄와 죽음의 통치로부터 구출하여 자신의 '잔치'(곧 영생)에 참여하게 하신다"라는 메시지에 집중하였듯이, 바울도 "하나님께서 그의 아들 예수 그리스도를 통하여 사탄을 근본적으로 꺾으셨다. 지금 그의 잔여 세력을 소탕해 가신다. 장차 완전히 멸망시키실 것이다. 그리하여 자신의 통치를 완전히 실현하실 것이다"라는 묵시적 틀을 가진 '하나님의 아들에 관한 복음'(롬 1:3~4; 8:31~39; 고전 15:23~28; 빌 2:6~11 등)을 선포하되, 그것의 인간론적 적용, 즉 "죄인들을 의인이 되게 하신다. 즉, 사탄의 죄와 죽음의 통치로부터 구출하여 자신과의 올바른 관계로, 즉 자신의 통치 아래로, 즉 자신의 통치를 대행하는 자신의 아들의 나라에로 이전시키신다"에 집중한다는 것(롬 1:16~17; 5:6~8; 8:3~4; 갈 4:4~5; 빌 3:20~21; 골 1:13~14 등)을 발견하게 되었습니다. 그리하여 본서의 한 논지가 형성된 것입니다. "바울의 칭의의 복음은 예수의 하나님 나라 복음의 구원론적 표현이다."

그러므로 칭의론을 단지 법정적 의미로만 해석하여 '무죄 선언'이라고만 하든지, 기껏해야 (우리가 사실은 의인이 아닌데, 그래도 하나님은 우리를) '의인이라 칭함/인정함'이라는 법적 허구(legal fiction)로 이해해서는 안 되고, '의인의 신분을 얻음'을 관계론적으로 제대로 해석하여 실제로 하나님과의 올바른 관계에 들어감/서게 됨, 즉 하나님(의 아들)의 나라로 이전됨 또는 회복됨의 뜻으로 이해해야 하는 것입니다. 그러니까 '칭의'는 우리를 '하나님의 백성 되게 함'입니다. 그러기에 '칭의'는 '성화', 곧 '하나님께 바쳐진 사람, 하나님의 소유된 백성

되기'(고전 1:2; 롬 1:7; 7:14; 15:25, 31; 16:1; 고후 1:1; 9:1; 빌 1:1; 살전 4:7 등)와 동의어인 것입니다.

바울의 칭의의 복음을 '예수의 하나님 나라 복음의 구원론적 표현'으로 이해하고, 칭의를 '하나님의 통치를 받는 하나님의 백성 되기'로 이해하면, 우리는 자연히 우리가 믿음/세례 때 받은 칭의를 하나님 나라로 '들어감'('진입')으로 이해하고, 종말에 하나님의 최후의 심판석 앞에서 완성될 칭의를 하나님 나라의 완성과 함께 생각하면서, 칭의 된 자의 현재의 삶을 하나님 나라에 '서 있음'(또는 '머무름'), 즉 하나님의 통치를 받으며 살기, 즉 하나님의 백성으로서 살기로 이해하게 됩니다.

그러면 칭의의 세 단계들, 즉 과거, 현재, 미래가 통합되어 이해되는 것이고, 우리가 믿음/세례 때 받은 칭의, 곧 하나님 나라로 '들어감'(구원의 서술 - indicative)은 우리의 구원의 완성이 종말까지 유보된 상황 속에서 당연히 현재 계속 하나님 나라에 '서 있음', 즉 하나님의 통치를 받아야 한다는 요구(윤리적 명령 - imperative)를 내포한다는 사실을 이해하게 됩니다.

바울의 '성화'라는 언어 사용도 똑같은 구조를 가지고 있습니다. 믿음/세례 때 '성화'된 사람, 즉 하나님의 소유된 백성이 된 사람('성도')은 이제 날로 '성화'되어 가야 합니다. 즉, 하나님의 통치를 받는 하나님의 백성으로 살아야 합니다(롬 6:15~23; 고전 3:17; 6:1~11, 19; 7:34; 고후 1:12; 살 2:12; 3:12~13; 5:23도 참조). 그러니까 '칭의' 뒤에 '성화'의 단계가 있는 것이 아니고, '칭의'나 '성화'나 마찬가지로 하나님의 백성이 되기(과거)와 하나님의 백성으로서 살기(현재)를 뜻하는 것입니다. 그러나 바울의 언어 사용법과는 다르지만 구태여 전통적인 '구원의 서정'의 언어를 고집한다면 '성화'는 '칭의'의 현재 단계를 지칭하는 것으로 이해하면 되겠습니다.

이렇게 칭의의 세 단계들을 하나님 나라에 들어가기, 하나님의 통치를 받으며 살기, 하나님 나라의 완성에 참여하기의 뜻으로 이해할 때, 칭의를 '성화'와 근본적으로 구분하는 '구원의 서정론'이 가져오는 역효과를 극복하고, 믿음/세례 때 얻는 칭의(과거)를 의로운 삶(칭의의 현재)과 통합하여 이해하게 됩니다. 그리하여 법정적 의미로만 이해하는 칭의론이 의로운 삶을 무시하거나 심지어 방해하는 칭의론이 되기 쉬운 데 반하여, 하나님(의 아들의) 나라의 관점에서 이해하는 칭의론은 의로운 삶을 요구하고 가능하게 하는 올바른 칭의론이 되는 것입니다.

3) 삼위일체적 하나님의 은혜에 의한 칭의: 과거, 현재, 그리고 미래

사도 바울은 이와 같은 칭의가 우리의 선행이나 지혜를 통해 얻는 것이 아니고 전적으로 삼위일체 하나님의 은혜에 의한 것이며, 그러므로 믿음으로만 얻을 수 있다는 사실을 강조합니다. 우리가 믿음/세례 때 얻은 칭의도 하나님이 그의 아들의 대속의 죽음과 부활로 이루어진 은혜의 구원을 덕 입게 하시되, 그것을 선포하는 복음을 그의 영으로 우리의 마음을 깨우치고 움직여서 믿게 하심으로 말미암아 덕 입게 하심으로 이루어진 것입니다. 또한 종말에 최후의 심판 때 완성될 우리의 칭의의 완성도 그의 아들의 중보로 말미암아 이루어질 것입니다. 그리고 지금 현재 우리가 의인, 곧 하나님(의 아들)의 통치를 받는 사람으로 사는 것도 그의 영의 깨우쳐 주심과 힘 주심에 의해 이루어지는 것입니다.

바울이 이 진리를 가르치면서 함께 강조하는 것은 은혜로 의인 되어 의인의 삶을 살아가는 우리가 성령의 은혜의 인도하심을 따라 살아야지, '육신'의 요구를 좇아 살아서는 안 된다는 것입니다(롬 8장; 갈 5~6장). '육신'의 요구를 좇아 사는 것은 사탄의 죄와 죽음의 통치를 받는 삶이므로, 그러한 삶으로부터 구속을 받아 칭의 된, 곧 하나님의 통치를 받는 사람이 된, 우리는 하나님의 영의 깨우쳐 주심과 힘 주심을 받아 하나님(의 아들)의 통치에 순종하며 살아야 한다는 것입니다. 그러므로 우리의 실존에서 윤리적 선택의 갈림길에 설 때마다 사탄의 죄와 죽음의 통치에 순종하라는 '육신'의 요구를 물리치고, '하나님의 법'/'그리스도의 법'(고전 9:21; 갈 6:2 등), 곧 이중 사랑 계명을 지킴으로 하나님의 통치에 순종하라, 또는 그 통치를 대행하는 하나님의 아들 예수 그리스도의 주권에 순종하라는 성령의 요구를 따라야 합니다. 이렇게 함으로써 믿음/세례 때 칭의 된, 즉 하나님(의 아들)의 통치를 받는 사람들이 된 우리는 '의의 열매'를 맺어 가는 의인들이 되어야 하는 것입니다(같은 말을 '성화'의 언어로 말한다면, 믿음/세례 때 '성도'가 된, 즉 하나님께 바쳐진 사람들이 된 우리는 날로 더욱 거룩해지는 '성도'의 삶을 살아야 하는 것입니다).

4) 최후의 심판과 칭의의 완성, 예정과 성도의 견인, 그리고 탈락의 가능성

종말에 하나님의 최후의 심판 때 우리의 칭의가 완성되어 우리는 하나님의 영광에 참여하고 하나님의 신적 생명, 즉 영생을 얻게 됩니다. 그때 우리가 지금, 즉 칭의의 현재 단계에서 성령의 은혜를 얼마나 믿음으로 덕 입어 하나님의 통치 또는 하나님의 아들 예수 그리스도의 주권에 순종하여 얼마나 의를 이루었는가, 하나님 나라 실현에 있어 각자 맡은 역할을 어떻게 감당하였는가가 심판될 것입니다. 우리 모두는 결국 우리의 행위대로 이루어지게 되는 최후의 심판에서 성령의 도움을 덕 입어 이룬 '의의 열매들'과 '육신'을 좇아 삶으로써 얻은 '육신의 열매들'의 혼합투성이로 판명이 날 것입니다.

바울은 의를 완벽하게, 즉 '책망할 것이 없게' 이루지 못한 자들이라도 하나님의 예정의 의지에 의해서, 그리고 하나님의 아들 우리 주 예수 그리스도의 중보로 구원을 확실히 얻으리라고 강조하여, 우리로 하여금 안도하게 하는 동시에 복음을 '헛되이 믿고', '육신'을 좇는 삶을 살아 구원에서 탈락할 수 있다고 엄중히 경고합니다.

예정론/성도의 견인론은 우리의 구원이 시작부터 완성까지 철저히 삼위일체 하나님의 은혜에 의한 것임을 말하는 교리로서, 그것에 의해 뒷받침되는 칭의론은 칭의의 현재(옛 '구원의 서정'의 언어로 말하자면 '성화') 단계에서 '육신'을 좇아 살지 않고 성령을 좇아 살려는 사람에게 구원의 확신과 안도를 주는 것이지, 그런 삶의 기본자세를 저버리고 방종하는 사람에게까지 구원의 확신을 주는 것은 아닙니다.

그러므로 예정론/성도의 견인론에 호소하며 윤리적 방종을 허락하거나 조장하는 칭의론을 가르치는 것은 있을 수 없는 일입니다.

5) 맺는 말: 칭의론에 대한 올바른 이해

여기서 우리는 바울의 칭의의 복음을 예수의 하나님 나라 복음의 구원론적 표현으로 이해하고, 칭의를 하나님의, 또는 하나님의 아들 예수 그리스도의 주권의 관점에서 이해해야 칭의의 전 과정을 통합하여 이해할 수 있고, 특히 '은혜로만/믿음으로만'의 구원과 윤리적 요구의 통합을 옳게 할 수 있다는 논지를 전개했습니다. 여러 독자들에게는 이 논지가 생소하게 들릴 것입니다. 그러나 이것은 하나님의 절대주권을 신학과 신앙의 근본 원리로 삼는 개혁 신학의 후예들, 곧 장로교인들에게는 그들의 신론 또는 기독론을 구원론과 잘 통합하도록, 그리하여 하나님(의 아들의) 주권에 더 잘 순종해서 살도록 도울 것입니다. 또한 주 예수 그리스도의 주권에 실제적인 순종을 강조하는 아르미니우스 신학의 후예들, 즉 감리교인들, 성결교인들 등에게도 그들의 (옛 '구원의 서정'의 언어로 말하자면) '성화'의 삶에 대한 동기를 강화시켜 줄 것입니다. 우리가 신학과 신앙의 어떤 면을 특별히 강조하는 전통에 속하든, 우리 모두가 칭의론은 결국 하나님의, 또는 하나님의 아들 예수 그리스도의 주권에 '믿음의 순종'(롬 1:5; 16:26)을 하는 것을 골자로 함을 잊지 않음으로써, 의로운 삶을 무시하거나 방해하는 그릇된 칭의론이 아니라, 그것을 요구하고 가능하게 하는 올바른 칭의론을 믿고 선포하는 사람들이 되기를 바랍니다.